JN246084

徂徠学の思想圏

中村春作

Shunsaku Nakamura

ぺりかん社

序

多くの傑出した思想家のことばがそうであるように、江戸時代の儒者、荻生徂徠《おぎゅうそらい》のことばもまた、人を惹きつけてやまない。荻生徂徠は江戸時代中期に活躍した儒学者である。だから、そのことばは当然のことながら、もっぱら儒学固有の専門学術語から成り立っている。なかでも荻生徂徠の学問は、「古文辞《こぶんじ》の学」と自ら称したように、きわめて難解な用語をもって知られる。徂徠が愛用した自称も、「不佞《ふねい》（不才の意）」という世に見慣れない語であった。しかし、そうしたことがらにもかかわらず、徂徠の発することばは、その直截に語りかける表現を通じて、人に強く訴えかける。

古文辞の難解な用語や典故がちりばめられた著作の一つ、『学則』においても、「東海、聖人を出さず、西海、聖人を出さず。是れ唯だ詩書礼楽の教え為《た》るのみ【東海＝日本にも西海にも聖人は出現しなかった。聖人の道は、詩書礼楽など古代の書物にのみ残っている】」とはじまる冒頭「第一則」から、「其の財を達し、器を成して以て天職に共〔供〕するは、古の道なり。故に学んで寧《むし》ろ諸子百家曲芸の士となるも、道学先生為ることを願はず【……天職に奉ずべく、学んで芸能の道に精進することはあっても、決して道学者先生にはなりたくない】」（「第七則」）に終わる全文の主旨は、何のてらいもなく率直かつ明快であり、読者に直に問題を投じてくるものとなっている。むしろ難解は、その独特の用語にではなく、「故に君子は必ず世を論ず。亦た唯だ物なり」（「第四則」）といった、あまりに簡明に記されるその思想の核心をどう理解するかにこそあるだろう。直截で簡明なそのことばは、よけいな形容やむだがないだけに、よりいっそう核心の課題へと私たちを誘うのである。

　山形庄内藩の執政者の問いに対する返書の形式をとって著された書物、『徂来先生答問書』もまた、人を惹きつける魅力的なことばに満ち満ちている。「天地も活物、人も活物に候故、天地と人との出合候上、人と人との出合候上には、無尽之変動出来り、先達而計知候事は不成物に候」、「天地も活物に候、人も活物に候を、縄などにて縛りからげたるごとく見候は、誠に無用之学問にて、只人の利口を長じ候迄にて御座候故」と質問者に説き、人を使う仕方を「くせ馬」をいかに乗りこなすかにたとえて、「三度も五度もながめられ候心得にて無御座候ては、くせ馬にはのられ不申候。今時之人は人の過失を咎むる心つよく候故、自分も過失なき様にと存候。是により使ひそこなふまじきと思召候御心故、疵物《きずもの》之使ひにくき事被仰候にて御座候。馬に乗そこなふ人ならでは馬はのり得ぬ事に候。人を使ひそこなふ人ならでは人をば使ひ不得候【……乗馬にしくじる者でなければ馬には乗れない、人使いが不得手な者でなければ人は使えない】」と答える徂徠のことばを読む者は、世界や人に対する楽天的で解放された視点を感得することになる。世界や人に対するのびやかな視野が開示されるのである。天地も、人も、たえず生々変化する「活物」である以上、学問もまたそれに応ずるものでなければならなかったのである。

徂徠のことばは、学ぶ者をして儒学固有の術語の空間から解き放ち、世界の広がり、思索ののびやかな展開へと、人を導く力を有している。それが、徂徠学やその評判が、為政者や専門家、儒者の世界内にとどまらず、広く江戸期一般社会に流通した理由の一つであろう。徂徠のことば、思想、世界観、その生き方（私塾の雰囲気や学習法もふくめて）がもたらすある種の開放感が、徂徠学に対する悪罵や中傷、あるいは後代の評者による功利主義者、中華主義者といったレッテル貼りを超えて、広く世間に受け入れられた理由だったのではないだろうか。実際、徂徠在世時から近代にいたるまで、徂徠に関する批評は、毀誉褒貶取り混ぜて枚挙にいとまがない。蕉門十哲の一人、宝井其角《たからいきかく》（一六六一―一七〇七）の「梅が香や　隣は荻生惣右衛門《そうえもん》（惣右衛門は徂徠の通称）」の名句や、講談、落語の定番となった「徂徠豆腐」等々、荻生徂徠は、近代にいたるまで、江戸儒者のなかでも、とりわけ市井に親しむ知識人として、愛され、語られてきたのである。

幕末期、寺門静軒《てらかどせいけん》（一七九六―一八六八）が江戸風俗を活写した漢文戯作、『江戸繁昌記』中に、当時の書肆の繁盛のさまを記した箇所がある。その一節。一人の田舎者が店先に現れ、売り物の字引を手に取りつつ「突然問うて曰く、「徂徠先生猶ほ在りや」と。伴〔番頭〕、笑ひを忍んで曰く、「近年蓋《けだ》し没せり」と。曰く、「当今、誰をか大儒と為す」と。小猴《こぞう》〔小僧〕低声、笑ひを帯びて曰く、「なし、なし、なし」と」。学問に縁遠そうな田舎者の質問を本屋の番頭や小僧が笑う場面であるが、徂徠が没して百年以上経って「近年蓋し没せり【最近亡くなられたようです】」、「なし、なし、なし」というちゃかした返答にも、田舎者へのからかいとともに徂徠への親しみが込められているだろう。[1]

那波魯堂《なはろどう》『学問源流』に「世ノ人其説ヲ喜ンテ習フコト信ニ狂スルカ如シト謂ヘシ」と記された享保から延享、寛延の頃から、大規模な徂徠学批判を経た幕末期にいたっても、荻生徂徠の名声は、学問や書籍にうとい、ぽっと出の江戸見物者の耳に届いていたのである。

荻生徂徠あるいは徂徠学という名称は、いわば江戸思想・文化のなかに広範に流通した一つの記号だった。ではなぜ、徂徠の名称や、徂徠学は、儒者世界にとどまらず江戸期一般社会にまで流通したのか。もちろん学問上、その儒学説が有した破壊力の大きさが第一の理由であったことはまちがいない。徂徠学のもたらした破壊力は、本書にも記すように、江戸後期から近代にかけての大事件だったからである。と同時に、徂徠のことばの魅力、イメージ喚起力もまた、徂徠への親近感の醸成に大きく与ったことが想定できるのではないか。徂徠に関わる多様な表出の背景には、単なる文化表層の問題にとどまらず、その底流に、徂徠学の中身そのもの、そして徂徠のことばがもたらす感覚そのものへの、親近感が存したのではないだろうか。

では、この徂徠の学問、徂徠学のことばの魅力はどこに由来するのか。それは、そのことばや思想が、広く「開かれている」という点にあるだろう。ここで「開かれている」というのは、彼の思想が学者固有の言語内に閉塞せず、儒学外の世界（市井世界）にまでつながっているということであり、また、その思索の行方が専門家集団内の内輪話に閉じこもっていないということである。そしてさらに、徂徠が提出した課題が後の諸思想に引き継がれ、広く新たな問題系を構成していったということである。

荻生徂徠を論じる際、その「南総経験」がよく指摘される。徂徠の父が主家の勘気を被って江戸を所払いになった際、家族一同南総に移り住んで、都市の風潮や時流の学問に接すること無く、ろくな書籍も身近に無いまま十数年田舎暮らししたことが、徂徠学の基盤となったとする定説である。それは徂徠自身が、自らの学問形成にからめて常々語ったことであった。それに関連して思い出されるのが、徂徠がしばしば用いた「クルワ」ということばである。「クルワ（曲輪）」とは、城や砦のまわりにめぐらせた囲いのこと。徂徠はこの「クルワ」という比喩を用いて、人が自らを取り囲む世間、社会環境に規制されて、既成の視野を出て自由にものを見られなくなっていることを、批判したのである。

人はみな「此の国、今の風俗」に染まってしまって「心あはひ（心の持ち方、間の取り方）」も「智恵の働き」も、すべてその「クルワ」を出られなくなったと彼は嘆じる（『太平策』）。だからこそ、人は強く意志して、自らの「クルワ」を出なければならないと徂徠は説くのである。たしかに徂徠の語る儒学は、既成の学問の枠外に出ることの困難さを自覚することから始まるものであった。学問の方法としての伝統的「訓読」に対する批判も、中国古典を和文化することで「なんとなく分かった気になる」思い込みを排することを説く点で、この「クルワ」批判に通底する。彼が自らの経験に基づき、多くの場面で田舎と都会とを比較しつつ具体的に語ったように、徂徠学は、都市知識人の視野、既成の学者の視野から外に出て、相対的に学問を大きな視野から俯瞰することから、議論を始めようとするものだった。徂徠が「学問は歴史に極まり候事に候」（『徂来先生答問書』）というとき、それは、「クルワ」に自閉した儒者流の言説の外に出ることを意味していたのである。

そしてまた、私が、徂徠学が「開かれている」というのは、その儒学説が学派の枠を超えて、広く知識社会に開かれていたということをも意味する。徂徠が提出した諸課題が、学派の枠を超えて広く受容され、徂徠学がいわば「思想の磁場」として機能したことにより、後代の様々な思想が展開したこと、その学問が、問題系として開かれていたということである。

徂徠は人を、ものを、世界を、「活物」として看ることをくり返し説いたが、自らが構築した儒学世界もまた、「活物」として「開かれた」ものであったといえるだろう。徂徠学の本質に関わる部分として、本書中に私が提出する「物」「古言」「気質の性」「風俗」といった徂徠独自の概念もまた、そうした徂徠学の「活物」としての性格、「開かれた」学問としての性格の根底につながるものである。

本書はそうした視点の下、徂徠学の構想や方法、その世界認識の姿を論じるものであり、徂徠の生涯をたどって記述するものではないため、以下、理解の便として、荻生徂徠の履歴をあらかじめ簡単に記しておくこととしたい。(2)

荻生徂徠（一六六六―一七二八）

江戸中期を代表する儒学者。名は双松《なべまつ》、字《あざな》は茂卿《もけい》、通称は惣右衛門、徂徠は号。系図上、物部《もののべ》氏の後裔になることから、中国風に物茂卿《ぶつもけい》とも自称した。幕府儒官を務めた荻生北渓は弟。父方《ほう》庵《あんた》は館林《たてばやし》候（のちの将軍徳川綱吉）の侍医であったが、一六七九年（延宝七）藩主の不興を被って所払いとなり、当時十四歳の徂徠もともに上総国《かずさ》（南総）に移り住んだ。以後十二年間、学問的刺激に乏しい日々を送ったが、逆にこれが独自の思考を鍛える基盤となった。

赦されて江戸に帰り、儒学を講じて、のちの古文辞学の基礎となる翻訳論『訳文筌蹄《やくぶんせんてい》』を弟子に口述筆記させた。一六九六年（元禄九）柳沢保明《やすあきら》（吉保《よしやす》）に召し出されて将軍綱吉に謁し、諮問にあずかるようになる。将軍家宣《いえのぶ》の代に、茅場《かやば》町に私宅を構え、以後私塾（蘐園《けんえん》）において山県《やまがた》周南《しゅうなん》、太宰《だ》春台《ざいしゅんだい》、服部南郭《はっとりなんかく》らを相手に本格的に儒学を講じるにいたる。

その間、伊藤仁斎《いとうじんさい》批判の書『蘐園随筆《けんえんずいひつ》』で名を高め、五十歳を過ぎての学問大成期には主著『弁道』『弁名』『学則』『論語徴《ろんごちょう》』等を次々に著し、徂徠学の輪郭を形成した。のち、幕府から『六諭衍義《りくゆえんぎ》』訓点を命ぜられた。また隠密御用《おんみつごよう》の役も賜り、具体的な政治改革論『政談』を献上。最晩年の一七二七年（享保十二）には将軍吉宗に拝謁も得た。著書にはほかに『徂来先生答問書』『鈐録《けんろく》』『太平策』『南留別志《なるべし》』などがある。

それではまず、荻生徂徠が独自の学問方法、思想を確立していった過程、徂徠の朱子学理解とそれとの対決場面から入っていくこととしよう。

註

（1）日野龍夫校注『江戸繁昌記・柳橋新誌』（新日本古典文学大系100、岩波書店、一九八九年）一六七頁。

（2）『日本歴史大事典』一（小学館、二〇〇〇年）五〇九頁（中村春作執筆「荻生徂徠」）、から略記。

徂徠学の思想圏＊目次

【凡例】

荻生徂徠の文章の引用は以下の書による。ただし、書き下し文は各書所載のものを参照しつつ、筆者の手により統一的に書き改めている。なお、原漢文は本文中に書き下し文で引用し、註に原文を掲載し、原和文等はそのまま引用し、註に引用箇所（頁数）を記す。また、漢字は原則として通行の字体に改めているが、引用元の表記に従った場合がある。さらに、闕字等についても引用元の体裁に従う（引用文中において、筆者による補足と注釈は〔〕内、現代語訳は【】内に級数を下げて示すほか、改行は／で示した場合がある）。

吉川幸次郎・丸山眞男監修『荻生徂徠全集』みすず書房、第一巻（島田虔次編）、一九七三年／第二巻（戸川芳郎・神田信夫編）、一九七四年／第三巻（小川環樹編）、一九七七年／第四巻（同前）、一九七八年／第十三巻（川原秀城・池田末利編）、一九八七年／第十七巻（西田太一郎編）、一九七六年／第十八巻（日野龍夫編）、一九八三年）。

吉川幸次郎・丸山眞男・西田太一郎・辻達也校注『荻生徂徠』日本思想大系36、岩波書店、一九七三年。

平石直昭編『徂徠集・徂徠集拾遺』近世儒家文集集成3、ぺりかん社、一九八五年。

澤井啓一・岡本光生・相原耕作・高山大毅訳注『徂徠集　序類1』『徂徠集　序類2』平凡社東洋文庫、二〇一六～二〇一七年。

平石直昭校注『政談——服部本』平凡社東洋文庫、二〇一一年。

北田数一校訂『徂徠山人外集（読荀子）』審美書院、一九四一年。

国立国会図書館蔵『琉球聘使記』（寛政二年写本）。

関儀一郎編『日本名家四書註釈全書　学庸部一』東洋図書刊行会、一九二六年（中井履軒『中庸逢原』の引用も同書による）。

伊藤仁斎の文章について、『語孟字義』は吉川幸次郎・清水茂校注『伊藤仁斎・伊藤東涯』（日本思想大系33、岩波書店、一九七一年）、『童子問』は家永三郎・清水茂他校注『近世思想家文集』（日本古典文学大系97、岩波書店、一九六六年）から引用し、書き下し文はともに清水茂によるものを使用する。

上記以外の引用については、その所在を個々の註に記す。

第一章　「物」に拠る教え

一　朱子学批判の原点

荻生徂徠の説いた学問は、形而上学の領域に深く入り込んだ朱子学、「理気心性《りきしんせい》」を語る朱熹《しゆき》（一一三〇―一二〇〇）の学問から、眼前の江戸期社会、生きた人間そのものに即したものとして、儒学をとらえなおそうとするものだった。徂徠は朱子学、そしてそれに準ずるものと彼がみなすにいたった伊藤仁斎《いとうじんさい》（一六二七―一七〇五）の学問を厳しく批判した。徂徠からみれば、朱子学は儒学が心学化したものにほかならなかったからである。

もともと禅仏教批判を経由しつつ展開した朱子学が、「理」という心のなかに把捉される根拠を学説の起点とした結果、また新たな心学を作り出したと彼は批判した。思考の根拠を、もともと「定準」のない「理」に求め、「此事《このこと》をかくあるべきはづ、其事《そのこと》は左《さ》あるべき筈《はず》と手前より極め出して」[1]（『徂来先生答問書』下）ゆく限り、真に「道」が得られるはずはないと徂徠はいう。そして、当初その学問を高く評価した伊藤仁斎をも、「仁」という人の内心に学問の帰着点を置く以上、結局、宋学と本質的に変わらないと断じるにいたったのである。

南宋の儒者、朱熹は、先行する程顥《ていこう》、程頤《ていい》、周敦頤《しゅうとんい》らによる北宋以来の道学《どうがく》の系譜を継承、再編し、世界全体を説明し尽くす一大体系として、また「聖人」にいたることをめざす実践的な「修己治人《しゅうこちじん》」の学として、壮大な儒教哲学を語り出した。その根幹に存したのが、いうまでもなく「理気」論、なかでも「理」という概念である。「理」は朱熹によって、「所以然の故、所当然の則」、すなわち、ものごとの存立の根拠であるとともに、ものごとのなるべき（なすべき）道筋としての両面を有する、究極の規範として規定されたのであった。

そして江戸期の、後に古学派と呼ばれた儒者たち、伊藤仁斎、荻生徂徠らがもっとも強く反応し、反発したのが、この朱子学の「理」の概念であった。仁斎は「理」を「本死字《もと》」、もともと実体のない概念とよび、荻生徂徠は「定準」のないものとして、その規範としての根拠の不確かさを批判した。彼らは、朱子学の理気論を、その〈言語―論理〉構造に内在する問題として把握し、それを起点に文献批判を行い、その人間理解と世界理解の方法を疑い、また経書注釈の問題性を指摘したのである。

ただ、彼らは、朱子学が現実の中国社会、士大夫《したいふ》階層によって主導的に構成される中国社会においていかに機能し、それがまたその学説の論理構成とどう密接に関わるかという点には、ほとんど関心を抱かなかった。朱子学を信奉した当時の「地域秩序の担い手、在地士人《ざいちしじん》」の存在や、社会内に機能した具体的な「郷約、社倉、書院」等のことがら(2)にもほとんど、彼らの関心の眼は向かなかったのである。古学派の儒者たちはもっぱら経書注釈の場面において、世界を解釈する朱熹の言語、そしてそれを成立させる論理構造に強い関心を向けたのである。

　それは、江戸期日本において科挙が採用されなかった、それゆえ体制の教学として朱子学が十全に機能しなかったという問題と大きく関わるが、また同時に、朱子学にせよ陽明学にせよ、それらがもっぱら海を隔てて渡来した書物を介して、ほぼ同時期に学者の視野に入ってきたものであって、儒学の学統内部の展開史として自ら実体験したものでなかったゆえでもある。

　江戸期の儒者たちにとって、（往々誤解されるように）まず先行する学的権威として朱子学があったわけではなく、朱子学を学ぶことで、自らの儒学を開発し、また同時に朱子学の「彼らなりの」理解が深化するという道筋をたどったのである。「まず朱子学があって、その後で反朱子学が登場するというよりも、朱子学理解の深化と反朱子学の構築は平行して行われたという方が当たっている」とし、朱子学の先鋭的な信奉者、山崎闇斎《やまざきあんさい》（一六一八―一六八二）の思想形成と、伊藤仁斎の古義学確立とをほぼ同時代の出来事として、「朱子学の純粋化と反朱子学の形成はほぼ同時代の現象」とする土田健次郎の指摘は当を得ている。(3)まさしく、朱子学を批判する仁斎によって、朱子学そのものの理解が深まったのであり、さらに厳しく朱子学批判を展開した徂徠の学説の登場で、江戸期の儒者による朱子学理解の一つの型が成立するのである。

では、朱子学を仁斎の学説とともに批判するにいたった徂徠は、何をどう語ったのか。徂徠は「道」を、「先王《せんのう》の道」、「先王」が「制作」し人民を治めた具体的な術、その全体を指すものと規定した。そして、この術を君子がいかに体得し、実践するかという点に学問の眼目があるとした。それゆえ「教」「学」は、「事《こと》を事《こと》とする」ものでなければならず、朱子学が重視するような思弁的営みに過度に集中するものではないと徂徠はしたのである。

ところで、いま仮にこの「事を事とする教」を現代語でいいかえれば、「事実に就《つ》き従う」教えとでもなるだろうか。しかしそうしてもどこか釈然としない部分が残る。徂徠のいう「事を事とする」ということばの中身を、別の表現に置き換えることがなかなか難しいからだ。思弁的な営みを離れた「教」や「学」を本当のところ、私たちは想像し難いからであり、また徂徠のいう「事実」が、決して眼前の社会の具象物そのものを直に指すのではなく、独特の定義のもとでの「事実」だったからである。

では、そもそも徂徠のいう「物」、そして「事」とはいったい何なのか。まずは、徂徠の具体的な表現から探っていくこととしたい。

二 「物」とは何か

徂徠の「物」に対する関心のありようを端的に示すのは、たとえば次の一章である。

蓋《けだ》し先王の教へは、物を以てして理を以てせず。教ふるに物を以てする者は、必ず事を事とすることあり。教ふるに理を以てする者は、言語詳かなり。物は衆理の聚《あつま》る所なり。而して必ず事に従ふこと之を久しくして、乃《すなわ》ち心実に之を知る。何ぞ言を仮らんや。言の尽くす所の者は、僅僅乎《きんきんこ》として理の一端のみ。(4)（『弁道』16）

ここには大きく二つの重要なことが記されている。すなわち、

(1)朱熹の哲学における「理」に対抗するものが「物」であること。

(2)「物」の発現した形が「事」であること、少なくとも「物」と「事」とは段階を異にする概念であること。

この二点である。徂徠のいう内容を仮に図示すれば次のようになる。

朱熹＝理―（その発現として）―言

徂徠＝物―（その発現として）―事

では、朱子学における「理」が、時間を通じ空間を通じて普遍妥当する規範として提示されたとすれば、徂徠の「物」は、それに対抗し得るいかなる内容のものなのか。また、なにゆえ「理」規

範より優ると徂徠はするのか。

彼はいう、人に教えるのに「物」に拠ってするならば、それは必ず「事を事とする」形態をとってあらわれる、一方、学ぶ者は、「事に従ふこと」久しくして「心が実に」知るという形で「物」を真に認識することになる、と。そして、その「物」とは「衆理の聚《あつま》る」ところであり、それゆえ、朱子学における「言」がただ「理の一端（一部分）」のみを伝え得るのに対して、「物」は、「事」というより具体的な発現を介して、人を全体としての「道」に導くのだ、と。

こうして、徂徠における「物」とは、朱子学にいう「理」規範に対抗し得る、何らかの規範性を有する、しかしながら「理」とは本質的にその性格を異にする「規範」的なる何かとして提示されたのである。ただしその「規範」としての人への働きかけのあり方は、「理」の人や社会に対するあり方とは大きく異なるものとされる。「理」が多様な「言辞」を駆使して人の「理解」に働きかけるのとは異なり、「物」が「事」を介して人に働きかけるありかたもまた、独特のものと考えられていたのである。

この徂徠における独自の概念「物」については、これまで、「六経に叙述されてゐる歴史的事実（物）」（丸山眞男、圏点原文）とされ、また徂徠「古文辞学」の本格的研究の先駆、吉川幸次郎による「「先王」の提示する標準的事実」とする定義、あるいは尾藤正英の「具体的な事物と、その事実に即した経験的な認識」「古代中国の聖人が建てた「道」の具体的内容、もしくはその「道」のあり方を具体的に記載した六経の本来の意味」等々、さまざまな定義がなされてきた(5)。子安宣邦も近年

の著作のなかで、徂徠の「先王の道は礼楽のみ」ということばに関連づけて、

ところで礼楽をもって教えるとは、どのように教えることなのか。礼や楽とは技芸《わざ》である。それは具体的な箇条の集合体といっていい。これこれの祭祀にはこれこれの儀礼をもってし、その順序はしかじかであり、またそれを学ぶためのプロセスとはかくかくであるなどの具体的な箇条の総体からなっている。この具体的な行為の箇条は言葉ではない。それは物というべきものである。ここから物によって教え、物によって習うという、徂徠独自の教育論、学習論が展開される。これはもっぱら言葉によって教え・学ぶわれわれに、その限界と問題とに気づかせる貴重な示唆である。(6)（圏点原文）

と、徂徠の「物」が示唆する重要な思想課題について述べる。

この徂徠における「物」について、吉川幸次郎の定義への批判を通じて詳細に論じたのは平石直昭である。平石は吉川の徂徠学把握の問題点を三点挙げ、その第一として（吉川の徂徠学理解全体に関わることとして）、その「物」「道」理解の問題点を指摘している。

平石は、吉川が丸山以来の固定的な徂徠学理解に大きな転換を与えたことを高く評価しつつ、「物」の「標準」性が強調された反面、それが「標準」としてもつ意味や「標準」たりうる根拠は必ずしもよく説明されず、徂徠が先王の「物」、したがって「格致」に見出した独自の関連が、十

分解明されずに終わった」ことを指摘する。すなわち、徂徠のいう「物」は「狭義の抽象的な規範（「義」や「徳」）をむき出しにそれだけ提示しているのではなく、そうした規範が作用している場面や与件や行為、また規範の正反対物さえ包含して一つの全体として構成されている」のであり、そうした徂徠の「物」の包含する多層的な意味内容（平石のことばを使えば「二重の規範性」）が、吉川の「標準的事実」といういい換えでは捨象されてしまうとするのである。そしてそうした吉川の徂徠学理解を、「「物」の価値根拠たる「徳」や「義」を系統的に欠落させている代りに、「事実」と「言語」の必要以上の強調によって特徴づけられているということができる」と評している。[7]

平石はまた別稿で、「徂徠は凡人のみる「理」がその利害や視点の特殊性ゆえに主観的臆見におちいるとして、宋学の直接的な「窮理」の立場を斥けた。……こうして学者は、この「物」としての「六経」の学習を通して自己の属する主観的世界（習気・クルワ）の外に出（「格物」）、「物」を立てた「聖人の意」に迫ることによって囚われることのない知恵を開発し（「致知」）、「六経」に盛りこまれた「義理」を捉えうるとしたのである。これが徂徠の解した聖人の教法＝「格物致知」の意味であった」（圏点原文）とも論じている。[8]

吉川幸次郎の徂徠論が果たした、徂徠学への言語論、文学論からのアプローチの、当時における革新を私も高く評価する一人だが、平石のいう、「物」が「そうした規範（「義」「徳」、等々）が作用している場面や与件や行為、また規範の正反対物さえ包含して一つの全体として構成されている」（「戦中・戦後徂徠論批判」）ものであるとする指摘にはまったく首肯したい。また、朱子学と徂徠学を「窮理」ということばで比較対照させることには躊躇があるものの（もちろん平石は、徂徠の「宋学の直接的「窮理」の立場」との差異にも注意を促している）、「物」としての「六経」の学習を通じて人が新たな視界へと超出し得るとする、その見解も重要であろう。平石は吉川の徂徠理解を批判しつつ、「逆に仁斎における「道徳」の「性」からの超越化を思想史的にうけつぎつゝ、「物」による人間関係の媒介を理論化した徂徠こそ、真に独創的な思想家だったということになると思われる」（同前）と評する。

こうした、吉川に限らず、丸山眞男以降、その分析場面でさまざまな意見が提示されてきた、徂徠における「物」概念の中身を、徂徠学の本質を成す重要要素として、その記述に基づきつつ、あらためて考えてみたいのである。

ともあれ、徂徠の「物」が、徂徠学理解の起点として、また論者の想像力をもふくらませる魅力的な概念として意識され続けてきたことはたしかである。[9] と同時に、それらが多くどこか余地を残した解釈とならざるをえないのは、第一に、徂徠自身の「物」への発言が重層的で、つねに厚みのある形容で語られること、第二に、「物」「事」といえば、まず何より『詩経』の「有物有則」に始まり朱子学の「格物」解釈（『大学章句』）以降の議論にいたる、儒学史上の多くの議論を前提に、徂徠の議論の意味や朱子学との違いをとらえる必要があること、さらにはまた漢語として、和語として、「物・もの」「事・こと」ということばが、歴史的、思想的に蓄積してきた意味内容、感覚を、私たちがどこかでその理解に引き入れかねないことも関係するのだろう。

まずは、『大学』「格物致知」の解釈における「物」と「事」の解釈から見ていくことにしたい。最初に確認しておく必要があるのは、朱熹と徂徠とで、そもそも『大学』にいう「物」の字義解釈が大きく異なっていることである。朱子学において『礼記《らいき》』から取り出され、四書のひとつとして重要な位置が与えられた『大学』には、「八条目」と呼ばれる学問の階梯が示されている。「平天下、治国、斉家、修身、正心、誠意、致知、格物」という、学びから政治にいたるまでの八段階であるが、その出発点にあるのが「格物、致知」である。その朱熹注では、「格は至るなり。物は猶ほ事のごとし。事物の理を窮《きわ》め至《いた》りて、其の極処に到らざることなきを欲するなり(10)」と解釈する。すなわち、朱熹において「事」と「物」とはひとつながりのことがらであり、ともにその内に在る「理」を窮める対象、眼前の具象全般を指していわれるのである。

一方、徂徠は『大学』にいう「物」を、「先王の物」「先王の法言」と明確に限定して定義し(『大学解』)、「物」と「事」についても、朱熹のように、同意語の反復による修辞(「物は猶ほ事のごとし」)とは見ず、次のように解釈する。

(古代の文献に「物」を「事」と訓ずる例はあるにせよ) 然れども物・事は殊なり。事とは、凡《およ》そ事、是れなり。物とは、先王の制する所にして、宇宙間に特に是の事有るは、猶ほ天地の物有るがごときなり。故に『大学』に「物に本末有り、事に終始あり」と。物、事分かちて之を言ふ。(11)

(『蘐園《けんえん》三筆』)

ここで、「物」と「事」とは、段階の異なる概念として明らかに区別される。朱熹が同箇所注で「物」「事」を分けず、「経」の注で「物は猶ほ事のごときなり、事物の理に極め至り……」とすることを考えれば、徂徠は意図して「物・事は殊なり」と弁別していることとなる。それは、徂徠において、「物」が「先王の制作」したもの、「先王の教への物」、「道の一節」、「先王の法言」、「礼の物」といった限定的、歴史的な「物」である一方、「事」は「凡そ事」、「身を脩むるより以て天下を平らかにするに至るまでの事」、眼前の人事全般として意味されるからである。ただ同時に、両者は区別されるべき概念であるとともに、不即不離の関係にあるともされる。「物」はつねに「事」としてしか発現せず、「事」の背後には「物」が想定されるからである。「事」を二次的事象とすれば、「物」はそれと密接に関わる一次的なもの、歴史的に特定される文化産物、を指すといえよう。

そして「格物」の「格」は、朱子学にいう「物に格《いた》る」、すなわち、「物」の「理」に窮《きわ》めいたる（窮理）ではなく、「物格《きた》る」と読まれるべきだと、徂徠はする。「物とは、礼の物」であり「教への条件」（具体的内容）であって、学ぶ者にとって、それは彼方《かなた》から此方《こちら》に「来《きた》る」ものだからである。

> 其の事に習ふこと之を久しくして、守る所の者成る。是れ「物格《きた》る」と謂ふ。其の始め教へを受くるに方《あた》りて、物、尚《なお》我に有せず。諸《これ》を彼《かしこ》に在りて来《きた》らざるに辟《たと》ふ。其の成るに及んで、物、

我が有となる。諸を彼より来り至るに辟ふ。其の力《つと》むることを容《い》れざるを謂ふなり。故に曰く「物格る」、と。「格」とは「来」なり。(12)（『弁名』「物」）

「先王の物」は「教への条件」たる礼楽刑政《れいがくけいせい》として、「我」の「外」にある。それゆえ「其の始め」は自身の外にある「物」が、学習、習熟を経て「我が有」となる。そうして「知」もまた自然と明らかになる、というのである。

「物」「事」について朱熹と徂徠の比較でいえば、『詩経《しきょう》』「大雅《たいが》烝民《じょうみん》」篇の詩句、「天烝民を生ず、物有れば則有り（天生烝民、有物有則）」の解釈の差も参考になる。朱熹「集伝」は、次のように解釈する。

天衆民を生ず。是の物有れば必ず是の則有り。蓋し百骸《ひゃくがい》九竅《きゅうきょう》（あな）五臓《ごぞう》よりして、之を君臣父子夫婦長幼朋友に達するまで、物に非ざるは無きなり。而して法有らざるはなし。視の明、聴の聡、貌の恭、言の順、君臣義有り、父子親有りの如きの類、是れなり。(13)

『詩経』にいう「物」とは、ここで、人事から万物にいたるすべてを指す。また、「物」の内に自から宿る規範的なるものを指して「有物有則」と朱熹はするのである。

一方、同じ『詩経』「有物有則」を、徂徠は以下のように解釈する。

「天、蒸〔烝〕民を生ず。物有れば則あり」〔『詩経』〕と。則は礼なり。聖人、礼を制して、而して曰く「天秩礼有り」〔『書経』〕と。故に曰く「此の詩を為《つく》る者は、其れ道を知るか」〔『孟子』〕と。[14]〔『蘐園二筆』〕

天烝民を生ず。物あれば則ち法則する所あり。人、天に法《のっと》るなり。[15]〔『蘐園七筆』〕

ここからは、徂徠が『詩経』「有物有則」の「物」を、朱熹のように「事象全般」を指すのではなく「礼」と指示したこと、また、「則」を「法《のっと》る」「法則《のっとる》」、つまり動詞でも訓んでいることが分かる。さらに徂徠はいう。

物なる者は、美の成れるなり。美を好む者は民の性なり。故に礼に物ありて、而して後、民必ず則法する所あるなり。[16]〔『蘐園七筆』〕

「物」と「礼」の関係、そして「人」との関係が「法則〔則法〕する」で結ばれる。「先王」によって与えられた「物」〔ここでは「礼」〕が有れば、人は当然それに法るという意味で、『詩経』の一句は解釈されるのである。

かくして徂徠において、「物」は、朱子学の「理」に対抗する規範概念として、またその「先王の教」の核心に関わる概念として、学説の根幹部分を成すにいたるのだが、では、徂徠は「理」より「物」の方がなぜ優るとするのか。

それは、事実から遊離した「定準無き理」に拠る教えとは、結局説く者の心のままの教えとなりかねず[17]（「理は適《ゆ》かざることなきものなり。吾、我が意を以て自《みずか》ら取る」、『弁名』序）、そうした教えは、説明に説明を重ね、言語を詳細にして果てなき議論に陥るのに対し、歴史的、文化的実在として在る「物」に拠る教えは、「事を事とする」教えとして、より具体的な営みのうちに実現し、人はそれをなぞることにより、あたかも心中に体得するかのごとくそれを獲得するからだ、と徂徠はする。「物」は人を自然と「化す」働きを有すると徂徠は説くのである。

物なる者は、教への条件なり。古の人は学びて、以て徳を己に為さんことを求む。故に人を教ふる者は教ふるに条件を以てす。学ぶ者も亦た条件を以てこれを守る。[18]（『弁名』「物」）

人、古言を記憶して、其の胸中に在ること、猶ほ物有るがごとく然り。故に之を物と謂ふ。若《も》し臆《おく》に任せて肆言《しげん》せば、則ち胸中に記憶する所有ること莫し。一物有ること莫《な》き、是れ物なきなり。[19]（同前）

料金受取人払郵便

本郷局承認

3463

差出有効期間
2021年5月31日
まで

郵便はがき

113-8790

408

（受取人）
東京都文京区本郷1・28・36

株式会社　ぺりかん社

営業部行

<table>
<tr><td colspan="3">購入申込書　　※当社刊行物のご注文にご利用ください。</td></tr>
<tr><td>書名</td><td></td><td>定価［　　　円+税］
部数［　　　部］</td></tr>
<tr><td>書名</td><td></td><td>定価［　　　円+税］
部数［　　　部］</td></tr>
<tr><td>書名</td><td></td><td>定価［　　　円+税］
部数［　　　部］</td></tr>
<tr><td>●購入方法を
お選び下さい
（□にチェック）</td><td>□直接購入（代金引き換えとなります。送料＋代引手数料で900円+税が別途かかります）
※送料は改定となる場合がございます
□書店経由（本状を書店にお渡し下さるか、下欄に書店ご指定の上、ご投函下さい）</td><td rowspan="3">番線印（書店使用欄）</td></tr>
<tr><td colspan="2">書店名</td></tr>
<tr><td colspan="2">書　店
所在地</td></tr>
</table>

書店各位：本状でお申込みがございましたら、番線印を押印の上ご投函下さい。

愛読者カード

※ご購読ありがとうございました。今後、出版のご案内をさせていただきますので、各欄にご記入の上、お送り下さい。

書名

●本書を何によってお知りになりましたか

□書店で見て　□広告を見て［媒体　］　□書評を見て［媒体　］
□人に勧められて　□DMで　□テキスト・参考書で　□インターネットで
□その他［　］

●ご購読の新聞［　］
雑誌［　］

●図書目録をお送りします　□要　□不要

●関心のある分野・テーマ
［　］

●本書へのご意見および、今後の出版希望（テーマ・著者名）など、お聞かせ下さい

お名前	ふりがな	性別	□男　□女	年齢	歳
		所属学会など			
ご職業 学校名		部署 学部			
Eメール		電話	（　　）		
ご住所	〒［　－　］				
お買上書店名	市・区 町・村　書店				

お客さまの個人情報を、出版案内及び商品開発以外の目的で使用することはございません。

「教への条件」たる「物」には、人を「化す」働き、文字どおり「心中に物あるがごとく」に確実に「道」を体得させる働きがあるがゆえに、朱子学の「理」に優る、と徂徠はするのだ。

こうして、徂徠の「物」がもつ独自の性格が次第に明らかになってくる。そして、この「物」の現在世界に対する規範力、有効性の根拠として提示されるのが、「先王制作」の「物」という限定と、その背景にある「天」である。

三　「夫れ六経は物なり。道具に焉《つぶさ》に存す」

徂徠は『弁名』の冒頭、次のようにいう。

生民より以来、物有れば名有り。名は故《もと》より常人の名づくる者有り。是れ物の形有る者に名づくるのみ。物の形亡《な》き者に到りては、則ち常人の睹《み》ること能はざる所の者にして、聖人焉《これ》を立てて焉に名づく。然る後、常人と雖《いえど》も見て之を識《し》るべきなり。之を名教と謂ふ。(20)（『弁名』序）

ここにはまず、「物」に「形有る物」と「形亡き物」の二種類があることが示されている。前者は常人の命名した、有形の、世界内の事象一般についていう「物」のことである。徂徠が問題とするのは、後者の「形亡き物」、過去において「聖人」が命名した「物」の方である。『弁名』にとどまらず、他の主要著作を通じて朱子学の「理」規範に対抗するものとして語り出されるのは、この「形亡き物」のことである。そしてその「形亡き物」が具体的なもの（ことば）として存しているのが、「六経《りくけい》」という書物（テキスト）の内なのである。「先王の物」は「六経」という書物、テキストによって私たちの前に具現している、と徂徠はいう。

夫れ六経は物なり。道具《つぶさ》に焉《ここ》に存す。(21)（『学則』三）

「六経」とは『詩』『書』『礼』『楽』『春秋』の六つの古代の経書のことである（うち『楽経』は早くに亡んで存在しない）。徂徠が「上古の物」を話題とする際、その拠り所として示されるのは、なかでも特に「礼」であり、「物」を説くときには「礼」を、「礼」を説くときには「物」が交互に言及される。前に述べた「形なき物」の内実を明らかにする著作、『弁名』中、「六経」からもっぱら言及されるのは「礼」である。徂徠は、『礼記《らいき》』『儀礼《ぎらい》』という書物、そしてそのなかに具体的に記された事実（「事」）に即して、独自の「物」という概念を創出し得たのである。徂徠は、「六経」に記された古代聖人たちが作為した具体的事実、「先王の礼」そのものに、眼前の世界をふくむすべてにとって指標となる事実が、そのまま載っているとしたのだ。

では、彼は「先王の礼」を「物」とするとき、そのいかなる特質をさしていっていたのか。徂徠にとって「礼」は、何よりもまず外在する具体的事実として在る。「礼」は、朱熹にとって、あるいは仁斎にとっても〈人の内心に連続するもの〉として議論されたのに対し、徂徠の場合、「礼」はあくまでも「外的」な規範、事実であった。彼が朱熹の「礼」説を批判するのも、その、人の内心、「性」との接続の説明においてである。

> 朱子は礼を釈して曰く、「天理の節分、人事の儀則」と。是れ其の意も亦た礼の先王の礼たることを識らざるに非ず。然れども既に以て性と為せば、則ち其の言に難《かた》んず。故に天理を以て之を弥縫《びほう》す。而して謂《おも》へらく、礼は彼に在りと雖も、其の理は我に具れば、則ち礼は以て性と為すべきに庶《ちか》しとしか謂ふと。亦た仏氏の事理無礙《じりむげ》の説のみ。[22]（『弁名』「礼」1）

朱熹も「礼」が「先王の礼」であることを承知しつつ、かつ「礼」を人の「性」と規定したがゆえに、その間を「天理」などというとりとめのないもので弥縫しなければならなかった、と徂徠はいうのである。彼からすれば、「礼」は人の内心の外側に在る事実以外にはあり得ない。

> ああ、〔宋儒は〕先王の礼を外にして別に己《おの》が所謂礼を立つ。其の僭妄《せんもう》にして道を乱るの極なること、以て見るべきのみ。[23]（『弁名』「礼」2）

徂徠は「先王の道は外に在り（先王之道在外）」（『弁名』「道」）、「礼儀は外に在り」（『論語徴』「泰伯」

篇「曾子曰可以六尺之孤」章注）と明快に断言する。それはあくまで具体的な事実なのである。「礼は、道の名なり。先王制作する所の四教六芸、是れ其の一に居る。いはゆる経礼三百、威儀三千、是れ其の物なり」(24)（『弁名』「礼」1）。

そして、そうした、あくまでも人の内心の外に在る「礼」が、人や社会に有効となり得る理由として強調されたのが、その自然と人を「化する」はたらきであった。「物」の人への感化力である。

夫《そ》れ人は、言《ものい》へば則ち喩《さと》る。言はざれば則ち喩らず。礼楽は言はざるに、何を以て言語の人を教ふるに勝れるや。化するが故なり。習ひて以て之に熟すれば、未だ喩らずと雖も、其の心志身体、既に潜《ひそ》かに之と化す。終《つい》に喩らざらんや。(25)（『弁名』「礼」1）

あるいはまた、次のようにいう。

且《か》つ言の喩す所は、詳かに之を説くと雖も、亦た唯《ただ》一端のみ。礼は物なり。衆義の苞塞《ほうそく》する所なり。巧言有りと雖も、亦た以て其の義を尽くすこと能はざる者なり。(26)（『弁名』「礼」1）

「礼」が「物」であるとは、「経礼三百、威儀三千」といった具体的な、事細かな礼楽刑政そのものであること、そしてそれら古代の歴史的事実は「衆義の苞塞する所」として、多くの意味がそのうちに充満した「物」として、人を「化する」という働きを有するというのである。朱子学におけるような抽象言辞の階層的な構築を介しての「了解」ではなく、「心志これに化す」体験をもって、我が「物」となるというのである。

　では、そうした「物＝礼」の規範力の根拠となる、上古における「先王の制作」という出来事はいかにしてあり得たのか。それを説明するのが「天」「天命」である。

四　「天命」による「制作」

　徂徠の「物」＝「礼」が規範たり得る根拠としてまずあるのは、「先王の物、先王の礼」という限定であり、さかのぼっては「天」、「天命」の存在である。徂徠が「物」、「礼」をいうとき、それらにはほぼ、「先王の」という冠詞が付される。中国古代の堯《ぎょう》・舜《しゅん》・禹《う》・湯《とう》・文《ぶん》・武《ぶ》・周公《しゅうこう》、七人の「聖人」が「制作」した「物・礼」であるからこそ、それは聖性を帯びた基準となるのだ、と徂徠はする。よく知られるように、徂徠は「道」を「天地自然の道」ではなく、「聖人」が「制作」した「道」であるとした。その「制作」者が七人の聖人である。

　「作者七人矣」、作者を之《これ》聖人と謂ひ、述者を之明と謂ふ。「七人」とは、尭・舜・禹・湯・文・武・周公なり。尭舜の前、聖人有りと雖も、孔子取らず。取らざる所以の者は、其の作す

所は利用厚生の事に止まるを以てなり。(27)（『論語徴』「憲問」篇「作者七人矣」章注）

堯以下の七人が、たんなる「利用厚生の事」に止まらぬ「道」を初めて説き、「教への条件・術」である「物、礼」を「制作」したのである。しかし徂徠の場合、「聖人」をいわば人智を超えた絶対者として想定し、その希有な超越性をそのまま「制作」の根拠としたわけではない。「制作」の所以は「聖人」個々人の超越性に求められるのではなく、「聖人」にちょうどその時「制作」の「命」が「天」から下った、その〈歴史的場面〉へと求められるのである。『論語徴』のなかにも、孔子も、さらには孔子の弟子、顔淵《がんえん》も「制作」者たる「聖人」になる可能性を持っていたが、「天命」が下らなかったとする徂徠の記述がある。

「礼楽」の「制作」は原理的にはいつでも行われ得るはずのものであった。孔子も当然「制作」の意図を持っていたというのが徂徠の説である。宰我《さいが》が当時通行の三年の喪について長すぎはしないかと孔子に尋ねた箇所の注釈で徂徠は、「質問の具体的内容（三年之喪云々）がこの章の眼目なわけではない。宰我の智が「今が革命の秋《とき》である。孔子の道が天下に行われ、礼楽が改められるであろう」」と予見した点が重要であり、そこに注目せよという。

孔子の時は、革命の秋《とき》に当たる。孔子の道大いに天下に行はれ、必ず礼楽を改めん。宰我の智、蓋し其の意を窺ひ見る。(28)（『論語徴』「陽貨」篇「宰我問三年之喪」章注）

あるいはまた、次のようにもいう。

礼楽を制作するは、革命の事、君子、之を言ふを諱《い》む。故に顔子〔顔淵〕止《た》だ邦を為《おさ》めんことを問ふ。而して孔・顔の時は、革命の秋なり。且つ顔子の用舎行蔵《ようしゃこうぞう》〔「述而」篇〕は孔子と同じ。若《も》し天、之を縦《ゆる》さば、亦た聖人なり。(29)（『論語徴』「衛霊公」篇「顔淵問為国」章注）

孔子、顔淵までもが「制作」に与れたはずだと徂徠はする。ただ「天」が、時がそれをゆるさなかっただけなのである。

すなわち、歴史上「聖人」たり得る者は多くいたし、「礼」はいつの世においても「制作」され得るものだが、たまたま上古の世において七人の聖人に「制作」の「天命」が与えられたのだと規定することで、徂徠は、「道」をいわば文化的産物として〈歴史的場面〉のなかに固着させたのだ。人間世界の基準とすべき「物」の起点を、文化の創造を、「上古三代」という歴史の一場面に固着させたのである。それが徂徠の独創であった。そしてそうすることによって、世界全体を見通す視点を獲得し、かつ現実の生の人間世界に即して学問を構成する〈しかけ〉を手に入れたのである。

夫《そ》れ聖人も亦た人のみ。人の徳は性を以て殊なり。聖人と雖も其の徳豈《あ》に同じからんや。而るに均しく之を聖人と謂ふは、制作を以ての故なり、唯制作の迹のみ見るべし。[30]（『弁名』「聖」3）

堯・舜ら七人の「聖人」個々の「徳」が問題なのではない。「徳」を問題とするならば徂徠において、一芸に秀でた人間の価値は決して「聖人」に劣るものではない。「聖」と称するのはもっぱら「制作」という行為に係わって称されるのである。聖人もまた人であるが、「道」の「制作」という一事をもって「聖人」と呼ばれる。その「制作の迹」がすなわち「六経」「礼」である。それは「天」からの命令として与えられた歴史上の出来事なのであった。

先王の道は、天に基づき、天命を奉じて以て之を行ふ。[31]（『弁名』「智」1）

そして孔子に下された「天命」は、「先王の道」を後世に伝えることであったと徂徠はする。

孔子は先王の道を学びて、以て天命を待つ。五十にして爵禄至らず。故に、天の命ずる所は、道を当世に行ふに在らずして、諸を後世に伝ふるに在ることを知るのみ。[32]（『弁名』「天・命・帝・鬼・神」7）

孔子の「天命」とは「先王の道」を後世に伝えるという事業である。こうして上古における「先王の制作」、そしてそれを伝える孔子の『論語』という徂徠学の骨格が完成する。

徂徠学の成立において、「六経」、特に「礼」の記述に見出した事実の重み、そこに人間や社会のあり方が事実として、基準として表れていることの発見こそが、すべての起点となった。そこを起点として徂徠は、朱子学の「虚構」性を批判していく。先王制作の具体的な事実の集積を、人をことばではなく事実をもって「化する」規範＝「物」としてとらえ、またその規範としての根拠を〈歴史的場面〉、特定の経典のなかに固着させることで、逆に、眼前の世界や人を、硬直した理念によってではなく、「活物」として、生きたものとしてとらえなおす視野を手にいれたのだといえよう。

註

（1）『答問書下』（『荻生徂徠全集』第一巻）四七七頁。
（2）小島毅『儒教の歴史』（宗教の世界史5、山川出版社、二〇一七年）一四三〜一四五頁。
（3）土田健次郎『江戸の朱子学』（筑摩選書、二〇一四年）九一頁、九六頁。「江戸時代における朱子学の存在意義は、単に学派としての朱子学が隆盛したということだけではなく、朱子学があったからこそ思想表現が可能になった反朱子学や非朱子学を登場させたことにある」（同前、九六〜九七頁）とする土田の意見に、私も賛成する。また、朱子学が日本社会に定着するのは近世後期以降、特に、明治期にいたる、十九世紀であると私は考えている（中村春作『江戸儒教と近代の「知」』ぺりかん社、二〇〇二年も参照されたい）。
（4）「蓋先王之教、以物不以理。教以物者、必有事事焉。教以理者、言語詳焉。物者衆理所聚也。而必従事焉者久之、乃心実知之。何仮言也。言所尽者、僅僅乎理之一端耳。」
（5）丸山眞男『日本政治思想史研究』（東京大学出版会、一九五二年）七九頁。尾藤正英「荻生徂徠」（相良亨・松本三之介・源了圓編『江戸の思想家たち』上、研究社出版、一九七九年）三六二頁、吉川幸次郎「徂徠学案」（『仁斎・徂徠・宣長』岩波書店、一九七五年）。

（6）子安宣邦『徂徠学講義――『弁名』を読む』（岩波書店、二〇〇八年）一二九〜一三〇頁。

（7）平石直昭「戦中・戦後徂徠論批判――初期丸山・吉川両学説の検討を中心に」（『社会科学研究』三九―一、一九八七年）。なお本批評において、吉川の徂徠学理解は、「自らの理解する「中国的なもの」とは異質な徂徠学の諸特徴を、直ちに「日本的なもの」から由来するとして説明する傾向が強い。このとき「中国」「日本」の両伝統文化に還元されえぬ徂徠固有の創造的な思考の営み（まさにそこにこそ彼の近代性が示されている）は、十分その思想史的な意味が問われずに終わるのである」（圏点原文）とする平石の批判にも賛意を表したい（平石のいう「そこにこそ彼の近代性」は、本書の課題とするところとは異なるにせよ）。

（8）平石直昭「「物」と「豪傑」――江戸後期思想についての覚書」（『懐徳』五七、一九八八年）。なお、本論考で平石は、徂徠の「物」から近世後期思想にいたる思想展開についての源了圓の議論に批判を加えつつ、徂徠が「聖人による「窮理」の対象という形で」自然（対象）を「物」として発見したことを経由して、近世後期の「物」への視線が「徂徠とは異なる見地から」も構成されていったとし、その過程を展望している。

（9）たとえば、黒住真は徂徠の「学」を論じつつ、「〈物〉に出会うことは、「身親しく践む」まさに主体的・実践的な次元にまでふみこむことであり、その意味でこれは感情や追体験の力にかかわり、そして彼の内の「徳」の生成にもかかわるであろう」（『近世日本社会と儒教』ぺりかん社、二〇〇三年、五三一頁）と語り、田尻祐一郎は「では形あるものは何であれ「物」なのかと言えば、そうではないだろう。自然の山や川は徂徠の考える「物」ではないし、人間も動植物も「物」ではないからである。今、私の手に握られている万年筆は、おそらく徂徠の言う「物」ではない。しかしこの万年筆が、一つの社会的な生産物として、時代や社会の何か（技術・デザイン・意匠・心性など）を象徴していると捉えられた時、それは「物」になるのではないだろうか」（『荻生徂徠』叢書・日本の思想家15、明徳出版社、二〇〇八年、一〇六頁。圏点原文）と語る。これらはたしかに徂徠の「物」論であると同時に、徂徠の「物」に触発された、普遍を志向する思想表現の発露といえよう。

(10)「格至也。物猶事也。窮至事物之理、欲其極処無不至也。」

(11)「然物事殊矣。事者凡事是也。物者先王所制、宇宙間特有是事、猶天地之有物也。故大学物有本末事有終始。物事分言之。」

(12)「習其事久之、而所守者成。是謂物格。方其始受教、而物尚不有於我。辟諸在彼而不来焉。及於其成、而物為我有。辟諸自彼来至焉。謂其不容力也。故曰物格。格者来也。」

(13)「天生衆民。有是物必有是則。蓋自百骸九竅五臓、而達之君臣父子夫婦長幼朋友、無非物也。而莫不有法焉。如視之明、聴之聡、貌之恭、言之順、君臣有義、父子有親之類、是也。」

(14)「天生蒸民、有物有則。則礼也。聖人制礼、而曰天秩有礼。故曰為此詩者其知道乎。」

(15)「天生烝民、有物則有法則。人法天也。」

(16)「物者美之成也。好美者民之性也。故礼有物、而後民必有所則法也。」

(17)「且理者、莫不適者也。吾以我意而自取之。」

(18)「物者、教之条件也。古之人学以求成徳於己。故教人者教以条件、学者亦以条件守之。」

(19)「人記憶古言、而在其胸中、猶如有物然、故謂之物。若任臆肆言、則胸中莫有所記憶、莫有一物、是無物也。」

(20)「自生民以来、有物有名。名故有常人名焉者。是名於物之有形焉者已。至於物之亡形焉者、則常人之所不能睹者、而聖人立焉名焉。然後雖常人可見而識之也。謂之名教。」

(21)「夫六経物也。道具存焉。」

(22)「朱子釈礼曰、天理之節文、人事之儀則。是其意亦非不識礼為先王之礼。然既以為性、則難乎其言。故以天理弥縫之。而謂礼雖在彼乎、其理具于我、則礼庶乎可以為性云爾。亦仏氏事理無礙之説耳。」

(23)「嗚呼外先王之礼而別立己所謂礼。其僭妄乱道之極、可以見已。」
(24)「礼者、道之名也。先王所制作四教六藝、是居其一。所謂経礼三百、威儀三千、是其物也。」
(25)「夫人言則喩。不言則不喩。礼楽不言、何以勝於言語之教人也。化故也。習以熟之、雖未喩乎、其心志身体、既潜与之化。終不喩乎。」
(26)「且言之所喩、雖詳説之、亦唯一端耳。礼物也。衆義所苞塞焉。雖有巧言、亦不能以尽其義者也。」
(27)「作者七人矣。作者之謂聖。述者之謂明。七人者、堯舜禹湯文武周公也。堯舜之前、雖有聖人、孔子不取焉。所以不取者、以其所作止利用厚生之事也。」
(28)「孔子時、当革命之秋。孔子之道大行於天下、必改礼楽。宰我之智、蓋窺見其意。」
(29)「制作礼楽革命之事、君子諱言之。故顔子止問為邦。而孔顔之時、革命之秋也。且顔子用舎行蔵、与孔子同。若天縦之亦聖人矣。」
(30)「夫聖人亦人耳。人之徳以性殊。雖聖人其徳豈同乎。而均謂之聖人者、以制作故也。唯制作之迹可見矣。」
(31)「先王之道、本於天、奉天命以行之。」
(32)「孔子学先王之道、以待天命。五十而爵禄不至。故知天所命、不在行道当世、而在伝諸後世已。」

第二章　「名」と「物」と「俗」と

一　「物と名と離れ、而して後、義理孤行す」

徂徠の「物」に拠る立場は、どのような思想形成の過程で固まっていったのだろうか。それを検討することで、徂徠学の特質や全体像がより明らかになってくるだろう。本章では、「名」と「物」との合致をめざす徂徠の思想、そしてそこに関わってくる「俗」の問題について考え、さらには、徂徠の構想する世界像の内に、「知天命」や「気質の性」としての人の存在がいかに位置づけられるかを考えることで、「物」に拠る徂徠学の全体的な構図を見通してみたい。

徂徠は古代以降の儒学史を、「名」と「物」とが分裂していく経緯のなかにとらえる。古代以降の儒学の多様な展開を、言説の展開史、分裂史としてとらえたのである。徂徠はいう、「物と名と離れ、而して後、義理孤行す」[1]（『弁道』1）と。「名物枅《たが》はざる」世から、時代を下るにしたがって

「名」のみが残って「物」が亡び「義理孤行」するにいたった、というのが徂徠の学問史観だった。そしてそうなった理由を、言語の変遷（「世は言を載せて以て移る」[2]、『弁名』序）、戦国期の諸子の論争などを経て、世の「俗」が変化した結果とした（「俗移り物亡ぶ」[3]『学則』二）。であるがゆえにこそ、今の世に、「名」と「物」とが合致した世界を取り戻すことが必要だと徂徠はするのである。

> 故に聖人の道を求めんと欲する者は、必ず諸《これ》を六経に求めて、以て其の物を識《し》り、諸を秦漢以前の書に求めて、以てその名を識り、名と物と枡はずして、而る後、聖人の道、得て言ふべきのみ。[4]（『弁名』序）

こうした「名」と「物」への言及は、徂徠学の本質に深く関わるものだ。そもそも、儒学の歴史において、ながらく「名」と「実」との議論がされてきたことは周知のことだが、「名」に「物」を対置し、両者の関わりを論じることは、必ずしも一般的ではなかった。「名」と「物」は多く連語して「名物」とされ、その際の「名物《めいぶつ》」学とは、一般に博物学を意味してきた。伊藤東涯《とうがい》（一六七〇—一七三六）『名物六帖』の書名、「名物」はその一例である。

では、徂徠のいう「名」と「物」とはどんな内容のものだったのか。

中国哲学史上の「名・物」論と「名・実」論について、加地伸行は次のように述べている。

名物が名称と形状とを密着させている〈事実存在〉としての諒解であるのに対して、名実は名と実と対照対比しており、〈関係存在〉として諒解されている。その結果、名物の考察が名（即ちその対象〈物〉）の具体的な整理分類、つまり博物学となってゆくのに対して、名実の考察は、名とその実との関係やその構造を問題とする思惟の論とならざるをえない。すなわち名物（博物）〈学〉に対する名実〈論〉の登場である。(5)（『中国論理学史研究』）

加地の論によって中国古代の「名実」論を整理すれば、周王朝の地位低下とともにその礼制が守られなくなり、「その状況を反映して、礼制の課題として、換言すれば、（礼制は当時における最大の思想表現であったから）思想的課題として〈名〉と〈実〉との関係という問題が登場してきた(6)」（同前）のであって、この思想的課題が初めて明確化されたのが、孔子の『論語』（「必ずや名を正さんか」）であった。その後、「名実」論が諸子百家の共通の思想課題となったのである。「名実」は重要な論題として推移したが、一方、「名物」は博物学の代名詞となるにいたったのである。

しかしながら、徂徠のいう「名物」論が博物学に向かうものでないことは明らかである（徂徠学の影響下に、後代、博物学への志向が出現したことはあるにせよ）。また、「名と物と舛はずして、而る後、聖人の道、得て言ふべきのみ」という言が、訓詁注釈、考証によって本来の意味を確定するといった次元の問題でもないことも明らかである。徂徠の注釈の方法がいわゆる考証学とは、大きく質を異にするものであったことは、後章に述べるように、『論語徴』を通読すれば明白だからだ。

伝統的な「名実」論と徂徠の「名物」論とは、ともに、離れ隔たってしまった二つの概念を結びつけようとする点で共通するが、徂徠「名物」論は、「名」とその本質との関係という、認識論の範囲に収まりきらないものとしてある。徂徠は、すでに引用したように『学則』のなかで、「六経は物なり。道具《つぶさ》に焉《ここ》に存す」（第三則）、「故に吾退きて諸《これ》を六経に求む。唯《ただ》其れ物なり」（同前）と、「物」をものごとの超歴史的、普遍的な根拠として述べるとともに、他方、「物は世を以て殊なり、世は物を以て殊なり」（四則）、「故に君子は必ず世を論ず。亦た唯物なり」（同前）と、世の推移に応じて変化する「物」ということもいっている。時空を超えた普遍性と、個別の場所、時間に規定されたものごとを、ともに「物」とするのである。「先王の物」と今の世の「物」である。

すなわち「物」は、過去と現在と、二重の実在としてとらえられている。徂徠は「物」ということばに、いつの世にも眼前に在るモノ、人を動かす（化する）力を有するモノ、という意味をも与えるのである。そして、規範として最重要なのは、もちろん歴史的に規定された「先王の物」であった。

ではそもそも、徂徠において「物」と「名」との合致が今の世における課題としていい出されるとき、それはどのような条件とともに語られたのか。

二　「習ひ以て俗を成さば、則ち天にして之を天と謂ふ」

荻生徂徠に『読荀子』という著述が残されている。宝暦十三年（一七六三）、宇佐美灊水《しんすい》（恵）によって刊行されたものだが、別に自筆稿本が伝わっている。この自筆稿本『読荀子』の成立は、今中寛司の考証によれば「仁斎の没年の宝永二（一七〇五）年から、『蘐園随筆』が成稿したと推定される宝永六（一七〇九）年までの間」(7)と考えられ、ほぼ『蘐園随筆』成立と同時期に書かれたものと思われる。実際、『蘐園随筆』の条々と内容的に重なる箇所も見受けられるし、『蘐園随筆』のなかには、明らかに『荀子』を踏まえた表現も見出される。ともあれ、この『読荀子』は、『蘐園随筆』同様、その形成期における徂徠学の原像を探るうえで貴重な著作であることはまちがいない。また徂徠学と『荀子』との関連を考えるうえでも看過できない著述である。(8)ここでは「正名」篇をめぐる徂徠のメモを中心に考えてみよう。(9)

『荀子』「正名」篇は、それまでの諸子百家の「名実」論を集約するような位置にあるものであり、荀子はそのなかで、「名」優先の立場（「故に王者の名を制するや、名定まりて実弁じ、道行はれて志通ずれば、則ち慎んで民を率ゐて一にす」）から、「後王の成名」（今の理想的な君主による名辞の制定）について、その制定過程や名辞の種類の厳密な規定を行っている。そのいわば「正名」篇の中核部分の記述に関して、徂徠はきわめて興味深い比喩を用いてその解釈を施している。少し細かい議論とはなるが、興味深い箇所なので引いておく。

『荀子』本文は、以下の通り。

名には固宜《こぎ》無し。之を約して以て命じ、約定まりて俗成れば之を宜と謂ひ、約に異なれば則ち之を不宜《ふぎ》と謂ふ。名には固実無し。之を約して以て実に命じ、約定まりて俗成れば之を実名と謂ふ。[10]

字句の解釈に終始することが多い徂徠『読荀子』中、「正名」篇に関わる記述は、とりわけ徂徠自身の意見が多く記される箇所なのだが、この『荀子』本文について、徂徠は以下のような解釈を付す。[11]

「約之以命」

「之を約す」とは此を以て記号と為すなり。「以て命ず」とは之に命じて名づくるなり。名に固《こ》宜《ぎ》無しと雖も、先王名を制するの始、天を以て天に名づけ、地を以て地に名づくるを言ふ。此れ、其の意、万民と相ひ約して、此れを以て記号と為して、之に命じて名づくるなり。

「約定俗成」

「約定りて俗成る」とは、記号一定し、習ひ以て俗を成し、循《したが》ひ用ふること年深く、名実是を以て忒《たが》はず。唯だ名実の此れに因りて忒はざる。此れ即ち宜なり。

「異於約則謂之不宜」
「約に異なれば則ち之を不宜《ふぎ》と謂ふ」とは、其の万民と相ひ記号を為す所の者に於て、輒《すなわ》ち之を変異すれば、則ち百姓《ひやくせい》茫然として其の孰《いず》れか天と為し孰れか地を為すを知らざるを言ふ。此れ、不宜なり。

「名無固実、約之以命実、約定俗成、謂之実名」
此れ、上の意を覆解す。「名には固実《こじつ》無し」とは名の実に於けるも亦た一定不易の者に非ざるを言ふなり。仮如《もし》天にして之を天と謂ふ。天は実なり。之を天と謂ふ、名なり。然れども天有りてより以来、輒ち此の天の名有るに非ず。天にして之を天と謂ふは、是れ後来、聖人此の名を以て其の実に命じて以て記号と為す。故に「之を約して以て実に命ず」と曰ふなり。記号一定し、習ひ以て俗を成さば、則ち天にして之を天と謂ふ。此れ、実と名と相ひ得る者なり。故に曰く、「約定まりて俗成れば之を実名と謂ふ」と。

ここは「正名」篇における徂徠の解釈のなかでも、とりわけ精彩を放つ箇所なのだが、ここからは、『荀子』本文の「名実」論に沿いつつも、徂徠の関心が、「後王」による厳格な名辞の制定過程よりも、「名」成立における「俗」の関与の重要性の主張にあったことが明白に見てとれる。「名」成立に関わる議論において、「天」が最適の例示として挙げられたこともまた、徂徠学における

「天」の意味づけを考えるうえでも示唆深い。

「天」とは後の徂徠の言葉でいえば、もともと無形のものに「聖人」が「命名」することによって初めて成りたった「物」であった。前に引いたように、「物の形亡《な》き者に到りては、則ち常人の睹《み》ること能はざる所の者にして、聖人焉《これ》を立てて焉に名づく。然る後、常人と雖も見て之を識《し》るべきなり」（『弁名』）と彼は定義している。

この、「聖人」に命名されることによって「天」という「名」を得た実在は、それ以前に存在しなかったわけではない。それはたしかに初めから存していた（「天は実なり」）。しかし、その「実」なる何かが、「テン」という「名」を得たのは、「聖人」が「其の実に命じて以て記号と為し」、かつ「万民と相約し」たからなのである。しかしそれだけではまだ不十分である。そこに「俗」の形成が伴われなくてはならない。「記号一定し、習ひ以て俗を成し、相ひ用ふること年深く」して、真に初めて「天にして之を天と謂ふ」ことになったのだ、と徂徠はいうのである。

徂徠が『荀子』「実名」にことよせて語ったのは、そうしたことがらだった。

このようにみてくれば、『読荀子』における徂徠の議論が、後に説かれる「名物」の合致をめざす議論につながるものであることが了解されるだろう。徂徠の「名物」論は、儒家が多く論じてきた「名実」論とは、たしかにおもむきを異にするものであった。徂徠のいう「名物」合致とは、名辞とその実体との厳密な一致という認識論の領域を超えて、「教への存する所」たる「名」（『弁名』）と「教への条件」たる「物」（同前）との合致を実現しようとする、士人の当為であり、政治学の課題だったのである。

徂徠は、こうして、『荀子』「名実」論の解釈を一つの踏み台として、「名」成立における「俗」の意味を語るにいたる。「形なき」実在である「天」が「天」という「名」を得るのは、「聖人」の「命名」によってだが、その「名」と「物」とが真に合致した状態になるためには、「名」と「物」との対応を実たらしめる「俗」の形成が伴われなければならない。ところがそうした幸福な時間＝「先王の世」が失われ、「名」と「物」とが乖離し、「俗移り物亡ぶ」（『学則』）の後、新たに当世において その再現を求めるためには、「俗」もまた新たに、そして不断に、その「世」に合わせてしかるべく更新される必要があるのである。当然「制度」も絶えず更新され続けなければならない。

そして、そうした「名」と「物」と「俗」とから構成される世界に参与するものとして、人の「性」（「気質の性」）が、徂徠学のなかに意味づけられることとなる。徂徠学の体系内に、「先王の物」を基準とした「名」「物」合致の世界の実現に向け、「俗」が、人の「性」が、有意味に関係づけられることとなるのである。

三　「天地は活物たり、人も亦た活物たり」

『読荀子』中の徂徠の議論において、「物」の根拠たる「天」が先王の命名によって「実」あるためには、「俗」の形成が欠かせないことが示されていた。同じく『読荀子』「天論」篇における「天を大として之を思ふは、物を蓄へて之を制するに孰《いず》れぞ【天に服従してこれを賛美するよりも、天の与えた事物を制御して利用した方がよい】」という『荀子』本文に対する徂徠の評、

物を以て天を蓄へ、制して之を用ふるを言ふなり。天を以て一物と為す。迺《すなわ》ち荀子の大見の処なり。(12)

における「天を蓄へ、天を用ふる」という表現もまた、そうした議論に通底するものであろう。『読荀子』とほぼ同時期の著作、『蘐園随筆』中の以下の文章は、より明確に政治学の課題として、「俗」形成の重要性を述べるものである。(13)

一、大なるかな習ひや。人の天に勝つ者は是れのみ。其の天下国家に在る、之を風俗と謂ふ。其の一身に在る、之を気象と謂ふ。故に善く天下国家に観る者は、必ず風俗に於てす。善く人に観る者は、必ず気象に於てす。礼楽以て教へと為すときは、則ち風俗厚くして気象盛んなり。聖人の天に勝つ所以の者は是れのみ。

一、風俗は億兆を合はせて之を一にする者なり。人の全力なり。五尺の身、何を以て能く天地に参《まじ》はらんや。聖人と雖も亦た然り。必ずや億兆を合はせて後に人の力全し。故に聖人の天

下を治むるや、必ず風俗上に在りて存す。仁の極なり。

ここに展開されるのは、『読荀子』「天論」篇での発言に共通する、「俗」形成への賛美である。ここにはまた、後の徂徠の「人性」論の先駆けとも見られる「気象」への言及、「気象」と「俗」とのつながりも見出せる。

引用文中の「人の天に勝つ者」、「能く天地に参はる」といった表現は、もともと『荀子』に由来することばである。『荀子』の「天人の分」は、「道とは天の道に非ず、地の道に非ず、人の道とする所以にして、君子の道とする所なり」(「儒效」篇) ということばによって知られている。そうした世界内において人は自然界のことがらには手を出さず (「天と職を争はず」、「天論」篇)、人事に勉めることによって「天地」と同格になり得る (「天に其の時有り、地に其の財有り、人に其の治有り、夫れ是れを能く参なりと謂ふ」、同) と『荀子』では説かれており、[14]徂徠もそれに従っているのである。ただ、この時期 (『読荀子』『蘐園随筆』執筆時期) の徂徠の「天」観・「天地」観が、いまだ揺れ動いており安定していなかったのも事実である。まさに、徂徠が朱子学的「天」観 (「天理」観) に対抗し得る地点を、仁斎の著作に喚起されつつ試行模索中の時期だったからである。

そしてこの時期、徂徠において意識されたのが、伊藤仁斎の「天地活物」観であった。「天地」を「生々」する「活物」とする視点は、徂徠において早くからあったようだが、それがより大きく成長したのは、仁斎の学説の影響を受けてのちであった。『蘐園随筆』は、自己の学説定立以前の徂徠が、仁斎（および東涯）との間の有名な感情的行き違いが原因となって、ことさらに「窃《ひそ》かに程朱の忠臣たらん」と擬して仁斎攻撃を為したものであるだけに、注意して読むべき必要があるのだが、同書中にすでに、以下のような一節がある。

仁斎の学、其の骨髄は「天地は一大活物」といふに在り。此れ其の時流に踰ゆること万万なる所以なり。(15)

あるいはまた、

仁斎ここに見ること有りて、尽く群言を掃《はら》ひて、以て聖言渾淪《こんろん》の旧に復せんと欲す。其の志は偉なり謂ふべし。所謂「天地の間は、一元気のみ」といふが如き、此れ其の理気の説を掃はんと欲する者なり。(16)

本文にはこのあとに続けて「然れども……」と、ことさらな仁斎批判も記されるのだが、少なくともここから、徂徠が仁斎の「天地活物」観から大きな感化を受けたことが了解されるのである。

では、伊藤仁斎の「天地活物」観、「天地生々」観とは、どのようなものだったのか。

仁斎の「天地」に対する考え方は、そもそも『易』「繫辞《けいじ》下伝」の「天地の大徳を生と曰ふ」に由来する古代以降の思想に基づくが、それが仁斎によって、宋学の「天地相関」説への対抗言説としていい出されたとき、その内容が宋学の場合とは異なる、新たな「天人」のあり方を示唆するものとなったことの意味を、子安宣邦は指摘している。[17]

仁斎は次のようにいう。

蓋《けだ》し天地の間は、一元気のみ。或ひは陰となり、或ひは陽となり、両《ふた》つの者只管《ひたすら》に両間に盈虚《えいきょ》消長、往来感応して、未だ嘗て止息せず。此れ即ち是れ天道の全体、自然の気機、万化此れ従りして出でて、品彙《ひんい》此れに由って生まる。[18]（『語孟字義』「天道」1）

「天地の間」に運動してやまない「一元気」が「天道」であり、それは、ものを生生してやまない運動である。「生生して已まざるは、即ち天地の道なり」[19]（『語孟字義』「天道」4）。そして、この「生々して」やまない「天道」が、「人道」のあり方と「平行して」仁斎においてとらえなおされたのである。

子安は、朱熹のいうような「造化の根源に遡りつつ、天地の生生的運動の展開をその究極より跡づけていくような生成論」に否定的な仁斎が、「天道の陰陽」「地道の剛柔」「人道の仁義」を「全くパラレルにとらえて」いる（『同志会筆記』）ことに大きな意味を見出す。そして、「天の生生的ありよう、地の生生的ありよう、人の生生的ありようはそれぞれに、おのずからにしてそうだと仁斎はとらえるのである。おのずからというのは、根拠への問いにかかわらない、有りの自明性に立つ思惟の表明である。仁斎の眼前にあるのは生生運動する天であり、地であり、人である」「天も生生運動し、人も生生運動する、その天人共通なあり方によって天人一道といってよいと仁斎はいうのであろう」と結論する。[20]

この仁斎の「天地活物」「天地生々」を徂徠が高く評価した『蘐園随筆』執筆時、時を同じくして『読荀子』も著されたのであった。

では徂徠自身は、この「天地活物」についてどんな発言をしていたのか。『蘐園随筆』には次のようにいう。

> 一、天地は活物たり。人も亦た活物たり。故に天地の道、生生して窮まらず。而して事物の変も、亦た相倍蓰《あいばいし》（倍は二倍、蓰は五倍）し相十百千万して、得て殫《つ》くされず。是を以て卜筮及び世俗の雑占は、みな一一懸断して中《あ》たることを命ずること能はず。故に聖人の占法、唯だ此れを以て進退従違の機を決することを教ふること、一に今世の探籤《たんせん》の如きのみ。[21]

ここで徂徠はもっぱら、「生生して窮まら」ず「得て殫くされ」ざる、世のなかの多様な展開の形容として「活物」という語を使用している。この時期、徂徠の「活物」は、ものごとの多様な展開、あらわれ方の形容として重要な意味が与えられていたといえよう。そして「人は活物なり。故に才智徳行も、養を得れば則ち長ず[22]（『蘐園随筆』）というように、人が「活物」たる所以もまた、「養を得」て長ずることにおいていわれたのである。

ところが後に、徂徠は『弁名』中の「性」に関わる議論で、「仁斎先生の活物、死物の説は、誠に千載の卓識なり。祇《ただ》未だ先王の教へを知らず、区区として孟子の争弁の言〔性善説を指す〕を守り、以て学問の法と為す。故に其の言終に未だ明鬯《めいちょう》〔明らかにのび広がる〕ならざる者は、豈《あ》に惜しからずや[23]」（「性・情・才」1）と、仁斎の「活物」説が「人性」論に展開されなかったことを批判するにいたる。

その学問形成期において、仁斎の「天地活物」説に啓発されつつ、そこから徂徠の「活物」観は、人の「性」の「活物」性、多様性、可能性の議論へと大きく展開していったのである。

> サテ其〔宋学者流の〕修行ノシカタヲミレバ、木ニテ人形ナドヲ作ル如ク、次第階級詳ラカニ、道理ハ聞ヘタルヤウナレドモ、畢竟人ヲ死物ニナシテ見タルモノニテ、人ノ材徳ヲ養フハ草木ニコヤシヲシテ長養セシムル如ク、聖人ノ道ヲ学ベバ自然ニ知見開キテ、材徳ワレト発達スルモノナリ、ト云コトヲシラズ。[24]（『太平策』）

と宋学風の人材観を批判していう発言もまた、人を「死物」ではなく「活物」として見ることと、人の「材徳」を養い「先王の道」にいたることとが、直結することがらとして徂徠に把握されたことを物語るであろう。こうして、「活物」観は、徂徠において人の多様な「徳」の完成のあり方を論じるうえで、思考の基盤となったのであった。

では、徂徠はそこから人人《じんじん》と世界との関わりをどのように構想したのか。

四 「天を敬し民を安んずるを以て本となす」

荻生徂徠において朱子学の「天人相関」の構図は、当然ながら退けられる。「天即理」とする朱子学の立場は、あくまでも人の心の憶測でしかない「理」で「天」をとらえようとすることであり、それは「天」を人が知ることも可能とし、果ては「天」を無知とするまでに行き着くものだと徂徠はするからである。それは「天」を敬するようにみえて実は不敬の至りであると徂徠はいう。

然れども理は諸《これ》を其の臆《おく》に取れば、則ち亦た「天は我之《これ》を知る」と曰ふ。豈《あ》に不敬の甚だしきに非ずや。故に其の説を究むれば、必ず「天道は知ること無し」に至りて極る。(25)(『弁名』「天・命・帝・鬼・神」1)

「理」で「天」を語る宋儒を、徂徠は「天を知るを以て自負する者」と厳しく難じ、続けて仁斎の「天」観を、宋学と同じ土壌に立つものと批判する。

仁斎先生曰く「天地の道は、生有りて死無く、聚有りて散無し。死は便《すなわ》ち生の終、散は便ち聚の尽。天地の道は生に一なるが故なり」と。是れ亦た天を知るを以て自負する者なり。[26]（『弁名』「天・命・帝・鬼・神」4）

「天地活物」を説く仁斎も、「天地の道は生に一」と「天」の意図を分かったかのごとくにいうものとして、ここでは宋学と同列に批判されるのである。徂徠においては、人が「生生」する「活物」であること、そして、その背景にある「天」は「不可測」のものであること、それが大前提なのである。

ではなぜ、その「不可測」の「天」の実在を人は確信し得るのか。それは「天」が「先王の道」の世界に存する「物」だからである。「先王の物」として、古代の経典に記されているからである。『読荀子』中の記述を思い出したい。人はなぜ「不可測の天」の実在を認識できるのか。それは、「聖人」が「命名」し、人人《じんじん》と「相約し」、また人人がそれを「敬」する「俗」が形成されて、初めて「天として天たる」実在となったもの、それが「先王の物」としての「天」なのである。

夫れ天なる者は知るべからざる者なり。且つ聖人は天を畏る。故に止《た》だ「命を知る」と曰ひ、「我を知る者はそれ天か」と曰ひて、未だ嘗《かつ》て天を知るを言はざるは、敬の至りなり。子思・

孟子に至りて、始めて「天を知る」の言有り。然れども僅かに、人の性の天に命ぜらるることを言ひ、故に誠を以て性の徳となす、是れのみ。孟子も亦た僅かに天の善に与《くみ》することを知るを言ふ、是れのみ。然れども二子の天を知るの言一たび出でて、而して後、諸老先生囂然《ごうぜん》〔やかましく〕として以て天を言ふ。豈《あ》に先王・孔子の天を敬するの意ならんや。亦た二子の弁を好むの流弊なり。(27)（『弁名』「天・命・帝・鬼・神」4）

「聖人」が「天」についてあえて語らず、「命を知る」とのみしてきたのが、子思《しし》、孟子の世に「弁を好むの流弊」に陥り、その後「天」を語る言説が流行したことを徂徠は難じる。「聖人」の教えにならい、私たちも「天」をただひたすら「敬」し、個々の所与の「生」＝「性」を、「天命」に即して生きること、これが「先王の道」の世界への私たちの参与のあり方だと徂徠は説くのであろう。

そして「先王」たちが「天命を知る」ことにつとめたのは、それが「民を安んずる」ことに直結することがらだったからだと徂徠はいう。封建の伝統世界に生きた儒者として、徂徠が人一般を語ったとき、それが主として、士人、為政者のための学問、政治の学だったことはいうまでもない。徂徠の議論の対象者（人）が、社会の要路に在る士君子であったことは事実である。近代的な庶民、人民という発想はまだない時代である。ただ、それ（徂徠の人材論）が、しばしば指摘されるような術策的な発想から規定されるものではなく、「活物」としての世界をどう認識するか、「活物」としての人はいかにあるべきか、そういう人から成る政治はいかにあるべきか、という根源的な問いから出発しているところに、その学問としての生命力があると私は考える(28)。

先王の民を安んずるを心となし斯《こ》の道を立つる所以の者も、亦た天命を知るを以てなり。故に此れを知るに非ざれば則ち以て君子たることなきなり。宋の諸老先生、先王の道の天を敬し民を安んずるを以て本となすことを忘れ、専ら諸《これ》を己に求め、遂に荘周《そうしゅう》の内聖外王の説に陥る(29)。

(『弁名』「天・命・帝・鬼・神」6)

「先王の道」は「天を敬し民を安んずるを以て本となす」ものである。「敬天」と「安民」との間に何らかの因果関係を持ち込むことは、「天道」と「人道」との間にも因果関係を持ち込むことにつながる。そうした構図は、「内外精粗《ないがいせいそ》」といった二項対立を生じさせ、また人の側からの「天」への忖度を発生させる。「先王の世」においてはそうではなかった。「敬天」は即ち「安民」であり、「聖人」は「天命を知る」とのみ語って、「天」とは何かについて語らなかったのである。その「先王の道」の当世での実現をめざし、当世における「名」と「物」との合致をめざす士人にとってなすべきことは、かつてのあり方と同様、「先王の世」における「天」を我が「天」とし、「天命」を知り「安民の道」の実現をめざすこと以外にない。徂徠のいうところをまとめれば、そのようになるだろうか。

徂徠のいう「天」とは、今日の言葉で強いていえば、いわば文化的、歴史的〈実在〉としての「天」ともいえる。そうした普遍的な人類遺産としての、文化、歴史への態度として、人の「敬天」や「知天命」があるということなのであろう。では、人人《じんじん》が個々の「性」を享け「天命を知」って生きることが、なぜ「先王の道」の実現につながるのか。

五　「各其の性に近き所に随ひて、以て道の一端を得ん」

徂徠の「人性」論をよく示すものとして、人口に膾炙した文章がある。

気質を変化すると申候事は、宋儒の妄説にてならぬ事を人に責《せめ》候無理之至に候。気質は何としても変化はならぬ物にて候。米はいつ迄《まで》も米、豆はいつまでも豆にて候。只気質を養ひ候て、其生れ得たる通りを成就いたし候が学問にて候。たとえば米にても豆にても、その天性のまゝに実いりよく候様にこやしを致したて候ごとくに候。しいなにては用に立不申候《たちもうさず》。されば世界の為にも、米は米にて用にたち、豆は豆にて用に立申候《たちもうし》。米は豆にはならぬ物に候。豆は米にはならぬ物に候。(30)（『答問書』中）

「しいな」とは、「殻《から》ばかりで実の入っていない籾《もみ》、熟さないうちに、しなびてしまった果実」のこと（『明鏡国語辞典』三省堂）。明快に語りつくされたこの徂徠の人間論、「気質不変化」説は、朱子学の修養主義、厳格主義から解放された、一種爽快感をさえ読む者に与える人間理解の名言といえる。もちろんここで批判の対象となっているのは、朱子学の「人性」論、人の「性」を「本然の性」と「気質の性」とに区分し、「偏り」を必然的に発生させる「気質の性」を変化させることを通じて、人の正しいあり方（本然の性）に近づけようとする考え方である。

徂徠は朱子学の思考の図式を、「内外精粗」の論と批判する。

> 後儒は僅かに能く、精粗本末、一以て之を貫くことを言へども、其の意の郷《むか》ひ往く所を察すれば、則ち亦た唯《ただ》内を重んじ外を軽んじ、精を貴び粗を賤しみ、簡を貴び要を貴び、明白を貴び斉整《せいせい》を貴ぶのみ。[31]（『弁道』17）

この朱子学の「内外精粗」の思考が、「人性」についても、その本体（本来性）とその発現（現象）との区分をあえて生みだし、それが「性」と「情」、さらには「本然の性」「気質の性」といった区分につながっていくと徂徠は考える。そしてそれ故に、失われた「本来性」を回復する、人の「気質」を変化させるという、どだい無理な課題追求へとつながると徂徠は考える。「宋儒之説のごとく気質を変化して渾然中和に成候はば、米ともつかず豆ともつかぬ物に成たきとの事に候や。それは何之《なにの》用《よう》にも立申間敷《たちもうすまじく》候」[32]（『答問書』中）。徂徠のいい方からすれば、朱子学が考える理想的人間とは、具体性、個別性が捨象された、人工的な抽象的人間像、のっぺらぼうな絵空事の人間像に過ぎないのである。

「活物」として世界を見る徂徠は、人間世界においても、その多様なあり方を当然のこととして認め、その多様性自体に積極的な意味を意味を見出そうとする。朱子学の用語にいう「気質の性」そのものに、それ自体で意味があり社会内に有用であると徂徠は主張するのだ。

そもそも徂徠は、「気質の性」「本然の性」と区分すること自体を、ことさらに設けられた区分として批判する。

> 性なる者は、生の質なり。宋儒の所謂気質なる者是れなり。其の性に本然有り気質有りと謂ふ者は、蓋《けだ》し学問の為の故に設く。[33]（『弁名』「性・情・才」1）

「本然」「気質」というのは仮に学問の都合上作られた便宜的なことばであって、無用の区分である。そもそも宋儒が「気質」というとき、そこにはすでに「偏り」の意味が伴われているが、それはまちがいであると徂徠はする。徂徠からいえば、「人性」はすべて最初から多様な「気質の性」のみなのであり、それが「生の質」、「天性」なのである。

> 「気質を変化す」とは、宋儒の造る所にして、……故に、気質を変化するの説の非なることを

知る。且《か》つ気質なる者は天の性なり。人力を以て天に勝ちて之に反せんと欲するも、必ず能はず。(34)（『弁道』14）

「気質」を変化させるというのは、宋儒が勝手に造り出した説であり、気質は変えられないもの、「天の性」なのである。「気質の性」がどのような現れ方をしていようとも、それはそのまま「天」から与えられた「生の質」そのものであり、それを前提にして人人《じんじん》の世界が構想されるべきなのである。

徂徠はそもそも、「性善」（『孟子』）／「性悪」（『荀子』）という、古来からある議論には与しない。「其れ〔孟子の性善〕と荀子の性悪とは、みな門戸を立つるの説にして、一端を言ひて一端を遺《わす》るる者なり」(35)（『弁名』「性・情・才」2）と述べ、「善か悪か」という単純な二者択一を否定する。何が善で何が悪かという判断は本来相対的なものに過ぎず、その判断基準は「我が心」に依拠するからである。

善悪はみな心を以て之を言ふ者なり。孟子曰く、「心に生じて政に害あり」と。豈に至理ならずや。然れども心は形無きなり。得て之を制すべからず。故に先王の道は、礼を以て心を制す。礼を外にして心を治むるの道を語るは、みな私智妄作なり。何となれば、之を治むる者は心なり。治むる所の者は心なり。我が心を以て我が心を治むるは、譬《たと》へば狂者自ら其の狂を治むる

がごとし。安《いずく》んぞ能く之を治めん。故に後世の心を治むるの説は、みな道を知らざるなり。(36)
(『弁道』18)

このように「性」の「善悪」論の無効を説いた徂徠は、『孟子』性善説、『荀子』性悪説が出てきた理由を論争の歴史の故とする。

そもそも聖人の世には絶えて無かった「人性」の善悪を問う議論が起こったのは、老子、荘子の「聖人の道は偽」とする説が世に出てからであり、それに対抗して「聖人の道」が偽でないことを示そうとしたのが子思《しし》、『孟子』であり、その際に「聖人の道」が「人の性」に基づくことを説き出すようになったと徂徠はする。

しかし『孟子』が「人性」を説くために、人の内心を概念的言辞でいい尽くそうとしたところに「偏り」が生じ、そこに後世の「心学」が胚胎したのであり、それを「礼」によって正そうとしたのが『荀子』「性悪説」だとする。「故に、思・孟なる者は、聖門の禦侮《ぎょぶ》なり。荀子なる者は、思・孟の忠臣なり(37)」(『弁道』1)。「禦侮」とは外からのあなどりを防ぐこと、「忠臣」とは忠告を行った者という意味である。

かく、『孟子』『荀子』ともに論争のための弁、「みな無用の弁」(『弁名』)とする徂徠は、では「人性」をいかに語ったのか。

徂徠は「人性」の中身を事細かに規定することに関心を見せない。言葉を重ねて定義することは、ものごとの一端をことさらにいい出すことにほかならないと考えたからである。たしかなことは、「人の性は、天地の中を稟《う》く、故に先王の道は、人の性に率《したが》ひて之を立てし」(38)(『弁名』「性・情・才」3)ことのみなのである。

「活物」たる人は多様なあらわれ方をし、それが「天性」の実現である。この徂徠の考え方は、決して丸山眞男がいうような「ペシミズム」の表現としてのみとらえられるべきものではない(39)。徂徠の「気質不変化」とは、正しくは「人性不変化」というべきものだからだ。徂徠学の人間像において「完全な人間」などという表現は初めから想定し得ないし、またそうしたモデルの実現が目指されることもない。そもそも「聖人」も、その「徳」をもって「聖」と称されるだけなのである。

もともとそのようにして存する人人の前に置かれているのが、「人の性に率ひて立て」られた「先王の道」であり、その具体的な実現として眼前にあるのが「先王の物」＝礼楽刑政、その記述（「六経」）なのである。そして、人はその礼楽刑政に就きしたがうことを通じて、個々生まれつきの「性」を「変化」させるのではなく、よりよく「移す」ことが可能となると徂徠はいう。

人の性は万品にして、剛柔・軽重・遅疾・動静は、得て変ずべからず。然れどもみな善く移るを以て其の性と為す(40)。(『弁名』「性・情・才」1)

そして、「先王の物」たる「礼」の「化する」働きによって、人はいわば身体的な次元から、「習熟」して「化する」がごとくに、その「性」もしかるべきかたちに向けて導かれるという。

其れ人は、言《ものい》へば則ち喩《さと》る。言はざれば則ち喩らず。礼楽は言はざるに、何を以て言語の人を教ふるに勝れるや。化するが故なり。習ひて以て之に熟するときは、未だ喩らずと雖も、其の心志身体、既に潜《ひそ》かに之と化す。終《つい》に喩らざらんや。(41)(『弁名』「礼」1)

徂徠はたしかに、人の内心に関わる議論を退けた。しかしそれは徂徠が「人性」について真剣に考えなかったということではない。徂徠は「人性」をほかの抽象的概念に置き換え、その弁別、積み重ねをもって議論することを退けた。そうした議論が、眼前の生の人間そのものから乖離することを非難したのである。

前にも述べたように、徂徠は、「人性」を「天」から与えられた「性」、多様なあらわれ方を示す「気質の性」をそのまま認めた。それは「活物」的世界のなかで、たしかに多種多様ではあるが、同時に、一定の方向性を帯びるものとして把握されてもいたのである。

人の性は殊なりと雖も、然れども知愚賢不肖となく、みな、相愛し相養ひ相輔《たす》け相成すの心、運用営為の才ある者は一《こと》《いつ》なり。(42)(『弁名』「仁」1)

相親しみ相愛し相生じ相成し相輔け相養ひ相匡《ただ》し相救ふ者は、人の性然りとなす。(43)（『弁道』7）

徂徠は、「人性」の根源に「相愛」「相養」「相輔」「相親」「相生」「相匡」「相救」といった、共通する素質、運動の基盤のごときものの所在を想定している。そして彼はその存在を疑わない。徂徠はそうした「人性」本来の方向性に依拠したうえで、むしろ、そこから「化する」ことの重要性を語ったのである。(44)

そしてこの人の「性」が本来有する傾向は、それらがつねに「相《あい》」という冠詞とともに記されているように、共同性への志向とともにあるものと意識されていた。前引の『弁道』中の一文、「相親しみ相愛し相生じ相成し相輔け相養ひ相匡し相救ふ者は、人の性然りとなす」もまた、「故に人の道は一人を以て言ふに非ざるなり。必ず億万人を合して言をなす者なり」とする結論へとつなげられている。「人の道」は「億万人を合して言をなす」ものであり、その基盤に「人性」の論議があり、また「先王の道」の実現としての政治論があったのである。

故に能く億万人を合する者は君なり。能く億万人を合して、其の親愛生養の性を遂げしむる者は、先王の道なり。(45)（『弁道』7）

「億万人を合する者」として君主の役目、その基盤にあるのが人人の「親愛生養の性」なのである。

徂徠において「先王の道」実現の目的は、「天下を安んじる」ことにある。そのためにこそ士人、君主の役割があり、またその「陶鋳《とうちゅう》」の下での人人の役割がある。儒者もまた「処りては弟子を教育して以て其の材を成」し「出ては国家を陶鋳して以て其の俗を成す[46]」（『弁道』2）のでなければ、「道」を見誤っていることとなるのである。粘土をこね陶器を鋳てそのかたちを造り成すように、人人の個別の「性」を基盤に「俗」を形成することが求められるのである。個々の人は、そうした「俗」形成の過程で、それぞれ有用な役を果たす（「道の一端を得る」）ことになる。

> 人の性も亦た多類なり。苟《いやしく》も能く、先王の道、要は天下を安んずるに帰することを識《し》りて、力を仁に用ひば、則ち人各《ひとびとおのおの》其の性に近き所に随ひて、以て道の一端を得ん[47]。（『弁道』7）

人は所与の「性」（「気質の性」）を十全に充実させることで「道」の一端に与ることができる、士人はそうした人人の「材」を養い育て「相親、相愛、相生、相成、相輔、相養、相匡、相救」の素質を養い育てて、あるべきかたちの世界を形成させることをその務めとする。「其の財を達し、器を成して以て天職に共するは、古の道なり[48]」（『学則』7）。

人の「材」について徂徠は述べる。

人の材有るは、諸《これ》を木の材に譬《たと》ふ。或ひは以て棟梁《とうりょう》と為すべく、或ひは以て宋桷《ぼうかく》と為すべし。人は其の性の殊なる所に随ひて、各能くする所有り。是れ材なり。(49)（『弁名』「性・情・才」7）

人の「材」はそれぞれ異なっているが、あるいは「むなぎ」（棟梁）として、あるいは「たるき」（宋桷）として（「性の殊なる所に随ひて」）、全体としての「家」の構築に参与するのであり、「材」としての「気質の性」はそこで積極的な意味を有する。その時に、しかるべき方向性を与えるのが士人の役目なのであった。

徂徠にしたがえば、「道」とは「礼楽刑政」をすべて合し、「先王」が立てたものごとすべてを合わせていうことば、「統名」である。抽象的理念ではなく、「先王の世」における具体相を帯びた社会の全体の姿そのものである。そうした世界構図のなかに、「人性」も「俗」も位置づけられる。

本章のはじめに、「名」と「物」の合致した「先王の世」を現在に回復しようとする徂徠学の主題の萌芽を、その『荀子』読解の様相に見出そうとした、そして「名」と「物」とが真に合致した世界のためには、「俗」の形成が伴われなければならないと徂徠が考えていたことを述べた。「先王の世」からはるかに隔たり、「名」と「物」とが乖離して「俗移り物亡んだ」（『学則』）後、あらためて、古代先王の世界からも中華世界からもはるかに隔たった眼前の江戸の世界にその再現を求めるためには、「俗」もまた新たに、そして不断に、その「世」に合わせてしかるべく更新されなければならない（その処方箋が『政談』であり、『太平策』であったろう）。

かくして、徂徠の「活物」的世界観に基づく独特の「人性」論は、「名」と「物」の合致した世界再現に向けて、しかるべき「俗」の形成に関わるものとして、その学の体系内に配置されたのである。

故に礼楽の教へは、天地の生成のごとし。君子は以て其の徳を成し、小人は以て其の俗を成し、天下是れに由りて平治し、国祚《こくそ》是れに由りて霊長なり。[50]（『弁道』22）

「君子」は「安天下」の役を担い、人人《じんじん》は、「各々その性に近き所に随ひて、道の一端を得」べく「俗」の形成に参与するのである。徂徠学が構想した世界とは、そうしたものとしてとらえることができるのではないだろうか。[51]

註

（1）「物与名離、而後義理孤行。」

（2）「世載言以移。」

（3）「俗移物亡。」

（4）「故欲求聖人之道者、必求諸六経、以識其物。求諸秦漢以前書、以識其名。名与物不舛而後聖人之道可得而言焉已。」

（5）『加地伸行著作集Ⅰ 中国論理学史研究——経学の基礎的研究』（研文出版、二〇一二年）七五頁。

（6）　同前、八四頁。
（7）　今中寛司『徂徠学の史的研究』（思文閣出版、一九九二年）九九頁。
（8）　徂徠学成立における『荀子』の意味について触れたものとして、前掲今中『徂徠学の史的研究』、丸山眞男『日本政治思想史研究』（東京大学出版会、一九五二年）がある。また『読荀子』を正面から論じたものとして、高橋博巳「徂徠『読荀子』正名篇注釈をめぐって」（『日本思想史学』一三、一九八一年）、緒形康「荻生徂徠の言語論」（『寺小屋語学・文化研究所論叢』二、一九八三年）がある。
（9）　『読荀子』の引用は、北田数一校訂『徂徠山人外集（読荀子）』の自筆稿本影印本により、書き下しは筆者の手による。
（10）　「名無固宜。約之以命、約定俗成謂之宜、異於約則謂之不宜。名無固実。約之以命実、約定俗成謂之実名。」
（11）　「約之以命」→「約之者、以此為記号也。以命者、而命之名也。言名雖無固宜、先王制名之始、以天名天、以地名地。此其意与万民相約、以此為記号、而命之名也。」
「約定俗成」→「約定俗成者、記号一定、習以成俗、循用年深、名実是以不忒。唯名実之因此不忒、此即宜也。」

「異於約則謂之不宜」→「異於約則謂之不宜者、言於其所与万民相為記号者、輒変異之、則百姓茫然不知其孰為天孰為地。此不宜也。」

「名無固実、約之以命実、約定俗成、謂之実名」→「此覆解上意。名無固実者言名之於実亦非一定不易者。仮如天而謂之天。天実也。謂之天名也。然非有天以来、輒有此天之名。天而謂之天者、是後来聖人以此名而命於其実以為記号。故曰約之以命実也。記号一定、習以成俗、則天而謂之天。此実与名相得者也。故曰約定俗成謂之実名。」
（12）　「言以物蓄天、制而用之也。以天為一物。迺荀子大見処。」

(13)「一、大哉習乎。人之勝天者是已。其在天下国家、謂之風俗。其在一身、謂之気象。故善観乎天下国家者、必於風俗。善観乎人者、必於気象。礼楽以為教、則風俗厚而気象盛矣。聖人之所以勝天者是已。／一、風俗者合億兆而一之者也。人之全力也。五尺之身、何以能参天地乎。雖聖人亦然。必也合億兆而後人之力全矣。故聖人之治天下也、必在風俗上而存焉。仁之極也。」
(14)『荀子』の理解については、板野長八『中国古代における人間観の展開』(岩波書店、一九七二年)一五四〜二一〇頁、を参照した。
(15)「仁斎之学、其骨髄在天地一大活物。此其所以踰時流万万。」
(16)「仁斎有見于是、而欲尽掃群言、以復聖言渾淪之旧。其志可謂偉矣。如所謂天地之間一元気而已、此其欲掃理気之説者也。」
(17)子安宣邦『伊藤仁斎の世界』(ぺりかん社、二〇〇四年)第七章。
(18)「蓋天地之間、一元気而已。或為陰、或為陽、両者只管盈虚消長往来感応於両間、未嘗止息。此即是天道之全体、自然之気機、万化従此而出、品彙由此而生」(『伊藤仁斎・伊藤東涯』)。
(19)「言、生生不已、即天地之道也」(同前、一一六頁)。
(20)『伊藤仁斎の世界』二二五〜二二六頁。
(21)「一、天地為活物。人亦為活物。故天地之道、生生不窮。而事物之変、又相倍蓰相十百千万、不得而殫焉。是以卜筮及世俗雑占、皆不能一一懸断命中矣。故聖人占法、唯教以此決進退従違之機、一如今世探籤耳。」
(22)「人活物也。故才智徳行、得養則長。」
(23)「仁斎先生活物死物之説、誠千載之卓識也。祇未知先王之教、区区守孟子争弁之言、以為学問之法。故其言終未明鬯者、豈不惜乎。」
(24)『荻生徂徠』四五五頁。
(25)「然理取諸其臆、則亦曰天我知之。豈非不敬之甚乎。故究其説、必至於天道無知而極矣。」

(26)「仁斎先生曰、天地之道、有生而無死、有聚而無散。死便生之終、散便聚之尽。天地之道一於生故也。是亦以知天自負者也。」

(27)「夫天也者不可知者也。且聖人畏天。故止曰知命、曰知我者其天乎。而未嘗言知天。敬之至也。至於子思孟子、始有知天之言。然僅言人之性命於天、故以誠為性之徳、是已。孟子亦僅言知天之与善、是已。然二子知天之言一出、而後諸老先生囂然以言天。豈先王孔子敬天之意乎。亦二子好弁之流弊也。」

(28)豊澤一は徂徠を論じて、「徂徠には、さまざまな箇所に人に肯定的な感情の表明があり、それをつかみ出さなくてはならないであろう」と述べる（『近世日本思想の基本型――定めと当為』ぺりかん社、二〇一一年、二五五頁）。

(29)「先王之所以安民為心立斯道者、亦以知天命也。故非知此則無以為君子也。宋諸老先生、忘先王之道以敬天安民為本、而専求諸己、遂陥於荘周内聖外王之説。」

(30)『荻生徂徠全集』第一巻、四五六～四五七頁。

(31)「後儒僅能言精粗本末一以貫之、而察其意所郷往、則亦唯重内軽外、貴精賤粗、貴簡貴要、貴明白貴斉整。」

(32)『荻生徂徠全集』第一巻、四五七頁。

(33)「性者、生之質也。宋儒所謂気質者是也。其謂性有本然有気質者、蓋為学問故設焉。」

(34)「変化気質、宋儒所造、……故知変化気質之説非矣。且気質者天之性也。欲以人力勝天而反之、必不能焉。」

(35)「其与荀子性悪、皆立門戸之説、言一端而遺一端者也。」

(36)「善悪皆以心言之者也。孟子曰、生於心而害於政。豈不至理乎。然心無形也。不可得而制之矣。故先王之道、以礼制心。外乎礼而語治心之道、皆私智妄作也。何也、治之者心也。所治者心也。以我心治我心、譬如狂者自治其狂焉。安能治之。故後世治心之説、皆不知道也。」

(37)「故思孟者、聖門之禦侮也。荀子者、思孟之忠臣也。」
(38)「……人之性、稟天地之中、故先王之道、率人性以立之耳。」
(39)『日本政治思想史研究』は、「徂徠のペシミズムはむしろ人間存在の、一は天命の主宰に対する無力性の、他は道の包括性＝普遍性に対する部分性＝特殊性の、謙虚な承認なのである」（八八頁）、としている。
(40)「人之性万品、剛柔軽重、遅疾動静、不可得而変矣。然皆以善移為其性。」
(41)「夫人言則喩。不言則不喩。礼楽不言、何以勝於言語之教人也。化故也。習以熟之、雖未喩乎、其心志身体、既潜与之化。終不喩乎。」
(42)「人性雖殊乎、然無知愚賢不肖、皆有相愛相養相輔相成之心、運用営為之才者一矣。」
(43)「……相親相愛相生相成相輔相養相匡相救者、人之性為然。」
(44)こうした発言に類似の表現として、「栽成輔相」ということばも徂徠において用いられる（『読荀子』『蘐園随筆』など）。なお、この「相愛」「相養」「相輔」「相親」「相生」「相匡」の典拠としては、韓愈『原道』中の「古之時、人之害多矣。有聖人者立、然後教之以相生養之道。為之君、為之師、……」が考えられる。また、伊藤仁斎にも「生民有てより以来、君臣有り、父子有り、夫婦有り、昆弟有り、朋友有り、相親み相愛し、相従ひ相聚り、善き者は以て善と為、悪しき者は以て悪と為……」（『童子問』第八章、『近世思想家文集』六〇頁）とする表現がある。
(45)「故能合億万人者君也。能合億万人、而使遂其親愛生養之性者、先王之道也。」
(46)「故儒者、処焉不能教育弟子以成其材、出焉不能陶鋳国家以成其俗、……亦其所為道者有差故也。」
(47)「人之性亦多類矣。苟能識先王之道要帰於安天下、而用力於仁、則人各随其性所近、以得道一端。」
(48)「達其財成器以共天職、古之道也。」
(49)「人之有材、譬諸木之材。或可以為棟梁、或可以為宋桷。人随其性所殊、而各有所能。是材也。」
(50)「故礼楽之教、如天地之生成焉。君子以成其徳、小人以成其俗、天下由是平治、国祚由是霊長。」

(51)　子安宣邦は「徂徠〈礼楽論〉とは〈人間的な自然〉を欠くことのできない前提してもった「制作」の立場」と表現している(『江戸思想史講義』岩波現代文庫、二〇一〇年、二〇七頁)。

第三章　「古言」から見通す「先王の道」

一　「古文辞の学」と経学

荻生徂徠の直弟子であり、その経学面における継承者と目された太宰春台《だざいしゅんだい》（一六八〇―一七四七）が、必ずしも師の学説に忠実でなかったことは自ら認める通りであるが、その彼に次のような一文がある。

徂来先生、命世之才・絶倫の識を以て、古道を発明し、先王之道・仲尼《ちゅうじ》〔孔子〕の教をして、千載の下に彰明たらしむ。功、焉《これ》より大なるはなし。然れども其の人、好奇の癖有りて、又、近世古文辞家の言を悦ぶ。故に、其の為《つく》る所の文、法度の外に出ること有るを免れず。(1)

ここにいう「近世古文辞家の言」とは、中国明代末期の文人、李攀龍《りはんりゅう》、王世貞《おうせいてい》の文学説を指す。彼らの文学説は「文は秦漢、詩は盛唐」というその主張に端的に示されるように、文章の典型を特定の限られた古代の文献にのみ求めようとする過激な主張であった。特に李攀龍の詩は「模擬詩《もぎし》」と称せられ、その字句のほとんどが、古代の詩文からそのままの借用であるといった風なもので、その伝にも「文は則ち聱牙戟口《ごうがげきこう》〔字句が難しくてぴったりしないこと〕、読む者は篇を終ふる能はざるに至る。之を好む者は推して一代の宗匠と為すも、亦た多く世の抉摘《けってき》を受くと云ふ」[2]（『明史』巻二八七）と記されるように、当時の中国においても決して広く受け容れられた主張ではなく、むしろ強い批判にさらされることの多いものであった。

王世貞の弟、王世懋《せいぼう》が、時人が過度に模擬剽窃《もぎひょうせつ》に赴くのを嘆じて「恐らくは、数十年後に必ず厭われ、掃除されるであろう」と予測した通り、後に湯顕祖《とうけんそ》らによって、彼らの文集の「剽窃」部分を塗りつぶしてみると後にはほとんど何も残らないと「実証」されるにいたったりもした[3]。中国文学史においても、その出現の歴史的意味〔「古文の格調」への復帰運動〕は認めつつも、概して一時のあだ花、「千篇一律」「学古之病」等々、否定的評価が多くなされてきたのが事実である。そうした李・王らの文学説成立の由来や、当時から今日にいたる評価の変遷については専門の研究もあり、ここでは深入りしない[4]。ここで問題にするのは、徂徠が、そうした、当時においても決して評判が良いわけではなかった李・王の文学説に触れて、そこから何を摂取し、いかにして独自の経学説としてその思想の内に展開したのかという点である。

徂徠がその学問形成にあたって李・王の文学説との出会いを、しばしば「天の寵霊《ちょうれい》」とまで称したことは、よく知られた事実である。徂徠と、李攀龍、王世貞との出会いは、徂徠三十九、あるいは四十歳の時の出来事であり、たまたまある蔵書家の本が蔵ごと売りに出された際に、借金してまですべてを買い取ったそのなかに含まれていたとされる。平石直昭も、著書『荻生徂徠年譜考』の「宝永二、一七〇五年、四十歳」の項に、山県周南《やまがたしゅうなん》入門の記事（「……謁徂徠先生、是時先生始倡復古学」）を引き、並べて「一般にこの頃一括購入した書物中に李王の詩文集があり断然古文辞学を学ぶことを決意したという」と考証している。[5]

その経緯は、『蘐園雑話《けんえんざつわ》』に以下のように伝えられている。

> 徠翁の方に人来りて、庫一つに盈《みつ》る書籍を売る者の候、購《あがな》ひ玉ひなんや、価百六十金なりと云ふ。徠翁予求むべしとて、家器武具をばのこし、大方払物に出し畳をもあぐる程にして価をやられたり。其中に種々の書あり、詳に子迪《してき》（宇佐美灊水《しんすい》の字《あざな》）より聞く。子迪は物子の方に十七八の比《ころ》居たる由。尤も其の購はれたるは徠翁三十九か四十歳の時の由、子迪が物語なり。それ故徠翁殊に書籍に富まれたり。其中に李王が集もありて、古文辞を修せられしことそれよりなりとぞ。[6]

徂徠に並ならぬ集書癖のあったことは同時代の室鳩巣《むろきゅうそう》も言及するところだが、徂徠と李・王の出会いは、かくも偶然性に満ちたものであった。吉川幸次郎は、この徂徠と李・王文学説との邂逅について、次のように述べている。

徂徠が彼らの書と邂逅した宝永年間は、むこうでは清の聖祖の康熙《こうき》の末年である。二家の詩文はもはやほとんど忘れられた書であった。徂徠にとってはそうでなかった。(7)

徂徠はまさに時間・空間を隔てて、すでに文壇から亡失された李攀龍、王世貞の書物、論説に、きわめて個人的な、しかし運命的な邂逅を果たしたということになるのである（ただ、この李・王らの書物がとある蔵書家の蔵から出てきたことが示すように、当時、海域交流による大量の書籍流入のなかで、李・王らの書籍自体は早くに日本にもたらされ、一定の流通をしていたことが、すでに確認されている）。

そしてこの李・王の文学説との「偶然の出会い」から徂徠が得たものは、彼が理想とする「先王の道」の世界を、「古文辞」である「六経」としてとらえ、それを読み解く方法であった。徂徠において、もともと文学説の一つだった「古文辞」は、その経学の方法にきわめて密着したものとして、とらえなおされたのである。

不佞《ふねい》（徂徠の愛用する謙称）、天の寵霊に藉《よ》り、王・李二家の書を得て以て之を読み、始めて古文辞有るを識る。是に於て稍稍《しようしよう》六経を取りて之を読む。年を歴るの久しき、稍稍、物と名との合するを得たり。物と名と合して、而る後、訓詁始めて明らかに、六経得て言ふべし。(8)（『弁道』1）

まさしく、徂徠において「古文辞」と経学とは緊密に連関するものと意識されたのであった。そして、「古文辞」説は、徂徠学を構成する一大支柱となり、その学問の方法もまた〈古文辞の方法〉とも呼ばれるべき性格を持つにいたるのである。

しかしながら本章冒頭にも引用したように、徂徠直系をもって自ら任じた太宰春台が、師の学説の納得できない部分として批判したのもまた、その「古文辞」癖であった。春台は徂徠の学術が生前しばしば変化したことを指摘し、もしもっと長生きしたならばきっと「古文辞」の非を自ら悟って、その文章もまた「一変」したであろうとさえ述べる（「読李于鱗文」、『紫芝園《ししえん》後稿』巻十）。さらには同門の弟子たちの文章をそしって「糞雑衣《ふんぞうえ》」（ぼろ布を綴り合わせてつくった衣）、手垢のついたことばの継ぎ接ぎ細工、とまで形容するにいたるのである（「文論二」、『紫芝園後稿』巻七）。

こうした徂徠の「古文辞」愛好に対する非難は、直弟子太宰春台よりむしろ、反徂徠の儒者たちにおいてさらに強烈であった。亀井《かめい》昭陽《しょうよう》は「余、生来、『古文辞』の三言を悪《にく》む」と述べ、耳にするだけで「胸中、悪《お》を為す」（『読弁道』）としたし、また激しい徂徠批判をなした懐徳堂の儒者、中《なか》井《い》竹山《ちくざん》は、『非徴』のなかで徂徠の「古文辞」癖を「百般の怪妄が先を争って萌生《ほうせい》」した源とし、「王・李籠蓋《ろうがい》の術、其の毒もまた深いものがある。酒色過度の人が卒然大疾を得るようなものだ」

（「総非」）と弾劾を下したのである。

彼らがこのように徂徠の「古文辞」癖を批判・非難したのは、徂徠学末流、特に服部南郭《なんかく》（一六八三―一七五九）以降の文人たちの処世のすがたに対する反発からであったが、こうした激烈な「古文辞」批判を目にするとき、鮮明に反徂徠学の立場に立った中井竹山らはともかく、徂徠学の後継者を自任する太宰春台までがこのように「古文辞」を捨て去ったうえで継承したとする徂徠学とは、はたして徂徠学そのものなのかという疑いもまた生じてくる。徂徠学における〈古文辞の方法〉とは、それほど徂徠の思想の構造そのものと結びつくものだったからである。

二　「六経は物なり、論語は義なり」

荻生徂徠の思想がそれまでの思想とはっきりと区別されるのは、いうまでもなく、儒学の「道」を人の内心と連続したものから、人の内心とは関わりの無い「外在」する政治の「道」であると規定した点にある。

> 道なる者は統名なり。礼楽刑政凡《およ》そ先王の建つる所の者を挙げて、合せて之に命《なづ》くるなり。礼楽刑政を離れて別に所謂道なる者有るに非ざるなり。(9)（『弁道』3）

「道」とは「礼楽刑政」といった外在する事実の総称（「統名」）であり、それ以外には「道」というものはない……。彼がここで否定しようとしたのは、宋学的な「道」の理解である。「礼楽刑政」たる「道」とは、そもそも天地自然に当初から在るのではなく、古代の「先王」（堯・舜・禹・湯・文・武・周公）によって造られた政治の「道」である、と徂徠は規定しなおしたのであった。

先王の道は、先王の造る所なり。天地自然の道に非ざるなり。蓋《けだ》し先王、聡明睿《えい》知《ち》の徳を以て、天命を受け、天下に王たり。其の心は一に天下を安んずるを以て務めと為す。是を以て其の心力を尽し、其の知巧を極め、是の道を作為して、天下後世の人をして是に由りて之を行はしむ。豈《あ》に天地自然に之有らんや。(10)（『弁道』4）

徂徠において、「道」とは宋学にいう「道」（「事物当然之理」「日用事物当行之理」）とは大きく異なり、歴史的に規定された文化産物として把握しなおされた。そして、文化産物としての「道」は、中国古代の六種の文献（「六経」）に記載されている事実そのものであるとされた。「六経」とは『詩経』『書経』『儀礼』『楽経』『易経』『春秋』の六種の古代の文献のことである。それら古代文献に記載された「事実」の総体を、徂徠は「先王の道」と呼んだ。「六経は即ち先王の道なり」（『弁道』2）。それをまた、彼独自の表現で「物」と呼んだことは前章で述べたとおりである。「夫れ六経は物なり。道具《つぶさ》に焉《ここ》に存す」（『学則』3）。

かくして、徂徠において明らかにされるべき「道」あるいは「先王の道」とは、結局、古代の文献「六経」に終着するわけであるが、ここで私たちが当惑させられるのは、徂徠の手による「六経」の注釈が存しないという事実である。いうまでもなく、経典注釈という営みは伝統的に儒者にとって第一の要務であり、自らの思想を語り出す最大の場面でもあった。それは近世日本の儒者においても変わらない。中江《なかえ》藤樹《とうじゅ》『孝経啓蒙《こうきょうけいもう》』にしても、伊藤仁斎『論語古義』においても然り。彼らは自らが第一に拠るべき経書としての『孝経』あるいは『論語』にそれぞれ独自の注釈を施すことを通じて、自らの思想を語り出したのである。そのことを考え合わせるならば、徂徠に「六経」の「注釈書」が残らないのは不思議な事実である。[11]

また、そうであるにもかかわらず、徂徠にとってはたてまえ上二次的な経書であるはずの、『大学』『中庸』『論語』『孟子』に、彼の注釈『大学解』『中庸解』『論語徴』『孟子識』が残されているのはなぜだろうか。特に「『論語徴』は旋次《せんじ》（くりかえし）修改す。亦た必ず一生の力を費やさん[12]」（「与藪震庵」第六書、『徂徠集』巻二十三）と自ら述べ、死ぬまで草稿の改修を重ね、没後に刊行された『論語徴』が徂徠において有した意味はいったい何だったのか。

その疑問に対する答えとしては、第一に、「六経」＝「物」とする彼独自の定義が思い起こされるであろう。「先王の道」が「物」であるとは、「先王」の世のさまざまな文化的、政治的事実が古人の言葉と不可分に密着して（そうした「記述」＝「六経」として）私たちの前に置かれているということであり、そうした事態を認識する「方法」が「古文辞」学へと彼を向かわせたのである。だから、

「古文辞」としての「道」＝「六経」は、そもそも従来のかたちの注釈作業を通じて明らかにし、体得できるものではないと彼は考えていた。少なくとも朱熹の行ったような注釈の方法では、「道」は明らかにならないと彼は考えていたのである。それが「六経」に（従来の形での）注釈の無いことの根源的な理由だったであろう。

しかしそうでありつつ、当代の士君子にとっての課題は、いかにして「先王」の建てた「道」を学び取り我がものにするか、ということである。実はここに、徂徠『論語徴』の存する意義があり、彼がそれに終生推敲を重ねたわけがあるのだ。彼は『論語』について次のように語る。(13)

学者『論語』ニ云フ所ノ言語ヲ以テ、六経中ニイヘル言ニ引アテテ、此彼ヲ徴映《ちようえい》シテ見ルトキハ、注解ヲ待ズシテ、其本旨ヲ領得《りようとく》スベシ。（『経子史要覧』上）

故ニ六経ハ道ノ名ニテ、六芸トモ云ナリ。六経ハ物ナリ。『論語』ハ義ナリ。六経アレバ『論語』アリ。六経ヲ廃スレバ、『論語』ハブラリトシタル議論ノ空言トナル。（同前）

『論語』は「六経」が存して初めて私たちにとって意味のあるテキストとなる。しかしながら、『論語』という「義」があるからこそ、私たちは「物」たる「六経」の「本旨」を「領得」することができる――そうした構図のなかで、『論語』に「注釈」を施すことが、徂徠にとって重要な課題となったのである。

徂徠にとって肝要なのは、『論語』から孔子の思想の中身を整合的に理屈をつなげて読み出そうとすることではなかった。彼にとって肝要だったのは、『論語』における孔子の、それこそ多岐にわたる言行のあれこれを通して見えてくる「先王の道」、「先王の世」のあり方、あるいはそこにいたらんとする孔子の姿、「学び」の姿であった。

徂徠は『論語徴』「題言」において、「人、孔子の学ぶ所を学ばんと欲せずして、孔子を学ばんと欲す。是れ工人の規《き》・矩《く》・準《じゅん》・縄《じょう》に由らずして、般《はん》・倕《すい》〔ともに古代の巧匠の名〕を学ぶなり[14]」と述べる。彼にとって『論語』を読むことの目的とは、孔子の「学び方」そのものを知ることであり、いかなる「学び方」（工具―「規矩準縄」）によって「先王」の「道」の世界が見通されてくるかを明らかにする点にあったのだといえよう。

ただし、こうした視角からなされる「注釈」は、前にも述べたように、従来の訓詁注釈の姿と相当に異なる「注釈」とならざるをえなかった。前引の『経子史要覧』にいう、『論語』の言語を「六経」の言語に「引アテテ、此彼ヲ徴映シ」、「注解ヲ待ズシテ、其本旨ヲ領得」するという彼の表現を想起してみよう。そもそも「注解」を排した「注釈」とは、いったいどのような「注釈」なのか。かくして、「六経＝物」という「古文辞」を「領得」するため、彼において、特に朱熹の注釈の方法とは異なる、新たな方法、「古文辞」の注釈方法が求められることとなったのである。

徂徠は経学の方法としての「古文辞の方法」を次のように述べている。

古に云ふ、「古今に通ずる、之を儒と謂ふ」と。又云ふ、「天・地・人に通ずる、之を儒と謂ふ」と。故に華・和を合して之を一《いつ》にするは、是れ吾が訳学。古・今を合して之を一にするは、是れ吾が古文辞の学。(15)（『訳文筌蹄』「題言」第十則）

古代の特定の時代の文章のみを尊重し、そこから字句を借用して、それをそのまま、いわばつぎはぎすることによって、その内に自らの心情を託そうとした明代末、李攀龍、王世貞らの文学運動は、それ以前の文学説への反発や、そうした主張を生み出した社会環境など、一定の歴史的過程のなかに位置づけられるべき運動であったが、「偶然に」彼らの説に触れたとされる徂徠は、それを自らの詩作に応用するとともに、宋学に対抗して自らの学説を構築するための有力な「てこ」「方法」として新たに読み替えていったのである。

「古文辞」の方法が、宋学的思考を乗り越えるに足る有力な方法であると彼に自覚された過程は、以下のように記されている。

不佞、幼より宋儒の伝・注を守り、崇奉すること有年〔数年〕、積習の錮する所、亦た自ら其の非を覚えず。天の寵霊に藉《よ》り、中年に曁《およ》びて、二公〔李・王を指す〕の業を得て以て之を読む。其の初、亦た入り難きに苦しむ。蓋し二公の文は、諸《これ》を古辞に資《と》る。故に古書に熟せざる者は、以て之を読むこと能はず。古書の辞にして、伝・注の解する能はざる者は、二公諸《これ》を行文の際に発して、渙如《かんじょ》〔あきらか〕たるなり。復た訓詁を須《ま》たず。蓋し古文辞の学は、豈に徒《た》だ読むのみならんや。亦た必ず諸を其の手指より出さんことを求む。能く諸を其の手指より出して、古書猶ほ吾れの口自《よ》り出づるがごとし。夫れ然る後直ちに古人と一堂上に相ひ揖《ゆう》〔あいさつ〕して、紹介を用ひず。豈に郷《さき》の門牆の外に徘徊して、人の鼻息を仰ひで以て進退する者の如くならんや。豈に𡢽快《ゆかい》ならずや。(16)（「答屈景山」第一書、『徂徠集』巻二十七）

その後、徂徠は、この李・王から学んだ「方法」が、たんに詩文にとどまらず、経書の読解にも有効であると考えるにいたる。「李・王はもっぱら文章の方法に関心があり、残念ながら六経には手が届かなかった。それを六経に用いるのは私独自の視点である（不佞は乃《すなわ》ち諸を六経に用ふ）」と自負するにいたったのである（「復安澹泊」第三書、『徂徠集』巻二十八）。

そして実際に、この「古今」を合する「古文辞」の方法が、経書の読解に遺憾なく発揮されたのが、注釈不可能な「物」としての「六経」への通路として在る『論語』の解釈、『論語徴』においてであった。そこには、朱熹の注釈に対抗してなされる、彼の「古文辞の方法」が余すところなく提示されており、その営みのなかから、徂徠が見通そうとした「先王の道」の姿もまた見えてくるのである。

三　孔子と「先王の道」

徂徠『論語徴』が世上しばしば予想されるほど「考証学」の産物でないという事実については、すでに多くの指摘が為されている。徂徠門下からはたしかに、清朝考証学にも影響を与えた『七経《しちけい》孟子《もうし》考文《こうぶん》』の著者、山井鼎《やまのいかなえ》のように、考証学史上大きな足跡を残す者が出たし[17]、また、徂徠以後の経典注釈が、徂徠の言語重視の立場に大きく影響されて、多かれ少なかれ考証学的に、言語論的注釈になっていったことは明らかである。しかし、徂徠自身の『論語徴』は、その鋭敏な言語感覚に支えられつつ、決して狭い意味での考証学的成果とはなっていない。それは、徂徠が、注釈を施す『論語』本文の向こう側に、注釈的な理解を拒む「六経（物）」の世界を想定していたからである。つまり、徂徠は、「六経」の経書としての重みと『論語』の経書としてのそれとを、決して同レベルにおいて見ていなかったということである。だから「六経」には注釈を加えることはできなくとも、『論語』には注釈を施すことが可能だったといえる。それは当然、徂徠が孔子という一聖人と「先王の道」との関係を、どうとらえていたかということとも関わるだろう。

ところで、『論語徴』を読む者は、徂徠が描き出すあまりに人間くさい孔子像にしばしば新鮮な驚きを味わうが、そうした孔子本人の描写に加えて、一見奇異とも思える徂徠の解釈の一つに、次のようなものがある。「述而」篇「子曰、仁遠乎哉、我欲仁、斯仁至矣」章注である。

「仁遠からんや」、仁は至って遠きを言ふなり。仁は天下を安んずるを以て功と為す。故に至って遠し。天下を安んずる所以の者は、先王の道なり。孔子、先王の道を巻きて之を懐《ふところ》にす。豈に遠からんや。若し孔子をして王侯の位に居らしめんか、車を下って仁得て行ふべし。故に「我れ仁を欲すれば斯に仁至る」と曰ふ。(18)

徂徠のいう「仁」は、心の内面に関わる概念ではなく、「安民」「安天下の徳」、すなわち広い意味での政治的能力を指す。それにしても、ここにおける〈孔子は「先王の道」を巻いて懐中に入れていた。だから、「先王の道」たる「仁」は、文字通り孔子のそばに在るのだ〉とは、何と即物的な解釈であろう。

徂徠は『論語』中の他の箇所、「衛霊公」篇「君子なるかな蘧伯玉《きよはくぎよく》、邦に道有るときは則ち仕へ、邦に道無きときは、則ち巻きて之を懐にすべし（君子哉蘧伯玉、邦有道則仕、邦無道、則可巻而懐之）」「注」においても、「巻きて之を懐にす」とは、古注、朱注ともにいう〈仕えずに隠遁すること〉ではなく、「其の道を巻きて（巻物として）之を懐にするを謂ふ」と解釈している。こうした、巻いて懐に入れるべき「道」とは、「六経」という〈モノとしての典籍〉以外のなにものでもない。逆にいえば、徂徠において「先王の道」＝「六経」は、かくも人の内心から「外在」する「物」としてとらえられていたということであろう。そして、それは孔子自身においても同様だったと徂徠は考えていた。

徂徠は「孔子の道は先王の道」であるといい、もし「天」が許せば孔子が「道」を「制作」する可能性があった（『論語徴』「衛霊公」篇）ともいう。しかし現実には、孔子にはそういう「天命」が下らず、孔子に与えられたのは「先王の道」を「祖述」するという「天命」であった。そしてこの「祖述」されるべき「道」とは、私たちにとってと同様、孔子自身にとっても経典として外在する「道」だったのである。徂徠にとって、孔子の聖人としての偉大さとは、人の個々の「心」のありかたとは（直接）つながらない外在する「道」、注釈的理解を拒む「古文辞」の経典として在る「道」、そうした「道」に私たちがいたる「学び方」そのものを指し示したことにあるのだ。

「学而」篇冒頭の「子曰、学而時習之、不亦説乎」章の「注」において徂徠は、「先王の道を学ぶには、自づから先王の教へ有り。……其の之を習ふも亦た之の如し。身を以て先王の教へに処《お》くなり」という[19]。この「先王の道」を学ぶにふさわしい「学び方」、「身を以て先王の教へに処《お》く」〈処《お》き方〉を、孔子の『論語』という書物は私たちに語りかけてくれる、そう徂徠はいうのである。

そしてその「学び方」として徂徠が『論語徴』で展開したのが、「古文辞の方法」とでも称すべき「方法」だったのである。それは「古言」「古語」ということばを介しての注釈の場面に特徴的に現れる。しかし、その具体的な姿を見る前に、『論語徴』における宋儒批判、朱熹のする注釈への徂徠の批判をまずは整理しておこう。

四 「古言を知らずして、字を以て字を解す」

徂徠は『論語徴』において、さほど重要でないいくつかの箇所における例外を除いて、くり返し朱熹注を批判し、かつそれに準じて、往々、伊藤仁斎『論語古義』の注を批判する。そして、ほぼ全編にわたる徂徠の朱熹注批判は、つまるところ、〈注釈の仕方そのもの〉、〈注釈行為の根元にある思考〉に対して行われているといってよい。『論語徴』における朱熹注批判の具体相を例示すれば以下のようである。

・宋儒は理を以て之を言ふ。言ふべからざる者なく、燦然《さんぜん》として観るべし。苟くも諸を辞に求めざれば、亦た鑿《さく》〔うがった見方〕なるのみ。(20)（「学而」篇「道千乗国」章注）

・「故」は、邢疏《けいそ》に曰く「旧《もと》、学び得たる所」と。朱子曰く「旧、聞く所」と。是れ皆字義に拠りて解す。非なり。……則ち邢・朱は害無きが如し。然れども古言を知らずして、字を以て字を解す。諸を它書に推すに、通ぜざる所有り。学者諸《これ》を察せよ。(21)（「為政」篇「温故知新」章注）

・大氐《たいてい》宋儒は字義を忽略《こつりやく》にし、遷就《せんしゆう》して以て其の説を成す。……夫れ口に任せて理を言へば、言

ふべからざる者莫《な》し。然れども字、其の義を失すれば、亦た影なるのみ。(22)（「八佾」篇「林放問礼之本」章注）

・大氏後世の儒者は、徒《た》だ字を識りて古言を知らず。……古言を知らずして字を以て之を解せんとす。失する所以なり。(23)（「八佾」篇「射不主皮」章注）

・後世の儒者は孔子の道は即ち古聖人の道にして、古聖人の道は唯「礼」之を尽くすことを知らず。其の『論語』を解する、みな義理を以てす。義理憑《よ》る所なく、猖狂《しょうきょう》（はげしく狂う）自恣《じし》す。豈に謬《びゅう》ならずや、(24)（「子罕」篇「子絶四」章注）

ほかにも例はいくらでも出すことはできるが、批判の主旨はほぼ以上の例に尽きている。徂徠自らも「辞」や「義」について多くを語りながら、他方で、朱熹注を「字義で字義を解し」ていると批判するのは、徂徠のいう「辞」が「古言」であり、「義」が「古義」だからである。自らの「辞」や「義」は、朱熹のいう「字義」とは異なるとするのである。

徂徠の批判する朱熹の注釈の構図を、彼の理解に沿って図式化すれば次のようになる。

「理」の一貫性→「字」でもって「字」を解する注釈

「字」でもって「字」を解するという、その「字」はまた「義理」とも称されるが、このことに関しては、徂徠の「名物」論における「物と名と離れ、而る後、義理孤行す」（『弁道』1）という言葉が想起されるであろう。「字」といい「義理」という、それらはすべて、すでにその内実を失ってしまった抽象言語として徂徠に把握されるのである。

そして、そうした「字」「義理」が「理」中心の思想に由来するというのは、たとえば朱子学の次のような側面（ただし本質的な）に即していわれるものであろう。

ある人が「『論語』は『中庸』に及ばない」といったところ、先生は答えた、「ただ一つの理だ。すっかり見通してはじめて同じだということがわかる。『論語』は毎日のこまごまとした問答だが、たとえば大海も水、一勺《しゃく》の水もまた同じ水であるように、千言万語するところも、みな同じ一つの理なのだ。必ずすっかり見通し得て、それを他の書物に推し及ぼせば、道理はみな通じるのだ。(25)（『朱子語類』巻一九）

すなわち、万物万象に「理」が貫通しているという確信の下に、『論語』も他の経典も同一の原理でとらえられる、『論語』の字句は一字一句にいたるまで一貫性を持って解釈可能であるとする朱子学の構図そのものを、徂徠は批判しているのである。徂徠にとっては、「定準無きもの」たる

「理」（『弁名』）の「普遍性」が信じられなかったからであり、人ごとにその解釈が異なりかねない「理」でもって、成立経緯のそれぞれ異なる経書に一貫した理解を通そうとすること自体が不可能なことだったからである。そして、徂徠のこうした考え方の根元には、言語そのものに対する彼独自の観点が存在していた。

徂徠の学問が言語研究に出発していることは、周知のとおりである。彼は、そもそも言語そのものの有限性、言語における「隔たり」の存在を強く認識することから、その思想形成を始めたのであった。彼の学問叙説『学則』には、そのことが次のように明確に断言される。

宇〔空間的広がり〕は猶ほ宙〔時間的広がり〕のごときなり。宙は猶ほ宇のごときなり。故に今言を以て古言を視《み》、古言を以て近言を視れば、之を均しくするに朱離《しゆり》鴃舌《げきぜつ》〔野蛮人のことばとモズの鳴き声〕なるかな。科斗《かと》〔中国の古代文字〕と貝多《ばいた》〔インドの古代文字〕何ぞ択ばんや。世は言を載せて以て遷り、言は道を載せて以て遷る。道の明らかならざるは、職《しよく》〔主として〕として是れに之由る。(26)（『学則』二）

このように、言語を空間、時間の相において本来「限定された」ものとしてとらえ、「道」が不明になったのは、こうした言語本来の問題に由来するとした徂徠は、また次のようにも述べる。

文字は中華人の言語に候。日本の言語とは詞のたちは〔立場〕に替有之《かわりこれあり》候事に候。且又中華にても詞に古今の替有之候。宋儒の注解は失ヒ二古言ヲ一候。古言は其時代の書籍にて推候得ば知れ申候。後世の注解は違多候。依之老・荘・列之類も益有之候事に候。但《ただし》六経は道にて候故。詞済《すみ》候ても道の合点不参《まいらず》候而は済不申《すみもうさず》候。[27]（『徂来先生答問書』下）

古代の文章は、その当時の書籍を老子、荘子、列子の類まで博捜することによって、ある程度までは分かる。こうした成果は『論語徴』のなかにも大きく反映しており、徂徠はつねに、あることばが用いられた時と状況を考え、それによって古代の言語に生命を与えようとする。しかしながら、そうした作業の積み重ねによって「道」が最終的に明らかになるわけではない、とも徂徠は述べるのである。「詞《ことば》」が一応は解釈されたところで、「道の合点」のゆかぬうちは、「六経」も明らかにはならないと徂徠はいうのである。

ここには依然として在る、言語の有効性に関しての徂徠の強い懐疑の念を確かめることができる。では、「道」を「合点」する、「合点」の仕方とはどのようであるか、それがすなわち、『論語』に徂徠が見出した〈孔子の学び方〉だったと私は考えるのである。

朱子学の立場からすれば、「理」をいうとき、それは「一元の理」でもって世界を覆い尽くそうとする方向と同時に、一方では、個々の事物および経典の一字一句の内に「理」の実在を確かめようとする実践的工夫、「窮理」が想定されていた。しかし、「理」に基づく思考の特徴を、幾層をも成す「言辞」構築の姿のうちに見出す徂徠は（「教ふるに理を以てする者は、言語詳かなり」、『弁道』16）、宋儒の経典注釈を、言語が本来有する有限性を、「理」の一貫性で塗りつぶそうとしたがために、「実」から乖離した抽象的言辞の堆積となってしまった、「字」でもって「字」を解する空疎な注釈になってしまったものとし、無効としたのである。その後に彼が採用したのが、「道」を「六経」という「古文辞」およびそれに載る「古言」そのものとして、古代の言葉を、その背景にあるはずの文化的事実とともに、まるごと領得しようとする〈方法〉だったのである。

五　「古言」から見出される多端なる世界

『論語徴』を読むとき、もっとも印象に残るのは、『論語』の字句をいたるところで、これは「古言」だ「古経の言」だと独自に裁断していく徂徠のやり方である。

一例を挙げよう。「為政」篇「哀公問曰、何為則民服、孔子対曰、挙直錯諸枉、則民服、挙枉錯諸直、則民不服」章注、

> 「直きを挙げて諸《これ》を枉《まが》れるに錯《お》く」「枉れるを挙げて諸を直きに錯く」は、蓋し古言なり。而して孔子之を引くなり。『孝経』に曰く、「先王の法言に非ざれば敢へて道《い》はず」（『孝経』卿大夫《けいたいふ》章）と。古の道は是《かく》のごとし。後儒は知らず、迺《すなわ》ち聖人は意を以て言を造ると謂ふ。謬《びゅう》なる

かな。(28)

この章の徂徠注には、徂徠らしい卓抜な教化の仕方が説かれており、それもまた興味深いのだが、それはさておき、「挙直錯諸枉」も「挙枉錯諸直」もともに「古言」だとする徂徠の言に、ここでは注目したい。ここには、それが「古言」であることの典拠の提示もなく、まさに徂徠自身の直感によって「古言」だとされ、このように「古言」を引いてものを語るのが孔子の仕方だとされるのである。

徂徠はまた、他の箇所の注で「孔子、多く古言を誦《しよう》して以て門人に誨《おし》ふ。或ひは並びに引いて以て相ひ発し、或ひは専ら誦して以て独り行ふ(29)」(「学而」篇「君子不重則不威」章注)ともいう。こうした、これは「古言」(「古語」「古経の言」)だ、「古言」を例示することによって教える(学ぶ)のが孔子の仕方だとする箇所は、『論語徴』全編中、三十数件見出せるのだが、「六経」に典拠がある語ならともかく、何の典拠も示し得ない字句を「古言」だと独断することは、徂徠にとってどのような意味を持つのであろうか。あるいはそのように独断し、「古言」を誦して示すことが孔子の仕方であったとすることで、そこからどのような新しい認識の方法や、世界像が展望されてくるのであろうか。

そうした観点から一例を挙げて、朱熹注と対照させつつ考えてみることにする。

八佾篇「林放問礼之本、子曰、大哉問、礼、与其奢也寧倹、喪、与其易也寧戚」章

＊朱熹注

・孔子、時方《まさ》に末を逐ふに、放〔林放《りんぼう》〕独り本に志すこと有るを以て、故に其の問を「大なり」とす。蓋し、其の本を得れば、則ち「礼」の全体、其の中に在らざること無し。

・礼は中を得るを貴ぶ。「奢《しゃ》・易《い》」は則ち文に過ぐ。「倹《けん》・戚《せき》」は則ち及ばずして質なり。二者皆未だ「礼」に合せず。然れども凡そ物の理、必ず先づ質有りて而る後に文有り。則ち「質」は乃ち「礼」の本なり(30)。

＊徂徠『論語徴』

・「礼は其の奢《おご》らんよりは、寧《むし》ろ倹せよ。喪は其の易ならんよりは寧ろ戚せよ」、蓋し古語。孔子、直ちに其の本を語らずして、此れを引き、放〔林放〕をして思ひて之を得せしむ。孔子の教へ皆爾《しか》り。何を以てか、其の古語たるを知る。答と問と正に相ひ値《あ》はざればなり(31)。

林放という人物と孔子との問答。林放が「礼」の根本とは何かと尋ねたのに対し、孔子が「礼」は「奢」なるよりは「倹〔約〕」に、「喪〔儀〕」は「易」よりは「戚〔哀傷の心〕」を大事にせよと説いた章。両注とも当面の問題関心に即して、相対する部分のみを書き出してみた。

両者の注を並べて一読すればすぐ分かるように、徂徠注『論語徴』の漠然とした表現に比して、朱熹注はなるほど筋道だった説明であるといえる。「礼」という概念が、「文」「質」「中」といったキーワードによって整然と秩序だって説明されている。しかし、徂徠はまさにその「筋道だった説明」そのものに疑いの目を向けるのである。「礼」とは徂徠にとって、「先王の古義」（「先王」の世においで、しかるべき事態があり、それにふさわしく命名され、社会的に定着したところのもの）の一つであって、そのことばが内包する多様、かつ厚みのある中身を、朱熹注のように「文」「質」「中」といった、意味の定めがたい、外から持ち込んだ分析概念を使うことによって、はたして把握することができるだろうかと徂徠は問いかけるのである。

『論語徴』のこの箇所、引用文のすぐ後に徂徠は、「大氐、宋儒は字義を忽略にして、遷就して以て其の説を成す。……夫れ口に任せて理を言えば、言ふべからざる者莫し。然れども字、其の義を失すれば、亦た影なるのみ」[32]、と朱熹注を批判する。徂徠の主旨に沿っていうならば、朱熹注の「文」「質」「中」はみな「遷就」して新たに持ち出された説明概念に過ぎず、それらは結局「理」でもってすべての理解を一貫させようとする意図から生じたもの（「影」）に過ぎない。そうした本来の「字義」から遊離した概念を新たにいくら積み重ねたところで、はたして「真義」は得られるのか、「道」の姿は明らかになるのかと徂徠は問いかけるのである。

一方、徂徠『論語徴』の注釈は、一種不透明なフィルターがかけられたような注釈となっている。分析的に「礼」を解剖して意味づけするのではなく、「古語」という、いわば緩衝物（フィルター）

を通して「礼」の在り方を洞察しようとする立場とでもいったらいいだろうか。孔子が林放の「問い」を「大なるかな」とほめたことについても、「礼の根本を尋ねたから」（朱熹注）ではなく、「礼」が本来広大な意味内容を有することに林放が気づいたからだと徂徠はする。徂徠は、概念語の積み重ねによる求心的分析よりも、「礼」が包含する内容の広さ・厚みを、そのままのかたちで領得する「学び方」を模索したのだといえよう。徂徠からいえば、概念語の積み重ねによる対象把握の仕方は空疎な議論に堕し、対象の持つ「広大さ」「厚み」を細分化し、部分化してしまうからである。

徂徠は、前述したように、言語の有限を時間・空間に即して語ったが、また同時に、言語による説明、「注釈」が、注釈対象を部分化してしまう問題についても、つねに警戒心を抱いていた。言語によって意味分節していくことによって、「先王の道」の広大、包括が失われかねないことを彼は懼れたのである。「衛霊公」篇「辞達而已矣」章注では以下のようにいう、

夫れ聖人の道を文と曰ふ。文とは物相ひ雑《まじわ》るの名（『易』繫辞伝下）にして、豈に言語の能く尽す所ならんや。故に古の能く言ふ者は之を文《かざ》る。其の道に象《かたど》るを以てなり。其の包《か》ぬる所の者広きを以てなり。君子何ぞ明暢備《めいちようび》悉《しつ》を用ふることを為さんや。故に孔子嘗て曰く「黙して之を識る」と（「述而」篇）。道の言語を以て解くべからざるが為の故なり。孟子よりして下《しも》、此の道〔やり方〕泯《ほろ》ぶ。務めて言語を以て道を尽さんと欲するや、以て知らざる者の間に聒争《かっそう》〔かま

びすしく言い合う〕す。夫れ人は言を以て喩《さと》すべからざるなり。況んや言を以て其の心を服すべけんや。故に其の言の明暢備悉は、適《まさ》に以て一偏の説為《た》るに足るのみ。(33)

広大な「道」のありよう、それに対する「言語」本来の時間・空間による隔絶、部分化への志向、等々幾重もの有限性を思うとき、徂徠が見出したのは、古代のことばを古代のことばとしてそのまま提示し、そこから「道」の広大さを洞察しようとする孔子の「学び方」(教え方)だった。

ここには、一種の言語観の逆転がある。徂徠は、言語による説明的解釈(注釈)を捨て去った後に、「古言」「古語」という「言語(古文辞)」によって新たな世界像を語りだそうとしたのである。そしてそれは、「理」という単一原理を敷衍した先に見出される単一的世界像ではなく、現実世界の多種多様な人の在り方に即した、広がりと多様性を持った包括的世界像(「道」)であるはずだった。

再確認しておきたいのは、徂徠が「言語」による説明的解釈を捨てさった後に、ふたたび、「古言」あるいは「古文辞」という、まさにこれもまたもう一つの「言語」によって世界をとらえようとした点である(「伝・注を廃して、而る後に古言識るべし」(34)、「与竹春庵」第二書、『徂徠集』巻二十七)。

そしてこの点に、儒者荻生徂徠の本領があったのだと私には思われる。徂徠が「六経」のことばを「古文辞」とし、また『論語』において孔子が「六経」の世界(「道」)を暗示するのに用いたことばを「古言」と断ずるとき、それら「古文辞」「古言」の背後には、ことばと密着したかたちで存したであろう古代の文化的事実が想定されていた。説明的注釈を介入させることのできない古代「言語」の背後に、「先王」の世の政治的、文化的世界が洞察されていたのである。それゆえにこそ、「古文辞」あるいは「古言」という、いわば〈虚構〉によって紡ぎ出される世界像が、ふりかえって現実世界に有効な新たな視角たり得ると考えられたのであろう。

六　「古の学」のすがた

古代のことばを「古言」として、解釈をさらに加えず、また部分化せず、そのまま誦すること、そうした「古言」を重ね合わせてそこから洞察すること、それが孔子の「学び方」であり、そこから「先王の道」の世界もまた見えてくるのだ、とする徂徠の立場は以下のように明らかに述べられている。

「学而」篇の載する所、「父在《いま》すときは其の志を観、父没するときは其の行を観る」は、古言なり。「三年父の道を改むること無くして、孝と謂ふべし」も亦た古言なり。孔子、古言を並び引きて、学は博きを貴び、固《こ》にせざるを貴ぶことを示すなり。君子の、一を執《と》りて百を廃せざるなり。一は則ち彼れを言ひ、一は則ち此れを言ひ、並べ観るときは則ち道、其の間に生ず。古の学爾《しか》りと為す。(35)（「子張」篇「曾子曰、吾聞諸夫子、孟荘之孝也」章注）

これは『論語』のなかに散見する同一表現（類似表現）の重出に言及した部分であるが、徂徠はここで、あるときは「古言」を一ついい、またあるときはその「古言」にまたもう一つ別の「古言」を併せいう、それが孔子の教法、「学」であったのだとする。「彼れ〔一つの古言〕」をいい「此れ〔もう一つの古言〕」をいう、そうしてそれらを並べ観るとき、その間から「道の全体像」が見通されて来る、というのである。その「道」とは「多端」な、しかし「先王」によって統一され、秩序づけられた古代の「道」、「天下を安んずるの道」だったのである。

蓋し孔子の道は、即ち先王の道なり。先王の道は、先王民を安んぜんが為に之を立つ。故に其の道、仁なる者有り、智なる者有り、義なる者有り。勇なる者有り。倹なる者有り。恭なる者有り。神なる者有り。人なる者有り、自然に似たる者有り。偽に似たる者有り。本なる者有り。末なる者有り。近き者有り。遠き者有り。礼有り。楽有り。兵有り。刑有り。制度云為《うんい》、一を以て尽すべからず。紛雑《ふんざつ》乎として得て究むべからず。故に之に命《なづ》けて「文と曰ふ」(36)（『易』「繋辞」下）。（「里仁」篇「参乎、吾道一以貫之」章注）

徂徠が「世界の為にも、米は米にて用にたち、豆は豆にて用に立《たち》申し候。米は豆にはならぬ物に候。豆は米にはならぬ物に候」（『徂来先生答問書』中）と、気質不変化を主張したことは前に触れたとおりである。この現実世界の多種多様な人の在り方に、一定の方向を与えるもの、米は米なりに、豆は豆なりに一つの世界内で有意味さを成就させるように方向づけるもの、そのモデルとして提示されるのが、「多端」「紛雑乎」でありながら、「安民」という政治的目的に整序された「先王の道」だった。

徂徠が「古言」だ「古語」だという断定を下し、それによって経典を解釈しようとするとき、ただ単にそれが歴史的に古いことばであるから真実に近いとしてそうするのではない。もしそうであるならば、彼のする「古言」や「古語」という断定は、あまりにも恣意的な臆断でしかない（実際、後にも触れるように、後世の儒者たちはそうした地点から、徂徠「古文辞」学を批判した）。もちろん、徂徠は古文を博捜して、そこから意味を確定しようとするが、それがすべてだったのではない。徂徠『論語徴』における注釈の方法が私たちに開示するのは、「先王の世」のことばを、そのことばの背景もろともまるごと引き受け、領得しようという、きわめて方法論的な意思だったのである。

徂徠は「鬼神」についても、それをしばしば「古言」、あるいは「古経の言」といういい方で表現し、それを何よりも先ず「先王の世」における実在として把握することを求める。そうした立場に立つとき、我が身に引き寄せて「鬼神」の有無を想像したり、「誠意」の所在を云々する議論は、そもそも成り立たなくなる。

鬼神の説、紛然として已《や》まざる所以の者は、有鬼・無鬼の弁のみ。夫れ鬼神なる者は、聖人の立つる所なり。豈に疑ひを容《い》れんや。故に鬼無しと謂ふ者は、聖人を信ぜざる者なり。其の之を信ぜざる所以の故は、則ち見るべからざるを以てなり。見るべからざるを以てして之を疑はば、豈に翅《ただ》に鬼のみならんや。天と命とみな然り。(37)（『弁名』「天・命・帝・鬼・神」11）

もともと「先王の世」の「実在」として在った「鬼神」であれば、徂徠にとって重要なのは、それが古代世界において有した意味である。それはたとえば、すでに指摘もなされているように、共同体形成の契機としての祭祀の行事であったり、為政者の民心掌握の手段であったりするのであろう。もちろんそこにはそうした祭祀を支える原初的な民心の所在も想定されていたであろう。そうした「先王の世」における「鬼神」をめぐるさまざまな意味が、『論語』中の「鬼神」に関わることばを「古言」「古語」としてとらえることから見えてくるはずだ、と徂徠は考えようとしたのだ。そしてそうした営みを通じて、人が自然と身に納得する働きを、徂徠は「自ら喩る」と称したのである。

七　「古言を記憶して、其の胸中に在ること、猶ほ物有るがごとく然り」

夫れ言なる者は、固より人を喩《さと》す者なり。然れども古の善言は、必らずしも人を喩さず。而して人自ら喩る。先王の道、爾りと為す。(38)（「与竹春庵」第二書、『徂徠集』巻二十七）

人を喩そうとすることばはしょせん論争の弁に過ぎず、それがいい尽くすところは広大な「道」の一端に止まる。それに比べ、「古言」の向こう側に、現実世界のモデルとしての「先王の道」の実在を確信するとき、「古言」は豊かな中身を学ぶ者に示すのである。徂徠は以下のようにもいう。

蓋し古の君子は、先王の法言に非ずんば、敢へて道はざるなり。言ふ所みな古言を誦《しょう》せしことは、……是れみな所謂「言に物有り」（『易』大象伝）なり。其の、臆《おく》に任せて肆言《しげん》せず、必ず古言を誦して、以て其の意を見《あらわ》せしを言ふのみ。古言相ひ伝はりて、宇宙の間に存す。人、古言を記憶して、其の胸中に在ること、猶ほ物有るがごとく然り。故に之を物と謂ふ。若し臆に任せて肆言せば、則ち胸中には記憶する所有ること莫《な》し。一物有ること莫き、是れ物無きなり。[39]
（『弁名』「物」）

「古言」を誦すること（それが孔子の教法）を通じて、「古言」が我が胸中に「物有るがごとく」になるとは、どのような事態を指しているのか。前に引用した文章であるが、ふたたび引いておきたい。

蓋し先王の教へは、物を以てして理を以てせず。教ふるに物を以てする者は、必ず事を事とすること有り。教ふるに理を以てする者は、言語詳かなり。物なる者は衆理の聚《あつま》る所なり。而して必ず事に従ふ者之《こと》を久しくして、乃ち心実に之を知る。何ぞ言を仮らんや。言の尽す所の者は、僅僅乎《きんきんこ》として理の一端のみ。(40)（『弁道』16）

一つ前の引用文との関連からいえば、胸中に「物」あるがごとくなるとは、「古言」が、それを誦することによって、自然と納得され胸中に定着した状態を指す。では、その「物」による教えが「事を事とする」（教え）となって現れるとはどういうことか。それはつまり、「古言」を日々に誦し、そうした「古言」が充満したものとして経典を通覧するとき、「古言」の内に裏打ちされていた文化的、政治的事実の堆積が自然と我が身に了解されてくる、そしてそれがさらに現実の場面に有効なものとなってくる、そのような事態を指していわれているようである。それが「習熟」して「化」するということに徂徠が与えた意味であろう。

「古言」を誦し、「古言」と「古言」との間から「道」の在り方を見通す、その営みを通じて、「先王の世」の政治世界の実情が自然と納得され、そこで養われた士人の「徳」が社会内に活用される、これが徂徠が考える「学」の姿だった。それが、「理」に依拠する単一的世界像に対抗して、多種多様でありながら、かつ政治的、文化的統一を保つ世界像を考えようとした徂徠にふさわしい「学」の「方法」だったのである。これが、『論語』において孔子が私たちに指し示していると徂徠が考えた「学び方」であったのであり、その「学び」のすがたを明らかにする点に、徂徠『論語徴』の意図があったと考えられるのではないだろうか。(41)

八　荻生徂徠の方法

しかしながら、このように徂徠的に深化された独自の「方法」は、結局、正統的継承者を見出さなかったようである。冒頭に掲げたように、経学面での第一の弟子、太宰春台は徂徠の「古文辞」愛好を苦々しく見ていたようであるが、それが師徂徠の経学の課題とどれほど深く結びつくものであったかという点には思いいたらなかった。

経の伝・註有るは、其の義を解せんが為なり。本文、註を得て明なり。本文既に明なれば、則ち註は徒に筌蹄《せんてい》のみ。故に説く者但註意を会して以て経文を明にして足ぬ。何ぞ更に註文を説くことを須ん。(42)（太宰春台『斥非《せきひ》』）

字面から見る限りでは、徂徠の「伝・注」不要論と軌を一にするようであるが、徂徠と決定的に異なるのは、明らかにされるべき「義」についての認識である。徂徠の場合、それはあくまでも「先王の古義」であり「先王の法言」であった。それゆえ、彼自身の構想する世界像との緊密なつながりの下に、「古文辞」の方法が意味を持ち得たのである。

春台が『論語』にする注釈『論語古訓』を概観すれば、たしかに自ら『斥非』にいうように、過剰な注釈はほとんど見あたらない。しかし反面、その単調な解釈はともかくも、古注、朱熹注、徂徠注をこだわりなく並列、列挙して書き連ねる叙述の仕方に、当惑を覚えるのも事実である。そこには、師徂徠『論語徴』の特色の一つであった、『論語』の字句を歴史的場面のなかに置きなおし、そこから事物を特定していこうという姿勢も薄弱となり、「古言」に着目した徂徠独自の問題意識も消えている。

前引の、徂徠が、孔子があるときは「古言」を一回いい、またあるときはくり返していったとする箇所（「一は則ち彼れを言ひ、一は則ち此れを言ひ、並べ観るときは則ち道、其の間に生ず」）において、太宰春台は、「其の言、或ひは詳、或ひは略、時に従ひて同じからず。意有るに非ざるなり。記す者、又一人にあらず。各自ら聞く所を記せり。異同有る所以なり。後、此れに放《なら》へ」（『論語古訓』「里仁」篇「三年無改於父之道」章注）と、まことに形式的、表面的な理解を示すのである。[43]

本章を太宰春台の徂徠「古文辞癖」への慨嘆から始め、結局、徂徠の注釈学が直弟子にも引き継がれなかったことを述べた。本章を終えるにあたって、あらためて、徂徠『論語徴』がめざしたことについて整理しておきたい。

荻生徂徠は「古ノ学問トハ、先聖孔子ノ道ヲ学フヲ云フナリ。先王ノ道ハ六経ニ載セテ伝ヘリ。六経ハ詩書礼楽ヲ説タルモノナレハ、古ノ学問ハ詩書礼楽ヲ学フヨリ外ノ事ハナシ」[44]（『経子史要覧』）と述べ、先王の制作した「六経」こそが、人が学ぶべく、のっとるべき最重要の経典であるとした。他方、「宋ノ諸老先生ハ、古ノ事ヲ知ラスシテ、今ノ学問ト同事ニヲモフテ、学之為レ言効也ト朱子モ論シテ、只聖人ノ真似ヲスルヲ学問ト心得タリ。笑フヘキコトナラスヤ。且又大切ナル要領タル六経ヲ打ステヽ、別ニ四書ト云モノヲ立テヽ、コレヲノミ誦記《しょうき》サセ、其業終レハ、又小学近思録ナト云フヨウナ、無益ノ書ヲコシラヘテ、六経ヲ蔑《ないがしろ》ニシ」（同前）と述べ、朱熹によって公定化された四書の「聖典」性を、明快に否定したのであった。

かくして、徂徠において明らかにされるべき「道」あるいは「先王の道」とは、結局、古代の文献「六経」にゆきつくわけであるが、ここで私たちが当惑させられるのは、徂徠の手による「六経」の注釈が現存しないという事実である。そして、徂徠にとって本来二次的な書物であったはずの、『大学』『中庸』『論語』『孟子』にその注釈書、『大学解』『中庸解』『論語徴』『孟子識』が残されている事実である。なかでも『論語徴』は自ら「『論語徴』は旋次修改したものであり、きっと一生の力を費やすであろう」（「与藪震庵」第六書、『徂徠集』巻二十三）と述べたように、死ぬまで草稿の改修を重ね、没後に刊行された彼の主著なのである。

ところで、これら諸注釈が成立した時期は、平石直昭の考証によれば、ほぼ享保四、五年（一七一九、二〇）ごろと想定される。その根拠とされるある書簡（建中寺宛書簡）のなかで、徂徠が次のように述べているからである。[45]

論語注解最早《もはや》出来候、全部十巻有之候、経書之内字義之誤正之物、弁道弁名と申書二部是も出来候、大学中庸孟子之解是も大形《おおかた》出来候、六経は心懸《こころがけ》候へ共最早心力衰候間、生前出来申間敷《もうすまじく》

候間、出来候分何とそ存生之内印行申度候へ共、孟子以来之差謬を正し候間、世上やかましく
候て可有之候、

ここから推察されるのは、まず、『弁道』『弁名』等、徂徠学の骨格ともいうべき著述群と「論語注解」「大学中庸孟子之解」がほぼ同時に成立していること（つまり、彼がその聖典性を批判する四書への注釈内容が、徂徠学定立後の思想内容に相応しているということ）、それと、徂徠が一方で「六経」の注解を志しつつその実現不可能を予感していたことである。ただ、この記述から、「六経」の注解が為されなかった原因を「最早心力衰」えたからだとのみ断定するのは早計に過ぎるだろう。徂徠の手になる「六経」の本格的注釈が残されていないのが事実であり、原典の「原典」たる「六経」の注解には格別の困難が伴ったであろうこと、そして何より、「六経」を「物」とした、徂徠の定義を思い起こさなければならないからである。

徂徠において「物」たる六経は、普通の注釈行為の彼方にあるものである。しかしそうでありつつ、当代の士君子の課題は、いかにして「先王」の建てた「道」を学び取り、我がものにするかということにある。ここにこそ、徂徠の手によって『論語徴』や四書の注釈が書かれた理由が存するのではないだろうか。「六経」の先王の「物」の世界にいたる経路＝「義」として、『論語』は重要なのである。

『論語』は、「六経」が存して初めて私たちにとって意味のある書物となる。しかしながら逆に、

『論語』という「義」があるからこそ、私たちは「物」たる「六経」の「本旨」を「領得」することができる（「『論語』ハ義ナリ。六経アレバ『論語』アリ。六経ヲ廃スレバ、『論語』ハブラリトシタル議論ノ空言トナル」、『経子史要覧』上）。そうした構図のなかで、『論語』に「注釈」を施すことが、徂徠にとって最重要の課題となったのである。

徂徠にとって肝要なのは、『論語』における孔子の思想それ自体ではなかった。彼にとって肝要だったのは、『論語』における孔子の言行のあれこれを通して見えてくる「先王の道」「先王の世」のあり方であった。彼は『論語徴』「題言」中で、人は孔子が学ぼうとしたこと、孔子の学び方を学ばずに、直接孔子そのものを学ぼうとしていると批判する。彼にとって『論語』を読むことの目的は、孔子の「学び方」そのものを知ることであり、どのような「学び方」（工具―「規矩準縄」）によって「先王の道」の世界が見えてくるかを明らかにする点にあった。当時においてすでに失われた古典であった『楽経』も含む「六経」の世界＝「物」の世界に接近するうえで、『論語』に注釈することは、彼にとって不可欠の思想的営為だったのであり、だからこそ自らの一生の力を費やすにふさわしい作業だったのである。

徂徠にとって孔子は「先王の道」を「学ぶ」人であった。

> 孔子は学を好み、論語に屢《しばしば》以て自ら道《い》ふ。……夫れ道なる者は、先王の立つる所にして、天地自然に之有るに非ざる也。生民より以来数千載、数十聖人の心力知巧を更《へ》て成す所にして、

一聖人終身の力の能く為す所に非ず。故に聖人と雖も、学ばずんば道を知ること能はず。是れ孔子の学びし所以也。[46]（『弁名』「学」5）

註

（1）「徂来先生、以命世之才、絶倫之識、発明古道、使先王之道仲尼之教、彰明於千載之下。功莫大焉。然其人有好奇之癖、而又悦近世古文辞家之言。故其所為文、不免有出乎法度之外」（「書徂来先生遺文後」、『春台先生紫芝園後稿』巻之十。小島康敬編『春台先生紫芝園稿』近世儒家文集集成6、ぺりかん社、一九八六年）。

（2）「文則聱牙戟口、読者至不能終篇。好之者推為一代宗匠、亦多受世抉摘云。」

（3）青木正児『支那文学思想史』（岩波書店、一九四三年）一五七頁。

（4）前野直彬「李滄溟の文体」（『東方学』第四輯、一九五二年）、同「明代古文辞派の文学論」（『日本中国学会報』一六、一九六四年）、郭紹虞『中国文学批評史』（明倫出版社、一九七〇年）、横田輝俊『中国近世文学評論史』（渓水社、一九九〇年）、周勛初『中国古典文学批評史』（高津孝訳、勉誠出版、二〇〇七年）、陳国球『明代復古派唐詩論研究』（北京大学出版社、二〇〇七年）、等参照。

（5）平石直昭『荻生徂徠年譜考』（平凡社、一九八四年）五七頁。

（6）『続日本随筆大成4』（吉川弘文館、一九七九年）九三頁。

（7）吉川幸次郎「徂徠学案」（『仁斎・徂徠・宣長』岩波書店、一九七五年）一一九頁。

（8）「不佞藉天寵霊、得王李二家書以読之、始識有古文辞。於是梢梢取六経而読之。歴年之久、梢梢得物与名合矣。物与名合、而後訓詁始明、六経可得而言焉。」

（9）「道者統名也。挙礼楽刑政凡先王所建者、合而命之也。非離礼楽刑政別有所謂道者也。」

（10）「先王之道、先王所造也。非天地自然之道也。蓋先王以聡明睿知之徳、受天命、王天下。其心一以安天下為務。是以尽其心力、極其知巧、作為是道、使天下後世之人由是而行之。豈天地自然有之哉。」
(11) 徂徠が残した短文『尚書学』の分析に基づき、徂徠は六経の一つ『尚書（書経）』に注釈を施す意図を有していたが、その読解の難解さに著述が行き滞ったとするのは、山口智弘「荻生徂徠の『尚書』観——『尚書学』攷証」（『日本思想史学』四二、二〇一〇年）である。
(12) 「論語徴旋次修改、亦必費一生之力也」（平石直昭編『徂徠集・徂徠集拾遺』）。
(13) 『荻生徂徠全集』第一巻、五一五頁、五一七頁。
(14) 「人不欲学孔子所学、而欲学孔子。是工人不由規矩準縄、而学般倕也。」
(15) 「古云、通古今謂之儒。又云、通天地人謂之儒。故合華和而合一之、是吾訳学。合古今而一之、是吾古文辞学。」
(16) 「不佞従幼守宋儒伝注、崇奉有年、積習所錮、亦不自覚其非矣。藉天之寵霊、暨中年得二公之業以読之。其初亦苦難入焉。蓋二公之文、資諸古辞。故不熟古書者、不能以読之。古書之辞、伝注不能解者、二公発諸行文之際渙如也。不復須訓詁。蓋古文辞之学、豈徒読已邪。亦必求出諸其手指焉。能出諸其手指、而古書猶吾之口自出焉。夫然後直与古人相揖於一堂上、不用紹介焉。豈如郷者徘徊乎門牆之外、仰人鼻息以進退者邪。豈不嫌快哉。」
(17) 山井鼎（崑崙）の業績、学問については、末木恭彦『徂徠と崑崙』（春風社、二〇一六年）、が深く議論している。
(18) 「仁遠乎哉、言仁至遠也。仁以安天下為功。故至遠焉。所以安天下者、先王之道也。孔子巻先王之道而懐之。豈遠乎哉。若使孔子居王侯之位乎、下車而仁可得而行也。故曰我欲仁斯仁至矣。」
(19) 「学先王之道、自有先王之教。……其習之亦如之。以身処先王之教也。」
(20) 「宋儒以理言之。莫不可言者、燦然可観。苟不求諸辞、亦鑿矣耳。」
(21) 「故者、邢疏曰、旧所学得。朱子曰、旧所聞。是皆拠字義解。非也。……則邢・朱如無害、然不知古言而以字解字。推諸它書、有不通。学者察諸。」
(22)「大氏宋儒忽略字義、遷就以成其説。……夫任口言理、莫不可言者。然字失其義、亦影耳。」
(23)「大氏後世儒者、徒識字而不知古言。……不知古言、而欲以字解之。所以失也。」
(24)「後世儒者、不知孔子之道即古聖人之道、古聖人之道、唯礼尽之。其解論語皆以義理。義理無憑、猖狂自恣。豈不謬乎。」
(25)「或云論語不如中庸。曰、只一理。若看得透、方知無異。論語是每日零砕問、譬如大海也是水、一勺也是水、所説千言万語、皆是一理。須是透得、則推之其它、道理皆通。」
(26)「宇猶宙也。宙猶宇也。故以今言視古言、以古言視近言、均之朱儁鴂舌哉。科斗貝多何択也。世載言以遷、言載道以遷。道之不明、職是之由。」
(27)『荻生徂徠全集』第一巻、四六九頁。
(28)「挙直錯諸枉、挙枉錯諸直、蓋古言也。而孔子引之也。孝経曰、非先王之法言不敢道。古之道若是焉。後儒不知、迺謂聖人以意造言。謬矣哉。」
(29)「孔子多誦古言以誨門人。或並引以相発、或専誦以独行。」
(30)「孔子以時方逐末、而放独有志於本。故大其問。蓋得其本、則礼之全体、無不在其中矣。」「礼貴得中。奢易則過於文、倹戚則不及而質。二者皆未合礼。然凡物之理、必先有質有而後有文、則質乃礼之本也。」
(31)「礼与其奢也寧倹、喪与其易也寧戚、蓋古語。孔子不直語其本而引此、使放思而得之。孔子之教皆爾。何以知其為古語。答与問不正相値也。」
(32)「大氏宋儒忽略字義、遷就以成其説。……夫任口言理、莫不可言者。然字失其義。亦影耳。」
(33)「夫聖人之道曰文。文者物相雑之名、豈言語之所能尽哉。故古之能言者文之。以其象於道也。以其所包者広也。君子何用明暢備悉為也。故孔子嘗曰、黙而識之。為道之不可以言語解故也。孟子而下、此道泯焉。務欲以言語尽乎道也、以聒争於不知者之前焉。夫人不可以言喩也。況可以言服其心乎。故其言之明暢備悉、適足以為一偏之説耳。」
(34)「廃伝注而後古言可識焉。」
(35)「学而篇所載、父在観其志、父没観其行、古言也。三年無改於父之道、可謂孝矣。亦古言也。孔子並引古言、示学貴博貴不固也。……一則言彼、一則言此、並観則道生於其間焉。古之学為爾。」
(36)「蓋孔子之道、即先王之道也。先王之道、先王為安民立之。故其道、有仁焉者、有智焉者、有義焉者、有勇焉者、有倹焉者、有恭焉者、有神焉者、有人焉者、有似自然焉者、有似偽焉者、有本焉者、有末焉者、有近焉者、有遠焉者、有礼焉、有楽焉、有兵焉、有刑焉。制度云為、不可以一尽焉。紛雑乎不可得而究焉。故命之曰文。」
(37)「鬼神之説、所以紛然弗已者、有鬼無鬼之弁已。夫鬼神者聖人所立焉、豈容疑乎。故謂無鬼者、不信聖人者也。其所以不信之故、則以不可見也。以不可見而疑之、豈翅鬼乎。天与命皆然。」
(38)「夫言也者、固喩人者也。然古之善言、不必喩人、而人自喩焉。先王之道為爾。」
(39)「蓋古之君子、非先王法言不敢道也。所言皆誦古言、……是皆所謂言有物。言其不任臆肆言、必誦古言、以見其意已。古言相伝、存於宇宙間。人記憶古言、而在其胸中、猶如有物然。故謂之物。若任臆肆言、則胸中莫有所記憶。莫有一物、是無物也。」
(40)「蓋先王之教、以物不以理。教以物者、必有事焉。教以理者、言語詳焉。物者衆理所聚也。而必従事焉者久之、乃心実知之。何仮言也。言所尽者、僅僅乎理之一端耳。」
(41)『論語徴』における「注釈」に焦点をあてて論じたものに、緒形康「『論語徴』の方法」(『寺小屋語学・文化研究所論叢』三、一九八四年)があり、その言語論の視点からの分析は傾聴に値する。
(42)「経之有伝註、為解其義也。本文得註而明。本文既明、則註徒筌蹄耳。故説者但会註意以明経文而足矣。何須更説註文乎」(頼惟勤校注『徂徠学派』日本思想大系37、一四六頁)。
(43)「其言或詳或略、随時不同。非有意也。記者又非一人。各自記所聞。所以有異同也。後皆放此。」

（44）『荻生徂徠全集』第一巻、五〇三頁。
（45）平石直昭『荻生徂徠年譜考』（平凡社、一九八四年）一二五頁。「書簡」の文章は、同前、二二七頁、平石氏による翻刻から引用。
（46）「孔子好学、論語屢以自道。……夫道者、先王所立、非天地自然有之焉。生民以来数千載、更数十聖人之心力知巧所成、而非一聖人終身之力所能為。故雖聖人、不学不能知道。是孔子所以学也。」

第四章　経書注釈と思想史の視点

一　『中庸解』執筆の意図

徂徠『論語徴』の意義については、前章で述べたとおりである。では、宋学以降重視され、徂徠からすれば二次的経書であるはずの『大学』『中庸』に対してはどう対処したのか。実は、これらもまた、「物」の世界＝六経にいたる経路、「義」として（特に両者は元来、上古の文献『礼記』に由来するがゆえに価値あるものとして）、読み解かれるべきだとされたのであった。

『大学』は、歴史上の事実（学校）の記録として、また徂徠の「物」の議論の根拠として再定義され[1]、また『中庸』は、より後世の論争の産物であるとはいえ、何よりも孔子の直系、子思の手による、古代先王の世界にじかに接続した書物として注釈がなされたのである。もちろん、『論語』『大学』『中庸』『孟子』のなかで『論語』が最重要の書であったことはいうまでもない。では、『大学』以下三書の位置づけはどうだったのか。そのことについての明言はないが、実際になされた注釈、言及の分量から考えるとき、『中庸』もまた徂徠にとって気になる書物であったことは事実である。

主著『弁道』には以下のようにいう。

道は知り難く、亦た言ひ難し。其の大なるが為の故なり。後世の学者は、各《おのおの》見る所を道とす。みな一端なり。夫れ道は先王の道なり。思孟〔子思《しし》・孟子〕よりして後、降りて儒家者流となり、乃ち始めて百家と衡《こう》を争ふ。自ら小にすと謂ふべきのみ。夫《か》の子思、中庸を作るを観るに、老氏と抗するものなり。老氏は聖人の道を偽と謂ふ。故に性に率《したが》ふを之《これ》道と謂ひ、以て吾が道の偽に非ざるを明かす。是を以て其の言、終に誠に帰す。中庸とは徳行の名なり。故に「択ぶ」と曰《い》ふ。子思借りて以て道を明かし、老氏の中庸に非ざるを斥《しりぞ》く。後世、遂に「中庸の道」を以てする者は誤れり。(2)(『弁道』1)

徂徠学の綱領たる『弁道』冒頭に、わざわざ『中庸』に言及しつつこうしたことがらがいわれること自体が示唆的である。徂徠はつねに、上古の道が、諸子百家の時代を経て論争のための論争の具と化し、とめどなく分裂していったという。その起点に位置するのが孔子の孫、子思の著した『中庸』であり、それゆえ『中庸』は、後世、誤まった学説が簇生した端緒であると同時に、それ以前の上古の道がそこからどう変わっていったか、さかのぼるかたちでその元をたどりなおす入り口としても重要であるとする徂徠の認識を、この箇所は示すだろう。

『弁道』一書中に頻出する固有名詞はもちろん孔子であるが、同書中もっとも多く言及される経典は『中庸』『孟子』であり、なかでも『中庸』なのである。徂徠が自学説を敷衍するにあたって『中庸』への言及、参照を必要としたことがうかがわれる。「六経」「先王の道」にいたる経路＝「義」として、『中庸』『孟子』もまた位置づけられたのである。と同時に、多くの経書テキストを「先王の道」が廃された後の論争の過程で産出されたものとしてとらえなおす徂徠の視点、いわば「思想史」の視点がここには提示されている。『弁道』は、徂徠が本来の「道」とは何であるかを明かす重要な書物であると同時に、後世の「誤った」理解が叢生したわけを、経書の「思想史」的把握の視点から説明しようとする書であった。

ところで、『中庸』本文の構成に関して、徂徠は朱熹同様『中庸』全巻を一貫した体系のものととらえ、分章の仕方に『章句』との若干の異同は認められるものの、朱熹『章句』が構成した順序に従っている。この点、本文批判をその『中庸』論の起点とする、江戸期のいくつかの『中庸』注釈とは異なっている。徂徠は、朱熹と同じ土俵の上に立って、朱子学とは異なる『中庸』解釈を展開しようとしたのである。ただその故か、徂徠『中庸解』が、『論語徴』が醸し出す自由闊達で伸びやかな議論の空気をいくぶん失っているのもたしかだといえる。

徂徠は、『弁道』において、『中庸』の「性に率ふをこれ道と謂ふ」という箇所が老氏への抗争の弁であることを述べ、また、「気質を変化すとは宋儒の造る所にして、中庸に淵源す」等々と述べる。そして『中庸解』では、逐一『中庸』(『中庸章句』)を批判する過程で、徂徠学の根幹が開示されるかたちをとる。すなわち、『中庸』や『孟子』は、徂徠にとって「先王の道」に接近する経路=「義」であると同時に、その立論の構造に批判的に言及することによって(「先王の道は然らず……」といった常套句をもってして)、自己の議論を開示する契機だったのであり、その意味で『孟子』『中庸』は、彼にとって注釈されるべき経書だったのである。それゆえ、『中庸解』を読む者は、朱子学批判を経て構成される徂徠学の骨格に、いわば裏側から触れることになる。そして、『中庸』一書の批判を通じてなされる徂徠の、儒学の「思想史」把握に接することになるのである。

二 「中庸とは徳行の名」

徂徠は『中庸解』を、「中庸とは徳行の名なり」とする序章から始める。これは「大学とは天子諸侯の都、人を教ふるの宮」とする『大学解』冒頭と同様、きわめて明快な徂徠らしい書き方である。

「中庸は何の為に作れるや。子思《しし》子、道学の其の伝を失はんことを憂へて作れるなり」に始まる朱熹『中庸章句』「序」について、島田虔次《けんじ》は「『論語集注』『孟子集注』の序文が単なる解説、それも先学の説の羅列に終始しているのとはちがって、朱子の思想的立場を真正面から押し出した堂堂たる文章になっている。この二篇〔『大学章句』『中庸章句』のこと〕の文章は、とりわけこの「中庸章句序」は、いわば朱子学概論のうちの一章という意味をも持っている[3]」と評しているが、徂徠のこの冒頭句もまた、明確な自説の主張となっている。

そして徂徠は「中庸とは、徳のはなはだ高からずして行ひ易きものを謂ふ。孝弟忠信の類なり」と言葉を継いだうえで、以下のように、『中庸』一書成立の由来を説明するのである。

> 七十子既に歿し、鄒魯《すうろ》の学〔孔孟の学、儒教のこと〕稍々《しょうしょう》其の真を失するもの有り。而して老氏の徒、其の間に萠蘖《ぼうげつ》〔微少の意。かすかに萌え出で〕し、迺《すなわ》ち天を語り性を語り、先王の道を以て偽と為す。学者惑う。是れ子思、中庸を作る所以なり。其の書専ら学んで以て徳を成すことを言ひ、而して中庸を以て遠きに行き高きに登るの基と為す。則ち孔子の家法なり。祇天に本づけ性に本づく。中庸の徳の人情に遠からざるを言ひて、以て其の偽に非ざるを明かし、徳を成すものの能く誠なるを言ひて、以て礼楽も亦た偽に非ざるを明かすなり。又孔子の徳、其の至を極むるを賛す。みな老氏に抗する所以なり。其の言を味ふに、争ふ所有りと雖も、然れども亦た、雍容揖譲《ようようゆうじょう》、君子の態を失せず。是れ其れ聖人の孫たる所以か。其の孔子に異なる所以は、迺ち礼楽を離れて其の義を言ひ、必ずや其の言はんと欲するところを尽くして後已む[4]。

『中庸』が、「天を語り性を語り、先王の道を以て偽と為す」老氏の徒への対抗として子思が作為した書であることが説かれ、「中庸」とは、宋学にいう高遠な真理などではなく、人情から遠くない「徳」であること、それが基盤にあってこそ礼楽もあることがここに説かれる。

徂徠は「中」について「甚だしくは高からず、誰もがそれを標準とできるようなもの」と説く（『弁名』「中」）。彼は後章でも「宋儒多く「中」を以て精微の極と為す。理は則ち然らん。然れども徒《いたず》らに精微の極を以て「中」と為さば、則ち之を民に用ふと雖も、民、烏《いずく》んぞ之を能くせんや[5]」（『中庸解』第五章注）といい「中庸とは徳行の名。其の過不及無きを以て之を「中」と謂ふ。其の平常、民に行ふべきを以て之を「庸」と謂ふ[6]」（『中庸解』第三章注）とする。徂徠において「中」「中庸」が、現実世界で、より具体的に、かつ政治的に想定されるものであったことが分かる。そしてそうした解釈を支える基盤としてあったのが、彼が自負する「古言」への洞察力であった。徂徠は以下のことばをもって『中庸解』「序」を締めくくる。

大氐《たいてい》後世は古言明らかならず、文其の義を失す。加ふるに、仏老の説、耳目に浸淫するを以てす。益々其の解を得ざる所以なり。茂卿（荻生徂徠）既に論語徴を為す。因りて其の書を脩むるに、一に古言に拠《よ》り、釐《おさ》むるに古義を以てす。子思の之を言ふ所以、庶《ちか》きこと其れ知るべし。論語を読む者をして、併せて諸を此の書に考へしむれば、亦た以て世を観るに足らん[7]。

ここに、『論語』に併せ読まれるべき書として『中庸』があることが明言され、『論語徴』と『中庸解』との連続も明らかにされる。「六経」にくらべると二次的な経書ではあるが、それが老氏の徒への抗弁、聖人への侮りを禦ぐための書であったがゆえに、逆に「先王の道」と人人《じんじん》とのつながりを、歴史世界のなかで、現実に生のまま示すものである、と徂徠は『中庸』一書をとらえなおしたのであった。

こうして、『中庸』を論争の産物と定義した徂徠は、一貫して論争的契機を文脈のなかに読み込むかたちで、『中庸』を解釈していこうとする。『中庸』を思想史の視点の下に再定置しようとするのである。その手法は『中庸』を代表する有名な綱領「性―道―教」においても示される。

三　「性―道―教」の解釈

「天の命ずるをこれ性と謂ひ、性に率《したが》ふをこれ道と謂ひ、道を修《おさ》むるをこれ教と謂ふ」とすることの有名な箇所に関して徂徠は、これもまた先王の道が見失われた戦国時代以降の状況の下、老氏の徒への抗弁として書かれたとする。

老氏の徒、ややもすれば天を言ひ性を言ふ。而して聖人の道を譏《そし》りて偽と為す。故に子思、性に本づけ天に本づけ、以て聖人の道の偽に非ざることを明かすなり。性とは性質なり。人の性質は、上天の畀《たま》う所、故に「天命之謂性」と曰ふ。聖人、人性の宜しき所に順ひて以て道を建

て、天下後世をして是れに由りて以て行はしむ。六経に載する所の礼楽刑政の類、みな是れなり。(8)(『中庸解』第一章注)

徂徠は「人性論」自体を、老荘によって議論されだした論題であるとし、「性善」「性悪」がそもそも論争のための極端なことば、「一偏の言」であるとする。そしてそれをさらに「内外・精粗」に細分化して議論構築していったのが朱子学であると難じるのである。

徂徠が気質不変化を説いたことすでに述べたが、その「人性」論は、『中庸』の解釈においてもくりかえされる。

「性は人人殊《ことな》って」いる、それゆえ喜怒哀楽の発現の仕方もそれぞれ同じではない、それが「情」である。喜怒哀楽の「未発」というのは「人性の初」の際のことだが、大事なのは、それぞれことなる「性」をもって生まれついた人人が、「習もって性を成し」、全体としてこの世界を構成していくことであるという(第二章注)。

では、そうした徂徠にとって、この『中庸』冒頭の「綱領」はどのように読み解かれるべきなのか。

人みな中和の気を稟《う》けて生ずるを言ふなり。分かちて之を言へば、「中」とは、諸を物の中央に在りて頗る移動すべきに譬《たと》ふ。鳥は能く飛ぶも潜ること能はず。魚は能く潜るも飛ぶこと能はず。みな殊異の性を稟《う》くるものなり。人は則ち然らず。異稟《いひん》有りと雖も、然れども已に甚だしきこと能はずして、相ひ親しみ相ひ愛し相ひ助け相ひ養ふの性、人人相い若《し》く。是れ中の気のせしむる所にして、既に之を嬰孩《えいがい》の際に見る。聖人、性の同じきに睹て、中庸の徳を立て、天下の人をして、みな務めて以て其の基と為さしむ。故に曰く天下の大本、と。[9]（第二章注）

すなわち、もともと人人が「相ひ親しみ相ひ愛し相ひ助け相ひ養ふの性」を共有し、「異稟有りと雖も、然れども已に甚だしきこと能は」ざる、世界の原初的様態の根拠を語るものとして「天の命ずる……」以下の章が解釈される。その担保としてあるのが「中の気」を稟けた「人の性」であり、「徳行」の「名」たる「中庸」なのである。

徂徠は「故に此の章の解、みな諸を一人の心に求め、精微の理を窮めて以て之を言ふ。加ふるに古言に昧《くら》きを以てす。愈《いよいよ》益《ますます》、其の解を得ず。其の説に所謂未発なるもの、一念未発の際にして、喜怒哀楽を曰ふ。何ぞ古言の疎なるや。功を一念未発の際に用ひて以て応接の本と為す。心は死物に非ず。何ぞ以て善くなさんや。僅かに以て応接の本と為さば、聖人の術無きなり。我が一念の発して、過不及無きの節に中らば、何を以て天下の達道と為さんや。既に一念未発の際に戒懼して、又之を念念の発に察す、何ぞ其の迫切緊急なるや。吾未だ宋儒の能く之を為すを知らず。己未だ能はずして口に之を言ひ、以て之を人に強ひしか。未発の中、已発の中、何ぞ古人の言の人を惑はさんや」[10]（「已発・未発」をめぐる箇所の注）と、朱熹注を厳しく批判する。

人の心は機械のようなもの（死物）ではない。それを「未発の中」「已発の中」等々といい、さらには心がまさに動こうとしている際に「戒懼」し云々、というのは、自分もできないことを人に強いる、あまりにも絵空事だ、と徂徠はするのである。

四　「鬼神なる者は、先王、之を立つ」

徂徠『中庸解』中、その解釈がもっとも独自性を見せるのは、『中庸』「鬼神」の章においてである。まずは朱熹の説を確認しておこう。「誠は天の道なり。之を誠にするは人の道なり（誠者天之道也。誠之者人之道也）」章の注釈において、朱熹は次のように注していた（『中庸章句』第二十章）。

誠は真実無妄《むぼう》の謂《いい》、天理の本然なり。之を誠にすとは、未だ真実無妄なること能はずして其の真実無妄たらんことを欲するの謂、人事の当然なり。(11)

「真実無妄」な「天理の本然」である「誠」—「誠は天の道なり」、それに対する「人事の当然」—「之を誠にするは人の道なり」という対応関係、天人相関の構図の下に、天道の本来のあり方を示す「誠」を介して、人と天とがつながる。そして、この「誠」を体現するのが「鬼神」に他ならないとされる。「鬼神」は、祭祀における「感格《かんかく》」（祖先の気が感じいたる）によって、端的に人と天とのつながりを見せると同時に、あらゆる自然現象の説明原理＝「実理」の側面において、その本質が「誠」であると定義されたのである。

それに対し、朱熹同様、『中庸』の「鬼神」に関わる記述を、そのままのかたちで受容する徂徠は、どのような解釈を下そうとするのか。

まず外面上大きく異なるのが、章の断句である。よく知られるように、伊藤仁斎『中庸発揮』や、懐徳堂の儒者たちの『中庸』解釈において、「鬼神」章は、全章のなかでの配置に疑問が投げかけられたり、あるいは章の存在自体に疑問が投げかけられたりするのだが、朱熹『章句』の体裁をそのまま準用する徂徠は、それを踏襲しつつ、しかし、文章のつながりに手を加える。「子曰く、鬼神の徳為るそれ盛んなるかな……」の前に在る「詩に曰く、妻子好合し、琴瑟鼓《きんしつこ》するが如し……」を、徂徠『中庸解』では、章をまとめて「鬼神」章に合体させる。この、妻子・兄弟・父母が調和することの形容を後の「鬼神」章に合体させるわけを、徂徠は次のように説明している。煩瑣ではあるが、内容の性質上、少し長めに引用する。

鬼神は天地の心。天地の心は得て見るべからず。故に之を徳と謂ふ。「鬼神の徳為る」とは、猶ほ中庸の徳為るが如し。人の徳を知るもの鮮《すくな》し。又、古文辞を知らず。故に妄意に鬼神を以て一物と為し、鬼神有無の説起こる。「鬼」とは人鬼なり。「神」とは天神なり。先王、祖考を祭り、諸を天に配す。故に曰く「鬼神は天人を合するの名なり」と。後儒、之を知らず。迺ち以て陰陽の気の霊と為す。悲しいかな。「其れ盛んなるかな」とは、之を賛嘆するなり。「物に体す」とは、「仁を体す」の「体」の如し。「物」とは礼の物なり。仮如《たとえ》ば「祭りは在すが如くす」の「祭」は礼なり。而して「在すが如」きものは其の物なり。「仁に体す」とは之を躬《みずか》らして離さざるなり。『左伝』に子貢、玉を就《と》るの高卑を論じて曰く「嘉事体せず、何を以てか能く久しからん」とするが如し。「体」字の義、以て見るべきなり。祭りて在すが如くす、如在の道なり。烏《いずく》んぞ能く鬼神を離れて它《た》に之求めんや。是れ鬼神を遺《わす》るるときは、則ち礼の物無し。「斉」、斎同じ。明潔なり。斎して之を潔くす。神明に交る所以なり。祭は、鬼神を尊ぶ所以、故に必ず盛服す。「承」とは奉承なり。「洋洋」とは流動充満の意。「視れども見えず、聴けども聞こえず」を言ふ。鬼神無きが若《ごと》く然り、然して鬼神を離れて所謂礼の物無し。則ち、鬼神卒《つい》に遺すべからざるなり。又能く天下の人をして其の精微を極めて以て焉に事へしむ。人、精誠を極めて以て事ふれば、則ち、其の僾然《あいぜん》として左右上下に在すが如きを覚ゆ。此れ盛たる所以なり。「格」は来るなり。感意有り、人其の誠を以て感ぜしめ、以て之を来すを謂ふなり。……〔朱熹は〕又、誠を以て真実無妄の理と為し、鬼神を以て陰陽の合散と為す、みな其の家言。[12]（第十五章注）

ここに示されるのは、朱子学にいう「陰陽」のごとき、世界の諸事象の説明概念としての「鬼神」ではなくして、あくまでも現実の祭祀の対象としての「鬼神」である。そして『中庸』の表現は、そうした実体としての「鬼神」への言及であるがゆえに、「妻子好合」から「父母はそれ順なるかな」にいたる家庭道徳を語る前章と一体に読まれるべきだ、と徂徠はするのである。

ただし、徂徠がこうした現実の祭祀の現場における「鬼神」の「来格（来たりいたる）」を、個々人の個別的、具体的場面から生々しく論じたわけではなかったことも、一方で確認しておかなければならない。徂徠学の「大なるもの」から世界を観る視点、全体として世界を俯瞰する視点は、その鬼神論においても一貫しているのである。

徂徠は、先王の「教えの術」として「鬼神」が存することの意味を、『弁名』で以下のように述べている。

> 天か鬼か、一か二か、是れ未だ知るべからざるなり。故に聖人、礼を制するに、諸を天に帰すと曰ふと雖も、亦た未だ敢へて之を一にせず。敬の至りなり。教えの術なり。[13]（『弁名』「天・命・帝・鬼・神」12）

> 鬼神なるものは、先王之を立つ。先王の道は、諸を天に本づけ、天道を奉じて以て之を行ひ、其の祖考を祀り、諸を天に合す。道の由りて出づる所なればなり。故に曰く「鬼と神と合するは、教えの至りなり」と。[14]（同前、15）

ところで、『中庸』における「鬼神」諸章の難題は、それが「誠」「誠心」と一連の問題として語り出されるところにある。朱熹の場合は前に述べたとおりだが、徂徠はこの問題をどうあつかったのか。朱注の場合、「天道」における「誠」と人人がつとめるべき「誠」、という「誠」の双方向的性格において、「天人」相関がとらえられ、その「誠」を体現するものとして「鬼神」が再確認されたわけだが、徂徠においてはどうだったのか。

彼は、以下のようにいう。

鬼神の徳たる、誠なり。故に得て之を見聞すべからずと雖も、然れども人能く鬼神有るを知る。而して之に事めて怠らず。是れ亦た「微の顕《あきら》かなる、誠の掩《おお》ふべからざる」なり。故に人、中庸を務めて以て其の徳を成せば、則ち、広大精微高明なるもの、みな至る。(15)(『中庸解』第十五章注)

また、『弁名』においても同様にいう。

鬼神の徳は、中庸は誠を以て之を言ひ、左伝は聡明正直を以て之を言ふ。其の言は殊《こと》なりと雖も、其の義は一なり。みな其の思慮勉強の心無きを謂ふなり。(16)(『弁名』「天・命・帝・鬼・神」13)

すなわち、徂徠において「鬼神の徳」が「誠」であるとは、「見聞」することなくとも私たちがその実在を知る、その実在のあり方それ自体を指していわれるのである。「思慮勉強の心無く」ものごとが実現する、そのあり方が「誠」と称されるのである。

そして徂徠は、「誠」とは何らかの「理」ではなく、「誠心」という心の様態としてとらえられるべきことを、次のようにいう。

〔朱熹の〕誠を以て実理と為すに至りては、最も謬《びゅう》の甚だしきものなり。凡そ古書の誠を言ふ、みな誠心を以て之を言ふ。初めより実理の説無し。従ふべからず。(17)（『中庸解』第十九章注）

徂徠はこの「誠心」を、以下のような場面において語り出す。

性なるものは誠なり。誠なれば則ち内外一なり。故に思はずして得るを以て之を知ると為し、勉めずして中《あた》るを以て之を能くすと為す。学の得る所、性に非ずと雖も、学んで之を習ひ、習ひて以て性を成せば、則ちみな誠なり。性に異なること無し。是れ子思立言の意、它書の言はざる所なり。朱熹、古文辞に昧し。故に其の古書を解するに、其の辞に順ひて以て作者の心を究むること能はず。妄に其の自ら創る所の性理の説を以て、強いて之が解を為す。是れ其の作為する所の費隠の説、精妙に似たりと雖も、卒に荘子仏氏の説に陥る所以なり。(18)（『中庸解』第十

一章注）

徂徠はそもそも、「先王の物」としての「鬼神」の社会的実在を確信していた。また「鬼神」祭祀の社会的意義を深く認識していた。そのことは『中庸解』における以下の記述からも明らかである。

古人一事を興し一謀を出さんと欲せば、必ず卜筮して以て諸を鬼神に問ひ、其の疑を質す。天道を奉じて、敢へて違悖《いはい》せざる所以なり。鬼神は天地の心なり。故に鬼神に質して疑ひ無きものは、則ち必ず諸を天地に建てて悖《もと》らず。先聖後聖、其の揆、一なり。(19)（二十八章注）

こうした祭祀の社会的意義の確認において、「鬼神は天地の心」と称される。すなわち、「鬼神」は「先王の道」の背景にある「天道」の発現としてとらえられたのである。徂徠が「鬼神」を、「先王の世」における実在として、「先王の物」として、とらえたことは既に本書で論じた（第三章）。ここでは、『中庸』中の字句をたよりに、人人と「先王の道」との関わり方が「鬼神」を介して洞察されるのである。「鬼神の徳」たる「誠」は、人人がその「性」を完成させて「先王の道」の一端に与ることの可能性へと敷衍されたのである。祭祀の場における「鬼神」「誠心」は、その「思慮勉強の心無く」実現する、そのあり方を介して、人人と「道」との関わりを表現するもの、と徂徠においてされたのであった。

蓋し、凡そ人の先王の道を行ひて、能く誠心ある者は、之を天性に得。故に曰く「誠は天の道なり」と。力行の久しくして、習ひて以て性と成れば、則ち其の初め誠心無き者、今みな誠心有り。是れ人力の為す所、教への至る所なり。故に曰く「之を誠にするは人の道なり」と。(20)（『中庸解』第二十章注）

徂徠は「誠心」を、個別に人に与えられてある「性」＝「気質の性」が、あるいは初めから「天性」として、あるいは「力行の久しく、習ひて」、それぞれのあるべき姿に成就し、それを通して「道」に参与する、その過程、人が「化」する場面においてとらえたのである。徂徠学の人間論は、こうして『中庸解』の「誠」「鬼神」条文の解釈にも一貫するのである。

「之を誠にす」とは、先王の道を学んで、久しくして之と化し、習慣、天性の如くなるときは、則ち其の初、知らず能くせざりし所の者も、今はみな思はずして得、勉めずして中るを謂ふ。是れ学習の力に出づ。故に曰く「之を誠にするは人の道なり」、と。(21)（『弁名』「誠」）

五　思想史の視点

荻生徂徠において「物」たる「六経」は、普通の注釈行為の彼方にある。しかしそうでありつつ、当代の士君子にとっての課題は、いかにして「先王」の建てた「道」を学び取り我がものにするかということにある。ここにこそ、徂徠の手によって『論語徴』や四書の注釈書が書かれた理由が存するのではないか、そう本章のはじめに記した。

『論語徴』がその伸びやかな筆致と自由闊達な解釈で、孔子の「学び」の姿を描き出したとするならば、『中庸解』は、朱注に駁するかたちで、また元来論争のための書である『中庸』の性格を逆手に取るかたちで、人人と先王の道との関わりの実際を証するものとして在ったといえるのではないだろうか。

注釈書を読む興趣という点からいえば、朱熹『章句』本文の配置を前提に議論が展開されたこともあってか、『中庸解』におけるそれは、『論語徴』が読者にもたらすそれにははるかに及ばないかもしれない。しかし、徂徠学の根幹たる『弁道』『弁名』の条々が構成される背景を考えるうえで、同書から得られるものは少なくないだろう。また、徂徠学の社会性を論じるときに避けて通れない「鬼神」の問題も、徂徠がいかにして朱熹による原理化を排除しようとしたかという点から見るうえで、この注釈には徂徠学理解の重要なヒントが示されている。

そして何よりも、徂徠が『中庸』等、後世の経書類に対して下した「論争のための書物」という定義は、儒学のテキストの群れを「思想史」の相に位置づけるという、江戸儒学上の新たな視点を導くものだったのである。

註

（1）荻生徂徠『大学解』については、澤井啓一「荻生徂徠の『大学』解釈」（『フィロソフィア』七〇、一九八二年）、前田勉「荻生徂徠――古文辞学の認識論」（源了圓編『江戸の儒学――『大学』受容の歴史』思文閣出版、一九八八年）、を参照。また、澤井は、朱熹以降の朝鮮儒学をふくめた東アジア儒学史のなかで、徂徠『大学解』の占める位置を検討している（「東アジアのなかの徂徠『大学』解釈」、『季刊日本思想史』七〇、二〇〇七年）。

（2）「道難知亦難言。為其大故也。後世儒者、各道所見。皆一端也。夫道、先王之道也。思孟而後、降為儒家者流、乃始与百家争衡。可謂自小已。観夫子思作中庸、与老氏抗者也。老氏謂聖人之道偽矣。故率性之謂道、以明吾道之非偽。是以其言終帰於誠焉。中庸者徳行之名也。故曰択。子思借以明道、而斥老氏之非中庸。後世遂以中庸之道者誤矣。」

（3）島田虔次『大学・中庸』下（中国古典選7、朝日文庫、一九七八年）七頁。

（4）「七十子既歿、鄒魯之学稍稍有失其真者。而老氏之徒萠糵於其間、洒語天語性、以先王之道為偽。学者惑焉。是子思所以作中庸也。其書専言学以成徳、而以中庸為行遠登高之基。則孔子之家法也。祇本天本性。言中庸之徳不遠人情、以明其非偽。言成徳者之能誠、以明礼楽亦非偽。又賛孔子之徳極其至。皆所以抗老氏也。味其言、雖有所争乎、然亦不失雍容揖讓、君子之態。是其所以為聖人之孫歟。其所以異乎孔子者、洒離礼楽而言其義、必尽其所欲言而後已。」
（5）「宋儒多以中為精微之極。理則然矣。然徒以精微之極為中、則雖用之於民、民烏能之哉。」
（6）「中庸者、徳行之名。以其無過不及謂之中。以其平常可行於民謂之庸。」
（7）「大氐後世古言不明、文失其義。加以仏老之説、浸淫耳目。所以益不得其解也。茂卿既為論語徴。因脩其書、一抛古言、釐以古義。子思之所以言之、庶其可知已。俾読論語者併考諸此書、亦足以観乎世云。」
（8）「老氏之徒、動言天言性。而譏聖人之道為偽也。故子思本性本天、以明聖人之道非偽也。性者、性質也。人之性質、上天所畀、故曰天命之謂性。聖人順人性之所宜以建道、使天下後世由是以行焉。六経所載礼楽刑政類、皆是也。」
（9）「言人皆稟中和気以生也。分而言之、中、譬諸物之在中央、頗可移動。鳥能飛而不能潜。魚能潜而不能飛。皆稟殊異之性者也。人則不然。雖有異稟、然不能已甚焉者。而相親相愛相助相養之性、人人相若。是中気之所使、既見之於嬰孩之際。聖人有睹乎性之同、而立中庸之徳、俾天下之人皆務以為基焉。故曰天下之大本也。」
（10）「故此章之解、皆求諸一人之心。窮精微之理以言之。加以昧於古言。愈益不得其解矣。其説所謂未発者、一念未発之際也、而曰喜怒哀楽。何古言之疎也。用功於一念未発之際、以本応接之本。心非死物。何以能為哉。僅以為応接之本、聖人之無術也。我一念之発、中於無過不及之節、何以為天下之達道也。既戒懼於一念未発之際、又察之於念念之発。何其迫切緊急也。吾未知宋儒能為之邪。己未能而口言之、以強之人邪。未発之中、已発之中、何古人之言惑人也。」
（11）「誠者真実無妄之謂、天理之本然也。誠之者、未能真実無妄而欲其真実無妄之謂、人事之当然也。」
（12）「鬼神者、天地之心也。天地之心、不可得而見矣。故謂之徳。鬼神之為徳、猶如中庸之為徳。人知徳者鮮矣。又不知古文辞。故妄意以鬼神為一物、而鬼神有無之説起焉。鬼者、人鬼也。神者、天神也。先王祭祖考而配諸天。故曰鬼神者、合天人之名也。後儒不知之。迺以為陰陽気之霊。悲夫。其盛矣乎、賛嘆之也。体物、如体仁之体。物者、礼之物也。仮如祭如在、祭者礼。而如在者其物也。体仁者、躬之而不離也。如左伝子貢論執玉之高卑而曰、嘉事不体、何以能久。体字之義可以見已。祭而如在、如在之道。烏能離鬼神而它之求哉。是遺鬼神則無礼之物也。斉、斎同。明潔也。斎而潔之。所以交神明也。祭者所以尊鬼神也。故必盛服。承者、奉承也。洋洋者、流動充満之意、言視而不見、聴而不聞。若無鬼神然。然離鬼神而無所謂礼之物。則鬼神卒不可遺也。又能使天下之人極其精誠以事焉。人極精誠以事焉。則覚其優然如在乎左右上下焉。此所以為盛也。格来也。有感意、謂人以其誠感以来之也。……又以誠為真実無妄之理、以鬼神為陰陽合散、皆其家言。」

(13)「天邪鬼邪、一邪二邪、是未可知也。故聖人制礼、雖曰帰諸天、亦未敢一之。敬之至矣。教之術也。」

(14)「鬼神者先王立焉。先王之道、本諸天、奉天道以行之、祀其祖考、合諸天。道之所由出也。故曰、合鬼与神、教之至也。」

(15)「鬼神之為徳誠也。故雖不可得而見聞之、然人能知有鬼神。而事之不怠。是亦微之顕、誠之不可掩也。故人務中庸以成其徳、則広大精微高明者皆至焉。」

(16)「鬼神之徳、中庸以誠言之。左伝以聡明正直言之。其言雖殊、其義一矣。皆謂其無思慮勉強之心也。」

(17)「至於以誠為実理。最謬之甚者也。凡古書之言誠、皆以誠心言之。初無実理之説。不可従矣。」

(18)「性者、誠也。誠則内外一矣。故以不思而得為知之、以不勉而中為能之。学之所得雖非性乎、学而習之、習以成性、則皆誠矣。無異於性焉。是子思立言之意、它書所不言也。朱熹昧乎古文辞、故其解古書、不能順其辞以究作者之心。妄以其所自創性理之説、強為之解。是其所作為費隠之説、所以雖似精妙、卒陥於荘氏仏氏之説也。」

(19)「古人欲興一事出一謀、必卜筮以問諸鬼神而質其疑。所以奉天道而不敢違悖也。鬼神者天地之心也。故質鬼神而無疑者、則必建諸天地而不悖。先聖後聖其揆一也。」

(20)「蓋凡人行先王之道、而能有誠心者、得之天性。故曰誠者天之道也。力行之久、習以成性、則其初無誠心者、今皆有誠心。是人力之所為、教之所至也。故曰誠之者人之道也。」

なお、徂徠には、儒教儀礼、葬礼実践の書として、「一時戯作」(服部南郭『物夫子著述書日記』)の評はあるが、『葬礼考』一巻、及び『葬礼略記』一巻が残されている（吾妻重二編著『家礼文献集成 日本篇七』関西大学出版部、二〇一八年、所収）。

（21）「誠之者、謂学先王之道、久与之化、習慣如天性、則其初所不知不能者、今皆不思而得、不勉而中。是出於学習之力。故曰誠之者人之道也。」

第五章　『政談』の世界

一　魅力的な政治論、『政談』

荻生徂徠が、その晩年に幕府「隠密御用」として、時の将軍吉宗に献上したとされる『政談』は、不思議な魅力を持つ書物である。たとえば次のような箇所を読む者は、現代日本社会の病弊にも通じる、身につまされる思いを味わうことになる。

当時は大役ほど毎日登　城して、隙《ひま》なきを自慢し、御用済《すみ》ても退出をもせず、相役多きは毎日出仕せず共、代り代り出ても御用は足るべきを、何れも鼻を揃へて出仕し、御用なくても御用ありがほに仕なす事、代の風俗也。……是皆いそがしげに出ありくを肝心の事と覚ゆる故、ケ様なる詞も風俗につれて出来たる也。(1)

「隙なきを自慢し」忙しげに立ち居振る舞うことが習い性となった役人たちが、「世界の全体」を見ていないことを鋭く批判した箇所であるが、引用文末の「ケ様なる詞」とは、特に用のない傍輩に「自分の見舞にありく」ことを、仰々しく「勤《つと》め」と言ったりする、嘆かわしい風潮のことを指している。

徂徠は「惣《そう》じて御役人は隙になくて不叶事《かなわざること》也。殊に上に立つ大役の人程、隙なくては成るまじき事也」と述べ、もっともらしく用ありげに忙しく立ち居ふるまう役人の姿に、「某《それがし》田舎より出たる時は腹の皮痛く、おかしくてこらへかねたり」と痛烈な批判を浴びせる。ここに見られるような、生々しくかつ鋭利な社会観察と、そこから導き出されるダイナミックな政治論の展開に、私たちは爽快感を覚えつつ、いつしか徂徠の議論のなかに引き込まれることとなる。

『政談』一書において徂徠は、貨幣経済の急激な伸長と、それに伴われて「衣食住を初め箸一本も買調《ととのえ》ねばならぬ故旅宿《りょしゅく》なり」[2]となった武士の境遇、都市の消費生活にその基盤を崩されかねない状況に陥った武士階層への強い危機感等々、社会的現実への鋭い分析と問題点を呈示し、そうした（徂徠の考える）社会危機を救済する具体的施策をこと細かに提言する。そして、徂徠の提唱する「武士土着」論に始まる諸制度の厳格さや、消費社会が拡散した江戸社会への生々しく、かつ悲観的な言及がかもし出す議論の色調にもかかわらず、『政談』を読む者は、そこに一種明るい展望が開けるような予感をも抱くのである。それは「政治」の可能性に関わる、ある種の議論の楽天性といっていいかもしれない。

と同時に、冷静に考えると、「武士土着」に限らず、「町人百姓共に、衣服は麻・木綿に限べし。老人・女はつむぎまでをゆるすべし(3)」とするような厳格主義の主張から、将軍家までが消費貨幣社会に取り込まれていることを慨嘆して「日本国中皆我国なれば、何もかも日本国中より出る物は我物なるを、人の物と思ひて代を出して買調ゆる事、大き成取違《とりちがい》なり(4)」と難ずる主張まで、彼の提唱する諸「制度」が、当時の現実に照らしても、いささか実現性の薄いものに見えてくるのは事実である。しかしながら徂徠が真剣に世を憂い、その大改造を具申していることもまた明らかなのである。

この一種の楽観主義は、社会経済史的に見れば、「徳川封建社会は最初の大きな動揺を経験しつつもなほ全体として健全性を喪失しなかった」元禄—享保期の「転換期的現象」(丸山眞男)の故ということもできるだろう(5)。しかしこれはまた、徂徠学の構造自体に由来する性格だったともいえるのではないだろうか。

徂徠のどの著作をとっても、そこに一貫するのは、ある種の見通しのよさである。それは同じ「古学派」であっても、伊藤仁斎の著述から得る印象とは異なるものである。伊藤仁斎の描き出す世界が、稠密《ちゆうみつ》な人間関係の構築に向かう、内からの視線によるものだとすれば、徂徠の描く世界は、人の営みを総体として外側から見つめなおそうとする視線であるといえる。

それは徂徠がつねに、世界の広がり(「世界の全体」)を問題とし、かつ対象的視点からそれをとらえなおそうとしたからである。そして読者は、徂徠学の示すそうした開かれた視界に快感を覚えた後に、難題に当面することになる。では、一体それはどのような視界なのか。朱子学の如き「理（天理）」といった超越的視点を排除して、なおかつ対象的に世界全体を、世界の広がりそれ自体を見通すというのは、どういうことなのだろうか、と。

その根拠を徂徠の所謂「聖人信仰」に帰するのは安易であろう。「愚老抔《など》が心は、只深く聖人を信じて、たとひかく有間敷事《あるまじきこと》と我心には思ふとも、聖人之道なれば定めて悪敷事《あしきこと》にてはあるまじと思ひ取りて、是を行ふにて候」(6)（『答問書』下）という比喩的表明は、たしかに徂徠学の重要な一要件であるが、問題は、徂徠学の構造全体に関わっているのではないだろうか。

そうした観点から眺めてみた場合、徂徠の経学（『弁道』『弁名』『学則』『論語徴』等）と、その政治論（『政談』『太平策』）とには、一貫した認識の方法があること、そしてその方法の特質、その可能性と課題がともに、『政談』の如き具体的議論においてより鮮明になることを、本章では考えてみたい。さらには、徂徠の「風俗」ということばへの関心のありように注目し、それを広く当時の東アジア政治思潮の展開のなかにおくことで、徂徠学へのもう一つの視点を提出してみたい。

二 「古文辞の学」から『政談』へ

徂徠の学問論と政治論との結びつきについて、丸山眞男はかつて次のように評した。

徂徠は、まづザインを、といふその方法論を見事に現実の社会に活用して、封建社会の立たせられた難局に対して当時にあっては比類ない鋭利な理論的解剖を行った。(7)

しかしここで重要なのは、徂徠が「ザイン」を、即事々物々そのものとして認識したのではなく、彼独自のことばでいえば、「物」として認識した点である。彼の世界認識の立場は、決していわゆる歴史主義、考証主義にそのままつながるものではなかった。徂徠が、朱子学の「理」―「言」に拠る認識の方法に対抗して、「物」―「事」に拠る立場を生み出したこと、そしてそれが「古文辞の学」として経学に実践されていることについては、すでに前章までで述べたのでくり返さない。その要領のみを示せば次のようになろう。

宋学の如く心中に「理」を立てて、それを言語を介して自己の内外に敷衍することは、抽象的言辞の氾濫を招くばかりである、と徂徠は批判した。そうして彼は、「物」に拠る「教へ」(学び)を主張し、「六経」に載る記述を「上古の物」として、また今の世をもまた「物」として認識すべきことを説いた。その認識の仕方とは、彼の言葉を用いれば、「習熟」して自ら「化」するという仕方であった。では「六経」の記述を、「上古の物」として認識し「習熟」し「化」することはどのようにして可能なのか。それはまず、「六経」に載る記述を「古文辞」「古言」としてとらえることから出発する。

たとえば「礼」だとか「仁」だとかについての古代文献における記述を、新たにつけ加えた説明的言辞の積み重ねでは了解し得ない「物」としてとらえ、一方では、同時代の他書を諸子百家にいたるまで渉猟し、その言語が発せられた文脈、背景、人情等を洞察し、もう一方では、その言語を口誦しつつ、学ぶ者の身の内に自然と了解されてくるのを待ち、その後に、その記述（古代のことば）が有していた文化的背景、事実をもろともに了得するという方法である。(8)

そうした、古代のことばを成立させた条件、その中身をかくあらしめた社会、それらをもろともに了得すること、それが「古文辞」を学ぶことである。「古言」を学ぶこと、「古を稽《かんが》へる」ことを、「義」に即して、徂徠は次のようにいう。

蓋《けだ》し其の初、仁義を以て礼を賛するときは、則ち物尚《なお》在り。其の卒《つい》に直ちに仁義を以て諸を道に命《なづ》くるときは、則ち遂に其の物を失ふ。学者徒《いたずら》に仁義の名を以て道を求むるが故なり。亦た其の時、論説方《まさ》に盛んにして、其の精緻を喜び言ふに由りて、義は礼より離れて孤行す。古言漸《ようや》く廃するが故のみ。此れよりの後、仁義の道、遂に千万世儒者の常言と為る。亦た諸を古に稽《かんが》へざるの失なり。(9)（『弁名』「義」8）

「仁義」は、たしかに「先王の立つる所」のもので「道の名」だが、本来「義なる者は道の分」、窮まりない「道」の広大さを制御するために立てられた具体的な取り決め、「名」であって、それは「礼」とともに存して初めて意味あるものであった。ところが、後儒たちが「仁義」を、本来の文脈から別個に取り出し、それ自体を「道」としたがゆえに、それは「其の物」を失ってしまったと徂徠はいう。徂徠において「古言」を学ぶ、「古を稽へる」ということは、それを復元する行為であった。

「先王の世」の政治的、文化的世界の実情、構成を、「古言」を回路として、自己の胸中に「猶ほ物あるがごとく」に了得する方法、それが徂徠における「古文辞の学」、「物」に拠る「教へ」だったのである。前にも例としてあげた「天」という「上古」の「古言」についていえば、〈テン〉が「聖人」の「命名」により「天」という「名」を得（「聖人」による「制作」）、それが社会の「習・俗」の形成に伴われ「安民」に有効なるものとして機能した事態、その上古の事実を、学ぶ者は「古言」を通して了解しなければならないのだ。「先王」の世の政治世界のありさまを、「六経」に載る「ことば」と共に認識し、領得しなければならないのである。その政治世界とは、多様ではあれ個々としては素材に過ぎない人人《じんじん》が、一定の統一性をめざして関係づけられ、その関係性に意味を賦与する索具、基準として、「聖人」の「物」が示される、そういった政治世界としてとらえられる。この「物」とは、具体的には「六経」に載る「礼楽、制度」のことである。

こうした人人と世界全体との結びつきとは、いわばすべてが関係性（人の社会性において言えば「役分」）において結びつけられ、構成された社会（「世」）の原理としてとらえることができるであろう。「（先王の）物」とは、そうした個別の関係性に、全体としてのつながり、社会的意味を与える根拠であり、またその経路としてとらえることができる。そしてそれは、一方では「聖人」の「叡智」によって権威づけられ、他方、人人の「習ひ」や「俗」にその基盤を置くことによって、その有効性が担保されるのである。

以上のように徂徠学の方法を再確認したうえで、その具体的な政治論へと進むことにしよう。そして確かに、私たちは彼の学問方法がそのままその政治論に一貫していることを知るであろう。と同時に、士君子のための経学の方法が、現実の江戸社会における生々しい支配―被支配の世界に投影されことによって初めて見えてくる、彼が直面した課題も知ることになるのである。

六経明らかにして、聖人の道に古今無し。夫れ然る後天下は得て治むべし。故に君子は必ず世を論ず。亦た唯だ物なり。(10)(『学則』四)

三　「制度」を立てなおすということ

荻生徂徠は、三十一歳で将軍綱吉《つなよし》の寵臣、柳沢吉保《やなぎさわよしやす》に召し抱えられ、そのつてで将軍綱吉の厚遇をも得ることになるが、綱吉死後、吉保の失脚、将軍家宣《いえのぶ》による新井白石の登用に呼応して、幕府政治の中枢から遠ざかることとなった。そしてこの後の十数年が、私塾、蘐園を構えての彼の学問大成期に当たる。相変わらずの吉保の手厚い保護の下、徂徠は『弁道』『弁名』『学則』『論語徴』

等、主要著述を執筆し「古文辞の学」を確立したのであった。

徂徠がふたたび幕府の中枢に接近するのは、享保六年、将軍吉宗《よしむね》に『六諭衍義《りくゆえんぎ》』に訓点を施すことを命じられてからである。こうして現実政治に関与する手がかりをふたたび得た徂徠は、前にも触れたように「隠密御用」を仰せつけられ、吉宗の享保の改革にあわせて『政談』を献上することになる。同書の執筆は、享保十年から十二年にかけてであったとされる[11]（享保十二年四月に、徂徠は吉宗に「お目見え」を得ている）。翌年の享保十三年（一七二八）一月に徂徠は六十三歳をもって没するわけで、『政談』は、まさしく満を持して書き上げられた徂徠の遺著であったともいえるのである。

『政談』は冒頭、以下のような印象的な表現から始まる。

> 惣《そうじ》て国の治めといふは、たとへば碁枰《ごへい》の目をもるがごとし。目をもらざる枰にては、何程上手にても碁はうたれぬ也。洪水を静るには川筋を付る也。川筋を付ざれば、禹王再《ふたたび》生れ出給ふ共、水を静る事は不叶也[12]。

当時の社会の状況を「洪水」に見立てて、「川筋」を付けることによって水を治めるように、まず「碁枰〔碁盤〕の目を盛る」ことによって「碁を打」てる条件を整えようというのである。

> 是によりて碁枰の目をもる愚案の仕形《しかた》は、武家屋敷も町方のごとく、一町一町に木戸をつけ木

戸番を置き、一町一町に肝煎《きもいり》を被　仰付、諸事を申合せ、盗賊・棄物等有之時は木戸を為打《うたせ》、夜中ならば拍子木又は竹の筒を吹、諸人出合ふ様にすべし……。
右のごとく法を立替る時は、碁枰の目をもるがごとし。其上にては碁は如何様にもうたるべき也。(13)

「碁枰の目をもる（盛る）」とは「法を立替る」ことであり、具体的には「木戸をつけ木戸番を置き……」云々といった、窮屈な束縛をも想像させる「制度」を立てることなのである。こうした煩瑣な「制度」立替えに関する条々は、同書中数え上げれば切りがないほどであるが、それが『政談』全巻を通して観た場合、事柄の重々しさよりも、むしろ全体を見通す、ある種の充足感をもたらすことは注目すべきことである。そこには、徂徠学に通底するある種の楽観主義が流れている。

しかるに如此法を立替る時は、右いふごとく何もかも隠れがなきのみならず、一町一村の人は相互に自然と馴染《なじみ》付く故、悪敷《あしき》事をば相互に異見をもいひいはるれば、異見を聞ぬこともならず、又相互に見はなさず、交り念頃也。此上に奉行治めの筋に心を入れ、名主〔に〕打まかせてよく下知すれば、一町一村ノの内相互に睦鋪《むつまじく》、風俗自然と直り、悪人は自然と出ぬ事、古聖人の治めかくのごとし。(14)

こうした情景を、田園牧歌的な夢想に過ぎないといってしまえばそれまでなのであるが、重要なのは、煩瑣で厳格な「制度」の立替をいう徂徠の政治論が、こうしたどこか楽天的な人間観、共同体感覚を基盤になされていたということである。徂徠のいう「法」や「制度」は、あくまでも儒家的理想社会に基づき、人と人と、人と物事とのあるべき関係性の理念から為されたものであった。[15]そのことを外して徂徠の制度論を読むことは、徂徠を過剰に法家的（教科書的な意味で）儒者の一人と見誤ることになるだろう。

徂徠はつねに、世界の広がりそれ自体のありようを考えた思想家であった。また、徂徠学における人人《じんじん》の世界とは、まさに関係性の総和をもって成り立つはずのものであった。その構図のなかで、「君」もまた、「群」する人人を統べる「職」ととらえられたのである。[16]「人君」もまた、全体の関係性のなかにとらわれて初めて在り得るのだ。そしてそうした徂徠の社会観を端的に示すキーワードとしてあったのが、「風俗」という概念である。

四　「制度」と「風俗」

荻生徂徠が元禄―享保年間の江戸社会を見渡し、すべてが金に支配されるようになり、「世界の困窮」に至った理由として論じたのは、㈠武士が本来の土地を離れて「旅宿の境界」に在ること、㈡「誠の制度」が存在しないこと、㈢「せはしなき風俗」、の三点であった。

右にいふごとく、旅宿の境界に、自由便当なる御城下に、せはしなき風俗に、制度なきをこね合せて、菟《と》角《かく》金なければならぬ世界となり極まりたり。……世界困窮のもとは大概右にいひたる、旅宿の境界にて、せはしなき風俗と制度なきとの子細による事なれば、困窮の直し形《かた》左《さ》のごとし。(17)

「旅宿ノ境界」を改めること（武士を土着させること）も「制度」立替の一つと考えれば、徂徠が眼前の世界をとらえるにあたって用意した理論枠組みは、「制度」と「風俗」という二つの概念から成っていることになる。

徂徠は開幕以来、「誠の制度」がついに無かったことを、金がすべてを支配する混乱した世になった原因として、次のように述べている。

制度なきといふは如何の事なれば、古聖人の治めに制度といふ物をたてて、是にて上下の差別を立て、奢《しゃ》をおさへ世界を豊にする妙術也。是によりて歴代皆此制度を立る事なるに、当時は大乱の後武威を以て天下を治め給ひたるに、時代遙に隔りて古の制度は用ひがたく、其上大乱の後なれば、何事も制度みなほろびたり失たりし代の風俗をあらためず、其儘《そのまま》にさし置くによりて、今の代は何事にも制度なく、上下共に心儘の世界なり。(18)

では「上下共に心儘の世界」を改める「制度」とは、具体的に何をいうのか。それはまずは、「衣服・家居・器物・或は婚礼・葬礼・音信・贈答・供廻りの次第迄、人の貴賤・知行の高下・役柄の品に応じて、それぞれに次第有を制度とはいふ也(19)」と記されるような、厳格な社会秩序の再興を指している。そしてそうした諸制度「立替え」の根幹として、「誠の制度」という理念が、徂徠において呈示されるのである。

誠の制度といふ物は、往古をかんがへ未来をはかり、畢竟世界の末永く安穏に豊かなる様に、上の了簡を以て立置事也。往古を鑑みる事は、惣《そうじ》て人情といふ物は時代の替りなく、古も今も同じ事也。往古の聖人よく人情を知り給ひて、人情相応に人たるものの勝手よく、又人情にて悪敷《あしき》かたへ流れたがる所をも知りて、夫を押へ給へる筋も、莵角古を鑑とすれば明らかに知る事なり。又時代の違にて少々増減をせねばならぬ事有筋も、論語に損益する所とある通《とおり》に、何もかも古を鑑とする内に備りて有也。(20)

「往古をかんがへ未来をはかる」ために「誠の制度」を立てる、そのためには「古を鑑み」る必要がある、それは「古聖人」が古今変わらぬ「人情」を基盤に、「制度」を構想したからだ。当然「時代の違にて少々増減せねばならぬ事」はあるにせよ、「制度」を立てたその基盤をこそ顧みなければならない、と徂徠はいうのである。そしてこの世の「人情」に関わる社会要因として彼が注目したのが「風俗」という観点であった。徂徠は、「風俗」と「制度」という二つの概念を軸に、江戸社会を分析し、「上古の物」を現実の江戸社会に適用したのである。

徂徠にとって「風俗」は、仁や礼といった経学上の重要概念に対するのとは異なるレベルで重要な概念、あるいは世界を見出すうえでの重要な観点であった。それは古代から存する「移風易俗」につながる伝統的な儒者の考え方であると同時に、新たに彼独自の意味づけが伴われたものであった。「せはしなき風俗といふは、元来政をする人治めの道を知らず、法度斗《ばかり》にて国を治むる事に成たる上に、上たる人の心の我儘《わがまま》より出来たる事にて、下の思ひやりなき故なり(21)」という発言からも分かるとおり、「風俗」は「法度」や「上たる人の心」のみでは制御しきれない動力として、徂徠に把握されていたのである。

『政談』中において、「風俗」ということばは、他の儒者の場合と同様、多く否定的文脈において出現する。「せはしなき風俗」という言い方しかり、「〔武家が公家や町人と同じようになってしまったのは〕畢竟は風俗の移す所也」といった表現しかり。しかし同時に、その否定的表現のなかから、「風俗」によって抗しがたく世界が転回してしまう、とする徂徠独自の視点もまた明らかになってくるのである。

何れも皆世の風俗にて自然と出来たる事にて、世の風俗移りゆけば、其格《そのかく》といふ様なる物も移りゆく。[22]

徂徠において、「風俗」とはまず、眼前の江戸社会をこのように変化させたもの、世界をいつの間にか下降へと導いてしまった、抗しがたいエネルギーとして意識された。そしてそうした「風俗」の内にとらわれてしまった自らの視界を「クルワ」のなかに閉じ込められた存在と評し、そこから一度脱却することの重要性を、徂徠は説くのである。『政談』と共通する中身を多く含む、もう一つの政論『太平策』には次のようにいう。

此国、今ノ世ノ風俗ニ染リ居テ、心アワヒモ智恵ノハタラキモ、其クルワヲ出デズ。カヽル心ヨリ、聖人ノ道ヲ取用ルユヘ、其心ニハ聖人ノ道ナリト思ヘド、全ク吾物ズキノ筋ヲ離レザルコトヲシラヌナリ。[23]（『太平策』）

このように「風俗」の推移がもたらす大きな力と、そこにとらわれた世界からの視点の脱却を言う徂徠は、その学問の初期から「風俗」あるいは「俗」の「力」に着目する儒者であった。前にも引いたように、彼は初期の著書『蘐園随筆』のなかで、すでに「大なるかな習ひや。人の天に勝つ者は是れのみ。其の天下国家に在る、之を風俗と謂ふ。其の一身に在る、之を気象と謂ふ。故に善く天下国家に観る者は、必ず風俗に於てす[24]」と述べ、また「風俗は億兆を合はせて之を一にする者なり。人の全力なり。……故に聖人の天下を治むるや、必ず風俗上に在りて存す。仁の極なり[25]」とも述べていた。

一度「風俗」(クルワ)を出ることで眼前の社会を対象化することを説く徂徠は、同時にまた、人の社会の動力としての「風俗」の重要性を確認するのである。朱子学の抽象的言辞による宇宙、社会の再構成を批判する徂徠は、所与の現実を対象化し得る一点(超越原理としての「理」)の恣意性に疑いの目を向けた。そうした彼が眼前の社会を総体として把握する過程で浮上したのが、「古文辞の学」によって獲得した「(先王の)物」という視点であり、また、絶えず変動し続ける社会を、「人の全力」たる「風俗」としてとらえる視点であったといえよう。

徂徠は、「当時(現在)の仕形は治の根本に返り、やはり柔なる風俗の上にて、古を考へ、法を立直すにしくはなし[26]」と語る。「せはしなき風俗」を脱して、かつまた「柔なる風俗の上に」「法＝制度」を立てなおす、そうした際にその指標となるのが、人と人との関係性、人と全体との関係性を意味づける「物」(「六経」に載る「礼楽制度」)、ということなのであろう。「六経」に載る「先王の物」とは、まさしく、「習ひ以て俗を成さば、則ち天にして之を天と謂ふ」(前引)如くにして成り立ったものだからである。

そして「制度」を立てなおすことは、所与の「風俗」(クルワ)に囲繞された人人《じんじん》に、新たな意味を与えなおすということであり、それが「君」に求められる「職」なのである。では、そうして立てなおされる「制度」によって、社会内的な意味を新たに与えなおされる人人は、どのようにしてさらに「風俗」を内から革新していくことが可能となるのであろうか。

五　「習熟」と「風俗」

「米は米にて、豆は豆にて」（『答問書』）の比喩を持ち出すまでもなく、徂徠において「性」とは、第一義的に「（朱子学に言う）気質の性」であった。そしてまた朱子学に言うような「気質の変化」は「ならぬもの」であった。人は「学んで聖人に至る」ことができない、と「聖人」および「聖人の制作」を「六経」の彼方に置くことによって、逆に、現実社会の多種多様な人のありようを、そのまま「生の質」として肯定的にとらえることが可能となったのである。しかしながら、個々の人がいかに多様な方面において有能であれ、そのままでは単に、ばらばらの素材でしかない。そこで徂徠は、「性」は「変化」するのではなく「移る」のだ、と説明するのである。

徂徠は「人は天地の中を受けて生まる」という『左伝』の言葉を解釈して、右にも左にも前にも後ろにも「移り」得るから「中」と称する、とする。

みな人の性の善く移るを指して之を言ふなり。諸《これ》を中に在る者の以て左すべく以て右すべく以て前すべく以て後すべきに辟《たと》ふるなり。(27)（『弁名』「性・情・才」1）

これは何も為政者が、意のままに人を左右するという権力支配の意義を説いているのでない。それでは世界はとうてい「活物」たり得ない。徂徠がつねにいうように「天地も活物、人も活物」(28)(『答問書』)である以上、どの場面においても「活物」として生々流行する世界のなかで、どう「移る」かという方向性が示されねばならない。それが「役儀にはまらする」ということである。

扨《さて》又右のごとく下を使ひ込て、其役にはまらする時は、其時賢才の人あらはるる事也。愚成《なる》人は、人は才智はいつも同じ事と思ふは、道理を知らぬゆへ也。同じ人にて才智も俄《にわか》に生ずべき様もなけれ共、其事に全体はまりて見れば、才智格別にわき出るもの也。(29)

あるいは、

其万能丸《ばんのうがん》の様成《ようなる》人は皆根入《ねいり》もなき薄き人にて、しかも方々へよく合せ、誰にもよき人と思はるるものなるゆえ、孔子ののたまへる郷原《きょうげん》〔偽善者〕といふものにて、何の用にもたたぬもの也と知るべし。故に賢才といふは一器量有人をいひて、左様の人は一くせ有《ある》人の内に多くは有物也と了簡して、其人を役儀にはまる様に使込む時は、誠の賢才顕るべし。(30)

といった具合に、「一くせ有人」にふさわしい「役儀」が与えられ、その「役」に「はまら」せられた時、多様な「素材」としての個々の「気質の性」は、全体に有機的に関わる「活物」たり得るのである。何の役でも立ちそうな「万能丸の様な」人は、逆に「何の用にもたたぬ」者だと徂徠はいうのだ。そうではなく、元来「一くせ有」人々によって「風俗」は形成され、そのエネルギーが、思わぬうちに世界全体を推移させるようなダイナミズムを形作るのである。

その「賢才」を見出すのが「人君」の役目であり、また、「人君」がそうした「風俗」に、新たな「制度」を投入することによって、初めて有意味な関係のつながりが形成されるのである。「先王の道も亦た多端」であり、「人の性も亦た多類」であると明言した後に、徂徠は「人各其の性の近きところに随ひて、以て道の一端を得ん。由の勇〔子路の勇敢〕、賜《し》の達〔子貢の理解〕、求の芸〔冉求の多才〕の如きは、皆能く一材を成し、以て仁人の徒と為り、諸を天下を安んずるの用に共するに足れり」[31]（『弁道』7）、という。

人人《じんじん》が、個々の「気質の性」を「役儀」に十全にはまって働かせられた時、「仁人」（為政者）の「徒」となり、共に「天下を安んずるの用」にたつことが可能となる、というのだ。徂徠は、「されば人はもろすぎなる物にて、はなればなれに別なる物にては無之候へば、満世界の人ことごとく人君の民の父母となり給ふを助け候役人に候」と述べ、「仕手脇拍子揃ひ候て、狂言の仕組も出来申候事に候」と、巧みな比喩をもってその政治学を語っている[32]（『答問書』上）。

しかし政治論一般の問題として考えてみれば、問題はさらにこの先にこそあるだろう。

それはほかでもない「習熟」の問題である。

『政談』『答問書』等を通じて、人人が「礼楽制度」の外からの感化によって、自然と社会化することを、徂徠は「学び」の場面における「習熟」による「化」によって説明しようとしている。前に引用した『蘐園随筆』にも「人―習ひ」、「天下国家―風俗」という類推で対比表現が示されていた。こうした「習ひ」による「化」を促すのが、「大道術」「ワザ」としての政治なのであろう。たしかに「学び」の場面における「習熟」の説明は説得的であり、その力の大きさは、誰もが実地に経験し得ることであろう。しかしそれが全社会的な作用の場面に類推される場合、そこにその実現性を納得させる論理の仕掛けがもう一段さらに必要となるであろう。

「先王の道」を「士君子」(学者)が「六経」をたよりに「学び」「習熟」し我が物とするということと、人君の立てた「制度」に人人が「習熟」して「化」し、新たな「風俗」として生まれ変わるということとの間には、多くの実践的階梯がなお存しているというべきだろう。その間の飛躍が、『政談』の議論が空想的に見えかねない問題につながるのであり、と同時に、厳格な「制度」の立替をいいつつ、その論調が人間社会に対する楽観的希望を私たちに与え続ける理由でもあるのではないだろうか。

徂徠の政治論について野口武彦は、「政治制度の虚構性の発見がイコール〈思想の近代化〉なのではなくて、その虚構性の発見にいたりつくまでの過程にわれわれが〈近代〉的と呼びうるような思考方法が顕現するという事実」に着目する。(33) また藤本雅彦は、『政談』の議論の今における「新鮮さ」を論じて、「それはその中で徂徠が絶えず「では、おまえにとって政治とはどういうことなのだ？」という問いかけをしているからだろう」と評する。[34]

本章冒頭で、私は徂徠『政談』の魅力について、生々しくかつ鋭利な社会観察と、そこから導き出されるダイナミックな政治論の統合といった意味のことを述べた、そしてまた、徂徠政治論がその厳格主義の主張と共に（それに相反して）ある種の楽観性に彩られていることを明らかにした。そこには、政治を観念世界の実践課題として終始させずに、生きた世界そのものを、生きたかたちでどうとらえなおすかという徂徠の課題が、そのまま反映していると理解することができるであろう。そして、その課題は、朱子学批判を経て、それとは異なる社会像を、どのような原理の下に、いかに描き出すかという課題でもあったのだ。

中国哲学研究者、荒木見悟が、中国における陽明学成立の意味と対比して仁斎、徂徠ら古学派を論じ、「彼らの哲学が、仮りに、「胸臆に取る」危険を回避し得たにしても、自由の分の生成する因由をどれだけ豊潤に用意していたか疑わしい」と問題提起したような思想的弱点があることは、たしかにいい得る余地があろう。[35]しかしながら、眼前の世界の内に自らの視点を据えたまま、同時に「世界」の広がりを対象的に、かつ「活物」として、とらえようとする政治学の試行のなかに、新たな問題展開の可能性をも、私たちは見出すのである。[36]『政談』における「風俗」と「制度」ということばの意味もまた、そうした大きな企図の内にあるものとして考える必要があるのではないだろうか。

六　徂徠「風俗」論と東アジア政治思潮

最後に、上述した徂徠の「風俗」への視点の、東アジア的広がりについて付言し、徂徠『政談』、徂徠政治論の理解を、「一国思想史」の枠内から解き放つ可能性について触れておきたい。

伊藤仁斎がその有名な定義「人外無道、道外無人」を下すに際して「俗の外に道無く、道の外俗無し」と述べ、「人倫風俗」という熟語表現を用いたこと、そして上述したように、徂徠学において「風俗」が重要な概念として登場したことの江戸思想史上の意味については後章で詳しく論じることとして、ここでは、中国史研究における近年の成果を参考にしつつ、十七〜十八世紀東アジアの思想潮流のなかで徂徠学をとらえなおす可能性についてスケッチしておきたい。

荻生徂徠の儒学について、これまで近世儒学におけるその学説の独自性において語られることが多かったのは事実である。「古文辞学」成立の契機となった、明代の文人、李攀龍《りはんりゅう》、王世貞《おうせいてい》の「文集」との邂逅についても、その偶然の出会いが一種神話化して語られ、徂徠がその文学説からいかにして独自の経学の方法を生み出したかに関心が傾きがちであった。しかしながら近年の藍弘岳《らんこうがく》による研究が明らかにしたように、荻生徂徠と李・王文学説との「偶然の出会い」もまた、明から清への大きな思想潮流と東アジア海域交流のなかでの「必然」の出来事として解釈すべきであるとの考えが生まれてきている。(37)

今日、「日本思想史学」の「学知」そのものの内省的検討の過程で、江戸期思想を東アジア思想世界のなかに置きなおす必要性が生まれてきたことは、周知の事実である。戦後しばらく江戸期思想の理解の前提となってきた、「鎖国」という言説に自らの視野を限定させずに、長崎等を介しての大量の文物の流入、明清交代期における人と思想の移動、あるいは書物の移動（山井鼎《やまのいかなえ》『七経孟子考文補遺《しちけいもうしこうぶんほい》』が清に渡り、四庫全書に収録されたことなど）も踏まえて、江戸期の思想をとらえなおす必然性、そして、伊藤仁斎、荻生徂徠ら古学派の儒学もまた、明から清にかけての中国儒学や、朝鮮儒学との関係のなかにとらえなおす可能性も考えられるべきであろう。(38)

実際、将軍吉宗に御儒者として仕え、将軍本人からの多くの諮問に与った、荻生徂徠の実弟、荻生北渓《ほっけい》（一六七三―一七五四）による「明律」研究、清朝の現状を分析した「清朝探事」、そして徂徠自身も手を下した「明律」和訳作業（『明律国字解』）、また、琉球使節を介して江戸期日本に普及した、明代の教諭書『六諭衍義』の訓読作業、等々、徂徠の学問の軌跡そのものもまた、明末から清初にかけての東アジア思想潮流と無縁のものではなかったからである。

徂徠『政談』における事細かな「制度」への言及、たとえば「衣服・家居・器物・婚礼・葬礼」等、社会秩序の可視化の問題もまた、こうした「明律」研究と無関係のものではなかったであろう。徂徠は、中国の「俗語」に通じた自らだからこそ『国字解』を成し得たと自負し、また彼を中心に、蘐園塾内で「明律」研究のグループが構成されて、「条約」が定められ「誓紙交換」までなされていたことが明らかになっている。(39)徂徠は、「故に明律の学は、不佞《ふねい》〈徂徠の謙称〉の門を除きては、天下に両無《ふたつな》し」(「復香国禅師書」『徂徠集拾遺』)とまで述べている。彼らはそもそも、「鎖国」下において〈孤立〉した思想家では有り得なかったのである。

そして、本章であつかった徂徠『政談』における「風俗」論の問題も、そうした新たな視野に置きなおして見る必要があるように思われる。というのは最近、中国史研究者、岸本美緒《みお》の議論、そして岸本が参照、引用する森正夫の議論に触れる機会を得て、徂徠学の課題に通じる問題構成が、明末から清初にかけての士大夫の議論に存していたことを知ったからである。

岸本美緒は、森正夫の研究[40]、すなわち、明末の地方誌において「風俗」ということばが頻用されたこと、そして士大夫階層において「あるべき社会秩序(特に身分秩序)がくずれてゆく」ことへの危機感の表明が、その議論における「風俗」ということばへの依存につながったとの指摘を承けて、明末学者の「歴史」意識のなかのキーワードとして立ち現れた、「風俗」概念に注目すべきことを説いている。岸本は、明末学者における「風俗」への言及の内に、一定の新たな歴史観の表出を見出そうとするのである。「一見瑣末な表層現象の代名詞とも見える「風俗」という語が、その実、中国社会を考える上での正道の一つであることは、現在、多くの研究者によって認知されつつあるといって過言ではない」ことを、氏は主張する。[41]

氏は、中国史研究における「風俗」概念について、「人々が秩序意識との関連で意味を付与する所の、生活様式・行動様式の総体ないしその意味付与の仕方」と試みの定義を下す。[42] そして、当時の人々の「復古主義」を「「古に法り夏《か》(古代の王朝名)を用い」ようとする彼らの実践的な志向そのものが、そうした下降の勢いを挽回し得るとする、彼らの信念を示しているとも言える」と岸本はし、特に顧炎武《こえんぶ》（一六一三—一六八二）の議論を資料に、その「風俗」への言及を大きく「歴史観」転換の問題としてとらえなおそうとするのである。

ここで問題となっているのは、大小の影響力をもつさまざまな人物の行為の複合として形成されてくる「世」の変化、即ち、いったん形成されてしまえばいかに権力ある者であってもそれに逆らうことは難しい、そうした勢いである。その勢いとは、つきつめてみれば人間の集合的行動であり、人間の主体的行為へと還元されてゆくものであって、実際に、影響力ある人物は自らの力によってそれを一変させることもできる。しかしまたそれは、抗い難い力をもって人々の行動を規制してゆくものなのである。(43)

岸本がこのようにとらえる顧炎武の議論は、その倫理主義、道徳説において徂徠学と相異なる風貌を有するものの、「抗い難い力をもって人々の行動を規制してゆくもの」として「風俗」をとらえ、その推移の相において「歴史」をとらえようとする視点において、奇しくも両者は一致するものである。また岸本が引く明代の范濂《はんれん》の発言「習俗の人を動かす力は、賢者といえども免れないものだ」(44)（『雲間拠目抄』）などは、まったく徂徠の発言といってもおかしくないものといえるであろう。

そして岸本の議論が私にとって何よりも示唆的なのは、こうした発言が、伝統儒学の歴史観とは異なる、新たな「共同体」への問いかけであったとする点である。氏はいう。

まとめていえば、「風俗」という語は、社会秩序と人々の行動様式とを相即的に考える方法を表現する言葉なのであり、それが中国の知識人の社会秩序観の一つの特徴をなしているように思われたのである。そうした方法の、どこが我々の方法と違うのか、疑問に思われるかも知れない。しかし、ここで指摘したいのは逆に、我々が社会をとらえようとするとき、明示的に或いは暗黙のうちに、「人々の行動様式」から一段抽象化された「構造」や「制度」によって、これをとらえようとする傾向が強いのではないか、ということである。(45)

こうした中国史研究者の指摘を見るとき、私たちはそこに徂徠政治論との暗合を見ないわけにはいかない。また、「風俗」に着目した顧炎武らの視点の問題、すなわち、「進歩史観」「衰退史」「循環史」といった「中国の伝統的史観」とは異なる歴史への視点の問題、岸本の言葉を用いれば「顧炎武を始めとする明末清初の学者たちの関心は、歴史への内在的・必然的な方向性を超越的な視点から把握する、というところにはなかった(46)」ことの問題は、そのまま、徂徠の社会観と歴史観の問題に比較対照させることができるものであろう。

徂徠における「物」「先王の物」が、朱子学の「理」的世界観の拒絶に際しての新たな概念創出であったのと同様、「学問は歴史に極まり候事に候」(『答問書』)と述べた徂徠の強烈な歴史主義もまた、朱子学の「理」的歴史観へのアンチテーゼとしてあったことは明らかだからである。[47] 徂徠の政治思想が十八世紀東アジアの思想潮流とどう連動、平行するのか、あらためて考える余地は大きいだろう。

註

（1）平石直昭校注『政談——服部本』（平凡社東洋文庫、二〇一一年）二二九〜二三〇頁。本書における『政談』からの引用は、すべてこの書による（以下、『政談』と略称）。

（2）同前、七三頁。

（3）同前、一五一頁。

（4）同前、九二頁。

（5）丸山眞男『日本政治思想史研究』（東京大学出版会、一九五二年）一二九〜一三〇頁。また、「ことば」の世界から政治を見通すことをもくろむ、成沢光『政治のことば——意味の歴史をめぐって』（講談社学術文庫、二〇一二年）は、徂徠『政談』中の「せはしなき風俗」「旅宿の境界」等々のことばをめぐって、時間感覚、空間感覚の分析から、元禄享保期の都市社会、消費社会の成立を論じている。

（6）『荻生徂徠全集』第一巻、四七八頁。

（7）『日本政治思想史研究』一三四頁。

（8）本書では言及する準備がないが、徂徠学における詩・文など実際の表現方法としての「古文辞の学」については、澤井啓一「解説——〈方法〉としての古文辞学再考」（澤井啓一・岡本光生・相原耕作・高山大毅訳注『徂徠集 序類2』三一九〜三五一頁）が有益な示唆を与えてくれる。また、徂徠の「断章取義」の積極的理解に関しては、経学における「古言」の問題とも関わらせて、高山大毅が本格的な議論を展開している（『近世日本の「礼楽」と「修辞」――荻生徂徠以後の「接人」の制度構想』東京大学出版会、二〇一六年、特に第五章）。さらに徂徠の「断章取義」を「古文辞学」の概念構成に関わる重要課題とみて、『弁道』『弁名』の概念構成を「政治学」の視点から再構成しようと試みるのが、相原耕作「古文辞学と徂徠学――荻生徂徠『弁道』『弁名』の古文辞学的概念構成（一）～（六・完）」（首都大学東京法学会編『法学会雑誌』四八―二～五一―二、二〇〇七～二〇一一年）、である。

また、太宰春台と服部南郭における李・王古文辞説受容の展開、徂徠との差異については、揖斐高「擬古論――徂徠・春台・南郭における模擬と変化」（『日本漢文学研究』四、二松學舍大学21世紀ＣＯＥプログラム、二〇〇九年）の明快な分析が参考になる。

(9)「蓋其初以仁義賛乎礼、則物尚在焉。其卒直以仁義命諸道、則遂失其物。学者徒以仁義之名求道故也。亦由其時論説方盛、喜言其精緻、而義離礼而孤行。古言漸廃故耳。自此之後、仁義之道、遂為千万世儒者之常言。亦不稽諸古之失也。」

(10)「六経明而聖人之道無古今。夫然後天下可得而治。故君子必論世。亦唯物。」

(11) 平石直昭『荻生徂徠年譜考』（平凡社、一九八四年）参照。

(12)『政談』二二頁。

(13) 同前、二五～二八頁。

(14) 同前、四二頁。

(15) この間の接続を、黒住真は「徂徠の礼楽は、作為性を媒介にしつつ自然的なものを夢見る仕掛けである」と表現している（相良亨編『日本思想史入門』第二版、ぺりかん社、一九八四年、二六九頁）。また小島康敬は「徂徠にとって、国家・政治とは権力機構（ステート）・支配手段の次元ではなく、生活共同体の次元で考えられるべき問題ではなかったのか」と問いかける（『徂徠学と反徂徠 増補版』ぺりかん社、一九九四年、二二頁)。筆者もまた、徂徠政治論が幕府中枢へ答申された、上からの統治論、支配の議論であることは前提の上で、徂徠学のこうした性格が、思想としての普遍性を生み出していることに着目するものである。

(16)「君なる者は下を治むる者なり。士大夫は皆民を治むるを以て職と為す」(『弁名』「君子・小人」1)。

(17)『政談』一〇八〜一〇九頁。

(18)同前、九九〜一〇〇頁。

(19)同前、一〇〇頁。

(20)同前、一〇一頁。

(21)同前、九四頁。

(22)同前、一〇〇頁。

(23)『荻生徂徠』四五〇頁。

(24)「大哉習乎。人之勝天者是已。其在天下国家、謂之風俗。其在一身、謂之気象。故善観乎天下国家者、必於風俗。」

(25)「風俗者合億兆而一之者也。人之全力也。……故聖人之治天下也、必在風俗上而存焉。仁之極也。」

(26)『政談』三八頁。

(27)「皆指人之性善移而言之也。辟諸在中者之可以左可以右可以前可以後也。」

(28)『荻生徂徠全集』第一巻、四三二頁、等。

(29)『政談』二一八頁。

(30)『政談』二二二〜二二三頁。

(31)「而先王之道亦多端矣。人之性亦多類矣。……則人各随其性所近、以得道一端。如由之勇、賜之達、求之芸、皆能成一材、足以為仁人之徒、共諸安天下之用焉。」

(32)『荻生徂徠全集』第一巻、四三〇頁。徂徠の「人性」論の内なる政治性、権力性を厳しく問うのは子安宣邦である。子安は「徂徠特有の人材形成論」を論じて、「だがこの人材形成論を構成する徂徠の性概念には、二つの考えるべき重要な問題が含まれている」とする。そして氏は、「二つの重要な問題」、すなわち、「一己的な特質として限定されたこの性には、全体性につながるいかなる契機もない、それは奪われている」、そして「よく移る」ことを許されている性とは、先王の道に学ぶ在位の君子（士大夫）の性であって、人びと一般の性ではない」「その民の性に認められているのは、ただ「相愛し、相養い、相輔け」る相互補助的な共同体的心性である」ことを指摘し、「このように見てくれば徂徠の性概念は、人材形成論を構成するものとしてよりは、国家の家臣論、臣民論を構成するものとして読むべきように思われる」として、明治国家への連絡を想定する（『徂徠学講義――『弁名』を読む』岩波書店、二〇〇八年、一八九～一九〇頁）。

徂徠学内部の人の「共同性」に関わる問題構成が、近代にまで持ち越される思想課題であることは、本書でも別の視点から問題とするところであるが、徂徠「人性」論に関して、ここでは、「(可能性を有した）人材形成論」の側面に注目したい。

(33) 野口武彦『江戸人の昼と夜』（筑摩書房、一九八四年）七一頁。

(34) 藤本雅彦「徂徠における「制度」と「風俗」」（『待兼山論叢』一二、一九七八年）。

(35) 荒木見悟「朱子学の哲学的性格――日本儒学解明のための視点設定」（荒木見悟・井上忠校注『貝原益軒・室鳩巣』日本思想大系34、岩波書店、一九七〇年、解説）四六二～四六三頁。

(36) このことは、田尻祐一郎が『政談』の「方法」について「『政談』は、原理的な大命題を提示して、そこから各論に降っていくという方法を採らない。一つひとつの事実を取り上げ、それらの事実の連関を問い、その背景に広がっている時代と社会の大きな特質を開示していく。どこまでも具体的な「物」や「事」に即しながら、根底にある大きな構造の変化を見つめていく――これは、社会史家の眼であろう」（『荻生徂徠』叢書・日本の思想家15、明徳出版社、二〇〇八年、一九八頁）とする指摘にもつながるだろう。

(37) 藍弘岳は、東アジア全体を視野に入れて、「明代における明代古文辞派の著作の出版情況と、その出版物が徳川日本に齎されて出版された情況とを比較」しつつ、徂徠が「なぜ明代古文辞派に接近して積極的にその詩文論にコミットしたか」という問題を、詳細な文献調査とともに論じている（『漢文圏における荻生徂徠——医学・兵学・儒学』東京大学出版会、二〇一七年、第四章「詩文論」）。李・王の詩文がはやく江戸初期、藤原惺窩、林羅山に関心を持たれており、徂徠以前にすでに彼らの詩論も含めて『唐詩選』の流通があったこと、享保以前に相当量の李・王関連の書籍が日本に持ち込まれていた事実を、同書は明らかにする。

また、明代古文辞説を思想史上から見るべき必要性については、文学説と思想学説との〈相同〉関係をいう山口久和の議論、「明代復古派詩説の思想的意義」（『人文研究』三七—三、一九八五年）が示唆的な予測を提出している。

(38)　この問題に関して、夫馬進『朝鮮燕行使と朝鮮通信使』（名古屋大学出版会、二〇一五年、特に第九章「朝鮮通信使による日本古学の認識」）は新視野を開くものである。

また、明清期の儒学思想の状況を日本古学派の議論と対照させて見るうえで、井上進『明清学術変遷史——出版と伝統技術の臨界点』（平凡社、二〇一一年）も参照されたい。同書で井上は、伊藤仁斎が、明代に「詩妖」と酷評された竟陵派の創始者、鐘惺の「詩は活物である」「そもそも「詩」とは本事、本文、本義とまったく無関係に断章取義するもの」とする議論（「詩論」）を「特に意義あるものと認め、自らも読「詩」の法は断章取義に在り、と主張した」ことに着目する（二〇〇頁）。前掲土田健次郎『江戸の朱子学』にも、同様の言及がある（一五四〜一五五頁）。

(39)　大庭脩『関西大学東西学術研究所資料集刊九—四　享保時代の日中関係資料三〈荻生北渓集〉』（関西大学出版部、一九九五年）「本論」参照。

(40)　森正夫「明末の社会関係における秩序の変動について」（『名古屋大学文学部三十周年記念論集』一九七八年）、同「明末における秩序変動再考」（『中国——社会と文化』一〇、一九九五年）。

(41)　岸本美緒「明清時代の身分感覚」（『風俗と時代観——明清史論集Ⅰ』汲古書院、二〇一二年）。

(42) 岸本美緒「風俗と時代観」(同前)。
(43) 同前。
(44) 岸本「明清時代の身分感覚」。
(45) 岸本「風俗と時代観」
(46) 同前。
(47) 藍弘岳「歴史認識と政治思想」(『漢文圏における荻生徂徠』第六章)も参照されたい。

第六章　「華夷変態」のなかの徂徠学

一　「けうのほこらしやや」――『琉球聘使記』

天明、寛政年間に戯作者、随筆家として名を馳せた森島中良《もりしまちゅうりょう》（一七五六?―一八一〇）の著書『琉球談』（寛政二年〈一七九〇〉刊か）は、小著ながら『紅毛雑話《こうもうざつわ》』などとならんで、蘭学の名家（桂川家）に生まれ風来山人《ふうらいさんじん》平賀源内《ひらがげんない》に師事して「胸中数万巻の書を秘めおき、世界を我が家のうちの如くに看なし」（岳亭丘山《がくていきゅうざん》編『百家琦行《きこう》伝』）た森島中良の、面目躍如たる海外風物案内であるが、そのなかに以下のような記述がある。[1]

○琉球歌
徂徠先生の『琉球聘使記《りゅうきゅうへいしき》』に云、「三線《さんしん》歌琉曲也云々」其歌にいはく、

けうの　希有なり　ほこらしやや　奢なり　なほれかな　猶これ有哉なり　たてろ　彩色の具なり　つぼで
あるはなの　莟みてある花のなり　つゆまやたごと　露を帯たる如しとなり
中良案《あんず》るに、此歌は生者必滅の意を本とせり。いかさまにも挽歌めきたり。又謡歌を載《のせ》られたり。

　世の中の習ひ、いつもかこざらめ、残る人ないさめまちのぐれ。

又娼妓の唱ふ歌あり。

　いとやなぎ、こゝろくにあらしやば、のよてはろもの、かぜにてりよか。

此唱歌は、徠翁も意得られざりしにや、註をほどこされず。

ここで中良は、江戸期の儒者としては珍しく音楽・芸能をこと細かに論じた荻生徂徠のことばを取り上げ、そこに自らの解釈をつけ加えるとともに、〈物知り人徂徠もさすがにこの歌の解釈には困ったようだ〉と評するのである。ちなみに、ここに言及される徂徠の発言は、近世日本における琉歌への最初の批評とされる。[2]

　ところで、この、寛政二年に江戸須原屋から刊行の後、版を重ねて世間に流布し人々の琉球認識に大きな影響を与えた書物は、書中、琉球王朝の年中行事から民間の風習にいたるまで細かに記し、「日本の古言交はれり」と琉球語にも言及するなど、その幅広い関心の故に、シーボルト『日本』の典拠ともなった書物である。また、『中山世譜《ちゅうざんせいふ》』（蔡温《さいおん》）、『琉球国事略』（新井白石）、『中山伝信録』

（徐葆《じょほ》光《こう》）等の琉球情報を網羅、整理して平易に書きなおし、「いわば「琉球」についての百科事典的役割」を果たしたこの書物は、かつて新井白石も言及した源《みなもとの》為朝《ためとも》を琉球王家の始祖とする伝承を「考証」し（「此文にて、舜天王《しゅんてんおう》の父は為朝なること明らかなり」）、「日琉関係とその文化の類似性および為朝渡琉説に強い根拠を与え」、滝沢馬琴《たきざわばきん》『椿説弓張月《ちんせつゆみはりづき》』にも影響を与えて「天保期の琉球像へ繋がりその下地となった」書物とも評される。[3]

近代沖縄研究の父、伊波普猷《いはふゆう》（一八七六―一九四七）も、そうした伝承の歴史を反復するかの如く、この森島中良『琉球談』に言及している。伊波は、「『弓張月』の毛国鼎《もうこくてい》が辞世の歌に就《つ》いて」とするエッセイで、馬琴、中良、徂徠に言及するのである。[4]

「自分の郷土に関する歴史小説というだけでも、とうに読んでいなければならないはずだのに、私は今度はじめて『〔椿説〕弓張月』を読んで見た。はじめて読んだのではあるが、以前読んだのを繰返して読むような気がした。そして私は〔滝沢〕馬琴が何処からその材料を得て来たかということを知って面白く感じた」という書き出しで始まるその短文で、伊波は、馬琴小説中に琉球王家の忠臣として登場する毛国鼎の辞世の歌（「つぼてある、花の露のみ、まや　たごと……」）の典拠を探り、それを森島中良『琉球談』に、そしてさらに徂徠『琉球聘使記』の記述にまでさかのぼってみせるのである。

『琉球談』の記述を引用した後、伊波は以下のように続ける。

……また外に娼妓の唱う歌ありといって、「いとやなぎごころ云々」の歌をあげ、「此唱歌は徂徠翁も意得られざりしにや註をほどされず」と書いてある。この短い文章の中に何でももって来いという徂徠先生の面影がよくあらわれている。和漢の学はおろか、満洲語まで研究したという徂徠先生も、この琉歌の解釈にはチト閉口されたようである。然しどうやら解釈し去ったところはさすがは徂徠である。そしてこれにヒントを得て、馬琴はこの八八八六調の琉歌の上の句と下の句とを転倒して、五七五七七調の和歌に作りなおしたのである。ところがこの歌の原形は、

今日のほこらしやや、何にぎやな譬《たて》る、莟《つぼ》で居《を》る花の、露きやたごと。

であって、今日の嬉しいことは、何にかマア譬《たと》えよう、ちょうど莟《つぼ》んでいる花が露に会《お》うたようだ、という意である。これは琉球では古来「かぎやで風」という曲で歌って、御祝の席を賑わす歌になっているが、この喜びの歌が悲しみの歌と解されて、とうとう辞世の歌の材料に使われたのは面白いではないか。……

まさしくここに伊波の指摘するとおり、この、徂徠が書き留め『琉球談』に引かれさらには馬琴の小説中に換骨奪胎されて使用された琉球歌は、今日も沖縄本島に伝わる名歌「かぎやで風節《ふうぶし》」にほかならない。そしてその歌詞も「けふのほこらしゃや、なおにぎやなたてる、つぼでをる花の、露きやたごと……」と、徂徠が書き記したそのままの姿を今日も留めており、宴席の場で必ず奏さ

れる三線《さんしん》の名曲なのである。荻生徂徠から森島中良、滝沢馬琴を経て近代の伊波普猷まで、時代を超えた反復引用による意味の重奏・変奏の経緯が、ここからは読み取れるのである。

以上スケッチしたのは、近世から近代へとつながり、琉球から江戸を経由してさらに沖縄へと還流した「物語」連鎖の一断面ではあるが、この小エピソードの背景を考えていくとき、そこに記された事々が、近世から近現代にいたる日本と琉球（沖縄）との関係、近世東アジア世界像転換のなかでの琉球の位置、江戸知識人の抱いた琉球像等々、多くの思想史上重要な問題群に接近するものであることに、私たちは気づかされることになる。

まず第一に、馬琴によって小説化されることで人口に膾炙した為朝渡琉譚の問題がある。この、保元の乱に破れ大島に流された鎮西八郎為朝が、実はそこで没せず島を脱出して琉球に渡り舜天王になったとする伝承は、室町時代禅僧の言に始まり、琉球支配にも関わった薩摩藩の禅儒、文之玄昌《ぶんしげんしょう》の『南浦文集《なんぽ》』に引かれ、江戸後期以降は国学者の日本中心主義的琉球観の強力な根拠とされるとともに、琉球国内部からも（大和の国学者とは異なるまなざしの下に）「正史」に書き込まれるにいたったように（『中山世鑑《せいかん》』）、近代にいたるまで「日琉同祖」論の系譜的起源をなす物語として生き続けたものだからである。(5)

引用の伊波普猷の文中、「はじめて読んだのではあるが、以前読んだのを繰返して読むような気がした」とする述懐も、そこから近代沖縄の内部から民族の起源を語り続けたその歴史研究につながる自身の思念を深読みすることも可能だろう。(6)近世以降の琉球像、日琉関係を論じる際、この為朝渡琉譚の錯綜する系譜とそこに潜在する視線の問題は避けて通れない課題であることはたしかであるし、これまでも多く議論されてきた。

しかし本章で論じようとするのは、さらにそれ以前の問題である。すなわち、江戸前〜中期において新井白石や荻生徂徠はいかにして琉球に関心を持つにいたったのか、そして、近世東アジアの世界像転換の大きな動因となった明清の政権交替（華夷変態《かいへんたい》）は、彼ら近世儒者の琉球観にどう影響していたのかという問題である。さらには、徂徠はなぜこの琉歌にかくもこと細かな関心を抱いたのか、それは彼の思想世界とどう関わっていたのかという問題である。

最初の森島中良『琉球談』に引かれた徂徠の挿話に戻れば、徂徠『琉球聘使記』本文に、くだんの琉歌は以下のように記録されている。(7)

津覇対弾三絃〔線〕曰、結鬱諾 華云希有 火骨刺沙哟 華云奢華 捺屋列割捺 華云更有是哉 他鉄麼彩色具 子僕突阿児発捺諾 華云未開花 子由麻薬他我多 華云如帯露一般、

「津覇《しんは》（津覇里之子《さとぬし》）が対して三線を弾きつつ歌うには……」と、現代に残る「かぎやで風節《ふうぶし》」と寸分違わぬ歌詞が、そのまま音標化されて（「結鬱諾火骨刺沙哟」けうのほこらしゃや）、徂徠の手で記されていることに驚かされるとともに、そもそも徂徠はなぜこのような歌に関心を抱いてわざわざ書き留めたのか、という疑問にも私たちは駆られるのである。

津覇里之子とは、このとき慶賀使節に随行していた音楽奏者「楽童子《がくどうじ》」の一人。「楽童子」は琉球王朝名家の子弟で構成され、宝永七年の際には八名の奏者が参加していた。(8) そして徂徠は、引用の歌詞の記述に続けて「其楽器横笛長二尺三四寸許、両頭繋紅絨有流蘇、銅鑼二枚、双懸架上、架両端左懸両班状如椰子……」と笛、銅鑼、琴、三線等々、諸楽器の細密な描写をさらに長々とつけ加えていく。徂徠はまた琉球使節持参の「月琴」にも関心を寄せている。(9)

はたして、こうした細密な描写は単に徂徠の好事癖によるもの、好奇の念に由来するものとして済ますことができるものだろうか。実は、このことを考えることは、単なる徂徠の個人的嗜好の問題を超えた大きな思想史的関心にもつながることではないか、そうした問題提起をなすことが本章の目的である。

二　「宝永七年江戸上り」

徂徠と琉球音楽との出会いは、琉球使節の「江戸上り」に際してのことである。そもそも球使使節の「江戸上り」は一六三四年に始まったが、徂徠が際会したのは、慶賀使（美里《みさと》王子朝禎《ちょうてい》）と謝恩使（豊見城《とみぐすく》王子朝匡《ちょうきょう》）による、徳川家宣《いえのぶ》の将軍職襲職祝賀と、中山王尚益《しょうえき》の就封謝恩とを兼ねた「江戸上り」であった。宝永七年（一七一〇）、徂徠四十五歳、その学問の骨格部分を形成しつつある時期に当たる。徂徠の見聞録『琉球聘使記』の叙述も、祝賀、謝恩の趣旨の説明から始まり、江戸城登城の行列の具体的描写、一行の人物の紹介、貢進物の説明をたどっていく。そして、全編一貫して将軍お目通りに際する、儀礼の具体的事実の記録のごとく見えて、実は、そこに徂徠の観察が書き込まれていくのである。

たとえば、礼儀作法の順序を描写するくだりで徂徠は、「中山王は実に薩の附庸《ふよう》たり、而るに使人、薩候の老と比するは、国家柔遠《じゅうえん》の意、故《ことさ》らに優待せらるのみ矣」（「附庸」とは付属の意）と寸言を付け加えることを忘れていない。そして今日、私たちが宝永七年「江戸上り」の時代的背景を考える際、この徂徠の寸言は意味をもってくるのである。というのは、この年の琉球使節が人数的にも歴代最大級の仕立てであった（総勢一六八名）のみならず、その装いがことさらに異国風（中国風）に改められた、特別な年に当たっていたからである。

いうまでもなく、一六〇九年から一六一一年検地にいたる薩摩藩「仕置」以来、琉球国は独立王朝の体裁を取りつつ、薩摩藩の実質支配下に入っていた。薩摩島津氏は嘉吉元年（一四四一）に将軍足利義教《よしのり》から琉球を拝領したとする「嘉吉附庸《かきつふよう》」説を根拠に、その支配を正当化し、徳川期になると口実を設けて琉球に侵攻して実質支配下におくにいたった。一方、琉球王家は明朝滅亡後も、清朝に対して朝貢—冊封関係を再開、維持しており、それは実は、文物交流を通じて経済的・政治的利益を図ろうとする薩摩藩の意志にも合致することであった。

徂徠文中の「柔遠」とは、「遠地の者を和らげなつけること」をいい、中国福州に存した琉球館も、彼の地では「柔遠駅」と称されていた（現在も記念館が存する）。そうした情勢下に、薩摩藩、そして琉球は、あえて「対日関係の隠蔽」を作為して中国に冊封使を送り続けたのである。(10)幕府に使節が薩摩藩を介して定期的に派遣される（「江戸上り」）と同時に、二年に一度、進貢使が北京に派遣され儒生が北京国子監《こくしかん》に派遣され続けたのである。今も北京孔子廟（国子監跡）には「琉球学館原《げん》址《し》」の掲示がある。

そのような経緯のなか、琉球使節が今回（宝永七年度）「異国（中国）」調の服装にわざわざ改められたというのは、中国（「華」ではなく、「夷」の清に代替わりした中国）に朝貢する琉球を支配する薩摩、そしてそれをさらに支配する江戸幕府、という三重に仕組まれた日本型「華夷秩序」を可視化しようとする、政治的欲望がそこには反映されていたのである。

幕府は中国の朝貢国である琉球からの外交使節を迎えることにより、東アジアにおいて日本の「御威光」を高めようとした。薩摩藩は琉球使節の江戸上りをテコに官位昇進を果たし、琉球支配の安定化をはかり、また幕藩領主のあいだで他に優越した地位を確保した。琉球は琉球使節に清国風の装いをさせることにより、幕藩体制下にあってみずからの主体性を維持しえた。一七一〇年に、琉球使節をめぐって、幕府・薩摩藩・琉球三者のあいだにかかる関係が成立したのである。(11)（紙屋敦之）

そもそもこの宝永七年（一七一〇）の「江戸上り」は、五代将軍綱吉《つなよし》の死去に伴う家宣《いえのぶ》への代替わりを慶賀する意で計画され実現したものであった。宝永六年の薩摩藩と幕府との間における事前の交渉で幕府側が琉球使節を「無用」としたにもかかわらず、薩摩藩島津《しまづ》帯刀《たてわき》による「琉球国者薩摩守先祖以来被下置、小国ニ御座候得共、大唐端国之内ニ而ハ朝鮮・琉球と座席之次第も宜候付、……大唐王より翰林学士之者を封王使ニ差渡、武官をも大勢添遣、……傍懇成仕形之由ニ御座候」とする、琉球と中国との「懇《ねんご》ろなる仕形《しかた》」関係を強調する主張に応じるかたちで、「第一日本の御威光に罷り成ること」(側用人間部《まなべ》詮房《あきふさ》)と、琉球使節の受け入れに転じたものであった。

かくて、宝永七年の「江戸上り」は、薩摩藩にとって、また江戸幕府にとって、きわめて重要な出来事、政治的イベントとなったのである。薩摩藩は使節に特別に指示しことさらに「異国風」を粧わせたが、それは「琉球を実際以上に中国風に見せることによって、中国に近い国として、朝鮮に匹敵する異国として、幕府および他藩と民衆に琉球を印象づけようとし」「対朝鮮関係における宗氏と同じ意味において、対琉球関係における島津氏という立場を強調しよう(12)」とする意図からなされたものであった。そして、この際の琉球使節引率に対し、幕府側から恩賞として、薩摩藩主島津吉貴《よしたか》は従四位上中将へ昇位が叙せられ、その後、「江戸上り」の度に、薩摩藩主の昇位が繰り返されることともなったのである。

前引の「中山王実為薩附庸、而使人与薩候之老比者、国家柔遠之意、故見優待焉耳矣」とする徂徠の短評は、こうした薩摩藩をも巻き込んだ東アジア世界秩序の再編のありようを、幕府側の視点から生々しく見るものだったといえよう。徂徠は同時に、薩摩藩と琉球使節との関係についても鋭敏な観察を文中で加えている。使節正使が将軍から下賜物（目録）を手にするにあたり、「事は具に薩摩中将の報知に在るべく候、誠に不備を恐る」「悉く薩摩中将に報聞有るべきものなり、誠に不備を恐る」と繰り返し記すように、徂徠は、琉球「王」の使節でありつつ、その実は、薩摩中将に実権が存することを明言するのである。

徂徠は別に、『徂徠集』に載せる「序」の一編で「夫れ我《われ》の辺《へん》と称する者は四《し》、東は毛人《えみし》に鄰《となり》し、松前氏治めり。南は中山《ちゆうざん》に通じ、薩藩之を所轄す。之《こ》の二者は業已《すで》に我に臣妾為《た》り……」（「贈対書記雨伯陽叙」）とも記している。[13] ちなみに「辺者と称する者は四」とは、当時、海外との窓口となった函館、対馬、長崎、琉球を指す。徂徠『琉球聘使記』は、単なる見聞記を超えて、東アジア政治世界の転換のなかにある江戸幕府、薩摩島津氏、琉球王家の構図をたしかに見据えた実見記だったといってもいいだろう。

一般に江戸期の儒者は、〈鎖国〉体制下に日本独特の儒学思想を展開したと思想史上とらえられがちだが、大庭脩、ロナルド・トビらの研究がすでに明らかにしたように、[14] 近世日本は大量の海外情報と人的交流を介して、世界の潮流と緊密につながっていたのであり、日本独自の儒学思想と語られがちな徂徠ら古学派の儒学や本居宣長ら国学の運動も、十七〜十八世紀東アジアの大きな世界変動のなかの一齣として考えられる必要がある。

なかでも、明から清への王朝交替は、東アジア全域の華夷秩序意識に大きな影響をもたらすものであり、江戸期知識人もそれと無縁ではあり得なかった。林家（鵞峰《がほう》、鳳岡《ほうこう》）によってまとめられた唐船風説書『華夷変態』の大量の記録は、当時の幕府中枢の知識人の関心の在処を端的に明かすものである。(15) これら「風説書《ふうせつがき》」に接近できる者はもちろん限られていただろうが、明の遺臣と日本人の女性との間に生まれたヒーロー、和藤内《わとうない》(鄭成功《ていせいこう》)の活躍を描いた近松門左衛門『国性爺《こくせんや》合戦《かっせん》』(正徳五年〈一七一五〉)が評判を取り、源為朝が海外に脱出してロマンスを繰り広げ、琉球王朝の祖となるとする、滝沢馬琴『椿説弓張月』(文化四～八年〈一八〇七～一一〉)が世の喝采を浴びたのも、明―清の王朝交替に端を発する東アジア世界秩序の転換のなかに江戸期日本が存することを人々が感じ取っていた(そうした時代の気分が広範に存していた)からに他ならない。『琉球聘使記』における徂徠の琉球使節への関心もまた、単なる好奇的関心の領域を超えて、琉球―薩摩―江戸の構造を介して、東アジア世界秩序の変転を垣間見させるものであったといえよう。

そしてこの宝永七年の使節に、幕府側の正式応接者の一人として対応したのが、近代にいたるまでの琉球認識に大きな影響を与えた『琉球国事略』『南島志』の著者、新井白石(一六五七―一七二五)であった。徂徠の琉歌論に立ち戻る前に、同時期の白石にも共有される、琉球論を醸成した時代の感覚を確認しておこう。

三　新井白石の視点

宝永七年の琉球使節「江戸上り」が、薩摩藩にとってのみならず幕府にとっても、地政学上大きな意味を持つイベント（「第一日本の御威光に罷り成ること」間部詮房）と考えられていたことはすでに述べた通りだが、幕府側の応接者、新井白石もそのことを強く認識した儒者であった。白石は、幕府に宛てられた琉球使節の文書に対し疑問を投じている。それは、薩摩藩の意志による過度な異国風装いの一つとして顕現した、文書の書きようの問題についてであった。

それまでは平仮名をもっぱら用いていたものを「今度ハ書式相改真字を用ひ候、此儀ハこなたを奉敬候て、如此に候と相見え候、雖然《しかりといえども》彼国ハ薩州に属し候上ハ、如此之事ハ日本国風を用ひ候事尤之儀に候間……」（『薩摩旧記雑録追録』）と、琉球、薩摩藩は幕府から問いただされたのである。(16) 使節の用いた「貴国」「大君」「台聴」といった文言の妥当性とも絡めて、幕府側から薩摩藩に問いが投げかけられたのであった。ここには当然、朝鮮通信使への対応も含めて、江戸幕府を中心点とするもう一つの華夷秩序を具現化しようとする政権の意志が働いていた。新井白石は、後にその経緯を以下のように回想する。(17)

十一月には、琉球の使来て、御代をつがれし事をも賀しまいらせ、其王の代をつぎし事をも謝し奉る。これよりさき琉球より奉れる書法は、我国にて往来する所のごとくなりしを、其王尚益《しょうえき》が代より其書漢語を用ひ、書函の等式も改れり。されど異朝にしては当代の御事のごとくなる事のなければ、称しまいらする所にも、字を用ふる所にも、しかるべしとも見えぬ事共あり、殊には外国にして、我国の文字を用ひ来りぬるはひとり琉球のみなり、ありし御代のごとくならむ事は、国体においてもしかるべしと申したりければ、詮房《あきふさ》朝臣さらば其事いかにや仰下さるべきと問はれしに、とりはからふべきやう侍りとて、琉球の書に、大君尊夫人、または台聴等の字を用ひけん事、しかるべからず、其国の心のごとくにして、彼使者に申さるべしとしるして、たゞなにとなく、薩摩守に仰られ候べしと申す。……彼使者等承りて、我国の書式改りし事は、前文に文たつとばせ給ふ由聞えて、先王敬を致せる所也、只今承る所のごときは、是より後、たゞ旧章によりしたがふべきに候と申す由、薩摩守申たりけり。

「大君」「台聴」といった用語の「不適切さ」の指摘とあわせて、〈外国において「我国の文字」を使ってきたのは琉球のみ〉であるから、今までどおりにするのが「国体」にかなうことだとする白石の意見によって、幕府から質疑がなされ、琉球使節が結局それにしたがうことになったのである。もちろん、当初「漢語」に改めさせたのも、さらにそれを撤回させたのも薩摩藩の意志であったことはいうまでもない。

まさに江戸幕府、清朝の二つの世界秩序の接点、周縁部を舞台にしての、危うい華夷秩序の駆け引きが、江戸幕府―薩摩―琉球によってなされていたといえよう。文中で白石が、「外国にして、我国の文字を用ひ来りぬるはひとり琉球のみ」と記すのは、彼の琉球国観を端的に示すものであるが、彼の視野内に、他方、朝鮮（および朝鮮通信使）の存在があったことはいうまでもない。そしてここで、「和語」と「漢語」の使い分けが問題化されたように、白石にとって、言葉の問題は、「国体」の基層に関わる敏感な問題であったといえよう。

幕府外交に直接関与した新井白石が対朝鮮政策に歴史上重要な役割を果たしたことはよく知られるが、彼は同時に江戸前期の琉球観の基礎を作った人物でもあった。彼は琉球に関し『琉球国事略』『南島志』の二著を著し、後の日本における琉球認識の原型となる多くの素材を提供し、まさに見もやらぬ「辺地」の考察まで行っている。そこでの彼の関心は、王朝の在る琉球本島にとどまらない。本島を遠く離れた先島《さきしま》諸島（八重山《やえやま》）の地名にまで、彼の関心は及ぶのである。彼は『南島志』中、石垣島、波照間《はてるま》島に説き及び、入表島（西表《いりおもて》島）の名称について以下のような細かな考証を書き込む(18)。

石垣島に山有り、於茂登嶽《おもとだけ》と曰ふ。此の島〔入表島〕彼の山の南に在り。故に名付けて伊利於《いりお》茂登《もと》島と曰ふ。方言、凡《およ》そ深奥の所、之を伊利と謂ふ。伊利は即ち入なり。表は於茂登の語訛《ごか》なり。

思うに、白石によるこうした地名の事細かな詮索は、後の国学的好事家たちのなした詮索趣味（民族主義的関心と同居した幻想）とは、たぶん質を異にするものであったであろう。彼の、地名の由来の細部にいたるまでの関心、詮索は、『古史通』『鬼神論』等の著作に共通する、主知主義的朱子学者としてのそれであったであろう(19)。そして、「神は人也」とする即物的合「理」主義の視野の下に「タカマノハラ」を「常陸《ひたち》ノ国多珂《たか》ノ郡」と認定して、『古事記』の世界を現実の可視世界内に同定していったのと同様、いまだ目にしたことない琉球の果てまで、具体的地名の認定とともに、自らの「知」の内部に組み込んでいったのである。

それは琉球の言語を「東方の古音皆通ず」「古の遺言なり」とする規定とともに、「理」が一貫する視野の下、江戸の延長線上に琉球を同質化していく視線であったといえよう。白石は「南倭」「北倭」という用語を用い、琉球、蝦夷を日本の外延に規定しようとする。彼が宝永七年使節の言葉遣いに対し、〈外国において「我国の文字」を使ってきたのは琉球のみ〉として注文をつけたのも、東アジア世界の転換のただ中で、朱子学的知性の下に、「倭」の延長線上に琉球を再配置しようとする、彼なりの地政学から発せられたものであったのである。

こうして、宝永七年の「江戸上り」に際会した徂徠、白石の二人の儒者の発言から、当時の世界像転換の具体相が、その異なりとともにあぶりだされてくるのである。以上のことを確認したうえで、再度、冒頭に引用した徂徠の琉歌への関心に話題を戻そう。

四　琉歌への関心と徂徠学

徂徠はそもそもなぜ、かくも詳細、かつ正確に、この異国風の歌詞を書き留め、楽器の有様を形容したのだろう。

徂徠は、朱子学に抗して古学（古文辞学）を提唱するにあたり、古の礼楽への復帰を説いた。「先王は言語の以て人を教ふるに足らざるを知るや、故に礼楽を作りて以て之を教ふ。政刑の以て民を安んずるに足らざるを知るや、故に礼楽を作りて以てこれを化す」「夫れ人は、言《ものい》へば則ち喩《さと》る。言はざれば則ち喩らず。礼楽は言はざるに、何を以て言語の人に教ふるに勝れるや。化するが故なり」（『弁名』「礼」）と、言語的解釈（概念語の積み重ね）による理解が「礼楽」による「化」に及ばないと力説したのである。徂徠が「俗」や「風俗」の推移を通じて「先王の道」の実現を構想したことについてはすでに詳論したところだが、その「俗」の形成に深く関わるのが「礼楽」、なかでも「楽」であった。『孝経』に「風を移し俗を易《か》ふるは、楽より善きは莫《な》し（移風易俗、莫善於楽）」（広要《こうよう》道《どう》章、第十二）と説かれるのは周知のことがらである。

かくして徂徠において、礼楽（特に「楽」）の習得は「古の道」にいたる、現実的な実践課題として在った。彼は実際、雅楽の練習につとめ、楽律の研究に精力を注いだのである。そして琉球使節に際会した宝永七年（一七一〇・徂徠四十五歳）は、彼がまさに「周漢の音、吾が東方に存する」（『与江若水』第九書、付書、『徂徠集』巻二十六）ことを確信し、「楽書」十巻の著述に励んでいたとされる年にあたる。(20)『琉球聘使記』中、徂徠が、琉球使節が持参した楽器の詳細な描写から、随行楽士によって演奏された音曲の中身にいたるまで、分析を加えつつ事細かに記述しているのも、こうした彼独自の儒学説に由来する、古代の「楽」への強い関心が基盤にあってのことであった。

徂徠が「楽」に、そして日本に伝わる「古楽」に、格別な意味を見出していたことは、つとに吉川幸次郎も指摘したとおりである。[21] 徂徠は「不《ふ》佞《ねい》茂《も》卿《けい》、又嘗《かつ》て我が東方の楽を睹《み》るに、制氏疇人《ちゅうじん》（疇人とは家業を代々伝える人）、相ひ守りて廃せざること数百歳」と記し（「楽楽堂器」、『徂徠集』巻十三）、琴瑟《きんしつ》を語っては「其の譜、明朝の琴譜と大いに異なる。乃《すなわ》ち知る、古楽の中華に伝を失して、而して我が邦に之有るを」（「与藪震庵」第四書「付答問」、『徂徠集』巻二十三）とする。徂徠はまた、「今本邦伝ふる所の黄鐘は、乃ち古の黄鐘なりとは、誠に足下の言の如し」という発言も残している（「復水神童」第二書、『徂徠集』巻二十四）。吉川はこうした記述をもとに、明治期に中華崇拝主義と非難された荻生徂徠が、実は日本中心主義的精神を有していたと説くが、この問題は、むしろ本質的には、「明清交替＝華夷変態」を経ての「失われた古代」、「失われた古代の楽」再発見の志向としてとらえられるべきだろう。

徂徠は後に、将軍吉宗の命により弟北渓とともに、福州の医師朱来章《しゅらいしょう》から献ぜられた『楽書』の校訂に従事し、『楽律考』を著して、「楽律」の基礎となるべき管楽器の尺寸の詳細な分析をなすにいたる。[22]『琉球聘使記』における「其楽器横笛長二尺三四寸許、両頭繋紅絨有流蘇、銅鑼二枚、双懸架上架両端左懸両班、状如椰子……」といった記述は、こうした、徂徠学に本来由来する問題意識の一貫した所在を示すものなのである。

彼が、同書末尾に琉歌の歌詞を「皆、万葉集中に似たる者」と評したのも、前引の「古楽の中華に伝を失して、而して我が邦に之有る」といった発言と考え合わせるとき、彼が、万葉の日本に「古楽」の保存を見出し、琉球の歌に「古楽」の保存を見出したことの意味が自然と了解されてくるのである。

そして彼の「古代」再発見が明清交替（華夷変態）と底流で連動していたであろうことは、以下のような『琉球聘使記』の発言からも知られる。徂徠はいう、

> 方今、胡、中国に閏《じゅん》して文物地を掃ひ、薄海（海内）皆鼠辮《そべん》（満洲族の髪型）なり。独り蕞爾《さいじ》（ちっぽけな）たる小島、猶ほ明の儀を存して髣髴《ほうふつ》たり。諸《これ》を王会図上の者に較ぶるに、啻《ただ》に之に勝るのみならず、是れ則ち、国家神威の護持する所にして、庇頼《ひらい》も亦た大なるかな。(23)

と。「胡（満洲族）」が蹂躙（閏）した中国（清朝）で中華の文物が滅んだのちも、滅亡した明の儀礼が「蕞爾たる小島」琉球に存する（「明儀髣髴」）として、それは日本国家による護持の故だと徂徠はここで述べるのである。

彼の古代の「礼」＝「物」への執着と、その認識を起点になされた「古学」の展開を考えるとき、それが単に文献解釈上にのみ出現した視点ではなく、現実の世界転換を目の当たりにして構想されたものであること、そしてそれが具体的な「楽」への強い関心、実践とともにあったことを併せて考える必要があるのだ。

片岡龍は、徂徠の古文辞学成立は明清交替（華夷変態）を契機とする「国家意識の高揚と時期的に重なって」いるとし、彼の朝鮮・琉球への関心も「一つには、失われた「中華」を求めての遡行

の意があったと推測される」と指摘する。[24] そうした大きな思想潮流のなかでの徂徠学の存在、そして徂徠の「楽」への関心を考えるとき、『琉球聘使記』に書き留められ、森島中良に引用され、滝沢馬琴に換骨奪胎して使用され、さらには伊波普猷に回顧される琉球の古歌が、あらためて、生き生きとした思想史上の出来事として浮かび上がってくるのである。[25]

註

(1) 高田衛・原道生編『森島中良集』叢書江戸文庫32（国書刊行会、一九九四年）九五〜九六頁。

(2) 横山學『琉球国使節渡来の研究』（吉川弘文館、一九八七年）六八頁。なお、同書には琉球使節の詳細な事実関係の記述のみならず、江戸期の琉球物の書物の広範な整理がなされており、益するところが多い。

(3) 同前、二三〇頁。

(4) 伊波普猷「『弓張月』の毛国鼎が辞世の歌に就いて」（『古琉球』岩波文庫、二〇〇〇年）四〇〇〜四〇二頁。

(5) 為朝渡琉譚に関しては、横山『琉球国使節渡来の研究』の他、渡辺匡一「日琉往還――為朝話にみる差異化と差別化、同一化の歴史」（『国文学 解釈と教材の研究』四六―一〇、二〇〇一年）、同「為朝渡琉譚のゆくえ――齟齬する歴史認識と国家、地域、そして人」（『日本文学』五〇―一、二〇〇一年）、大田英昭「近世日本の琉球認識の形成と変遷――源為朝渡琉伝説をめぐって」（『思想史研究』一、二〇〇一年）、小島摩文「外から見た琉球――滝沢馬琴の描いた「琉球」」（鹿児島純心女子大学国際文化研究センター編『新薩摩学』南方新社、二〇〇四年）、伊藤聡「近世の琉球研究――白石から信友まで」（『国文学 解釈と鑑賞』七一―一〇、二〇〇六年）等多くの研究がある。

（6）近代知識人の琉球「民族」論に関しては、與那覇潤『翻訳の政治学――近代東アジア世界の形成と日琉関係の変容』（岩波書店、二〇〇九年）第三章「統合の翻訳論」を参照のこと。

（7）国立国会図書館蔵『琉球聘使記』による。書き下す場合は筆者の手による。誤写と思われる箇所もそのまま記し、〔　〕内に付記する。以下同じ。

（8）板谷徹『近世琉球の王府芸能と唐・大和』（岩田書院、二〇一五年）一五五頁。

（9）徂徠が琉球使節の音楽、楽器類に強い関心を有したことについて、また別の書簡中で「琉求楽器図」に言及したこと等については、澤井啓一・岡本光生・相原耕作・高山大毅訳注『徂徠集　序類2』四六～四七頁を参照のこと。

（10）紙屋敦之「琉球の中国への進貢と対日関係の隠蔽」（早稲田大学アジア地域文化エンハンシング研究センター編『アジア地域文化学の発展』雄山閣、二〇〇六年）一五四～一七五頁。

（11）紙屋敦之『琉球と日本・中国』（山川出版社、二〇〇三年）六六～六七頁。

（12）横山『琉球国使節渡来の研究』六七頁。

（13）「夫我之称辺者四、東鄰毛人、松前氏治焉。南通中山、薩藩之所轄。之二者業已為臣妾於我焉。」

（14）大庭脩『江戸時代における唐船持渡書の研究』（関西大学東西学術研究所、一九八七年）、同『江戸時代における中国文化受容の研究』（同朋舎、一九八四年）、ロナルド・トビ『近世日本の国家形成と外交』（創文社、一九九〇年）、同『日本の歴史9「鎖国」という外交』（小学館、二〇〇八年）等参照。

（15）林春勝・林信篤編、浦廉一解説『華夷変態』上・中・下（東洋文庫、一九五八～一九五九年）。また江戸期の儒者たちの清国認識については、鏑木賢道「江戸時代知識人が理解した清朝」（『別冊・環16　清朝とは何か』二〇〇九年）がある。

（16）横山『琉球国使節渡来の研究』一〇一頁から引用。

（17）新井白石『折たく柴の記』（岩波文庫、一九四九年改版）二三一～二三三頁。

(18)『新井白石全集』第三巻（国書刊行会、一九〇六年）六九六頁。
(19) 新井白石の「知」に関しては、中村春作「新井白石の『鬼神論』」（『ユリイカ』一九八四年八月）、同「新井白石と「古代」」（『中国古典研究』三五、一九九〇年）も参照されたい。
(20) 平石直昭『荻生徂徠年譜考』（平凡社、一九八四年）七五頁。同年（享保七年）、徂徠は『琴学大意抄』を著し、「吾邦古代ノ琴南都ナトニアルヘシ」として、奈良の古寺等に伝えられている琴の教えのなかに、古代中国の遺音を尋ねようともしている。
(21) 吉川幸次郎「民族主義者としての徂徠」（『仁斎・徂徠・宣長』岩波書店、一九七五年）。
(22) 荻生徂徠、北渓による『楽書』校訂作業、および『楽律考』については、陶徳民「荻生徂徠の『楽書』校閲とその所産」（『日本漢学思想史論考――徂徠・仲基および近代』関西大学出版部、一九九九年）、大庭脩『徳川吉宗と康熙帝――鎖国下での日中交流』（大修館書店、一九九九年）に詳しい。
(23)「方今、胡閏中国文物掃地、薄海皆鼠辮。独蕞爾小島、猶存明儀髣髴。較諸王会図上者、不啻勝之。是則国家神威所護持、庇頼亦大矣哉。」
(24) 片岡龍「十七世紀の学術思潮と荻生徂徠」（『中国――社会と文化』一六、二〇〇一年）一五八～一五九頁。
(25) なお、この宝永七年の琉球使節「江戸上り」の副産物として、琉球から薩摩島津候を介しての『六論衍義』の幕府献上という出来事があった。徂徠は意図せず（不本意ながら）中国の口語に詳しいとの理由で、将軍吉宗の命により、その訓点、序文作成に携わることとなった。
この徂徠訓点本『六諭衍義』および室鳩巣の手による『六諭衍義大意』等、朱子学系の〈教諭〉本類が江戸期社会に広範に広まっていったことの思想史的意味については、中村春作「〈教諭〉社会という視点――清、琉球、江戸をつなぐもの」（吉田公平教授退休記念論集『哲学資源としての中国思想』研文出版、二〇一三年）、同「近世東アジアの〈教諭〉思想と日本社会」（辻本雅史・徐興慶編『思想史から東アジアを考える』国立台湾大学出版中心、二〇一六年）も参照されたい。

第七章　「気質の性」の行方――太宰春台論――

一　分裂する主題

太宰春台が服部南郭（一六八三―一七五九）と並んで荻生徂徠の高弟であったこと、そして春台が師徂徠の経学および政治哲学における第一の継承者を自任していたことは、前にも述べた。春台自身、徂徠門下高弟と自負し、師の『論語』注釈に自身の意見が反映したことを誇ったりもし（『論語古訓外伝』自序）、また、徂徠の主張を継承して「礼楽制度」のより厳密な実施を主張したことでも知られている。その著作としては、『聖学問答』『弁道書』『経済録』などのほか、多くの随筆類や経典注釈書が残されているが、後にもしばしば触れるような独特の圭角な性格や信条が災いしてか、つねに世に対する不遇感を抱き続け、一人の儒者としても意に満たないまま浪人として世を終え、後世の評価も定まらないまま経過してきた面がある。(1)

思想史的な位置づけとしては、徂徠没後、全体の学問としての徂徠学が分裂していった際、「経義」の学の側面に傾斜していった代表が太宰春台であったとされる。「蓋《けだ》し徂徠没して後、物門《ぶつもん》の学、分れて二と為る。経義は春台を推し、詩文は南郭を推す」（江村北海《えむらほっかい》『日本詩史』）とするのが、江戸当時以来の一般的な理解であり、その評価自体は今も変わらない。しかし、そうした歴史的な意味づけとは別に、私たちが春台の多くの著述を通覧した際に心に抱くのは、むしろ、その思想表出の内にある彼自身の強烈な「個性」への興味であり、挑戦的で露悪的であるとさえいい得るような、その語り口の背後にあるものへの強い興味である。

ともあれ、私たちを少なからず瞠目させずにはおかないその語り口の例を挙げてみよう。

> 聖人の道には、心中に悪念起りても、能《よく》礼法を守て其悪念をそだてず身に不善を行はざれば、君子と申候。心中に悪念の起るをば罪とせず候。若《もし》其悪念に因て礼法を犯て身に不善をなす者を小人と申候。たとへば美女を見て其色を心に愛するは人情にて候。此情に任て礼法を犯て、妄《みだり》に他の婦女に戯るゝ者は小人にて候。礼法を守り情を抑て、我が妻妾にあらざる他の婦女に戯をもいはざるは君子にて候。是非の有無は戯るゝと戯れざるとの上にて定り候。情の起る処をば咎《とが》めず候。(2)（『弁道書』）

あるいはまた、次のような表明もされる。

先王の道は、情欲の起るを罪とせず、礼を犯て欲を縦《ほしいまま》にするを罪とす。釈氏は情欲の起るを無明煩悩《むみようぼんのう》と名づけて、一概にこれを断絶せんとす。宋儒は人欲の私《わたくし》と名づけて、これを禁止せんとす。是皆甚難き事なり。先王の道は、情欲の有無を問ず、只管《ひたすら》礼を守て正く行ふ者を君子とする故に、志あれば誰も行ひ易き道なり。[3]（『六経略説』）

より明確に彼の議論の性格が示された二つの文章をとりあえず例にあげたが、このような表明が儒学者の語る文脈の内から生まれ出てきたことに、私たちは少なからず驚きを禁じ得ない。ここに表出されるのは、一方での「情欲」や「人情」の肯定（実は人の内心への強い執着）と、他方での、それらとはまったくかかわらぬ完全に外部からの強制としての「礼法」の強調である。そしてその間にあるのは、あまりに形式主義的な（「是非の有無は戯るゝと戯れざるとの上にて定り候」）外面倫理主義の考え方なのである。

師徂徠同様、「先王」の定めた「礼楽」を重視すべきことをいうくだりにおいても、

古ノ聖人コレヲ知シメテ、礼トイフコトヲ建立シテ、天下ノ人ニ教タマフ。礼ハ辞譲ヲ本トスル故ニ、礼教流布シテヨリ、天下ノ人、皆辞譲ノ道ヲ知レリ。人情ナレバ、内ニハ争競ノ心モ起レドモ、辞譲スベキ義ヲ思テ、勉強《べんきよう》〈ツトム〉スルナリ。……凡何ニテモ、利ニ就キ害ヲ去べ

キ事アル時ニ、其義ヲ思惟シテ、必一己ノ便利ヲ占ヌ様ニ料簡スル心アリ。凡是皆情ヲ抑テ勉強スルナリ[4]。

と語らざるを得ないように、春台は、まずは「一己ノ便利」を希求する人の「情」を大前提とし、だからこそ「勉強し（ツトメ）」なければならないものとして「礼楽」を語るのである。

彼は続けて、「勉強ハ詐偽《さぎ》〈イツハリ〉ノ類ナリ」と述べ、「先王ノ教ハ、最初勉強ヨリ始マル」（同前）とまで極言する。徂徠が、人が自然と「化する」ことをいい、その導きとして「先王の道」や「礼楽」を説いたのに対し、ここでは、「道」や「礼楽」が、人を欲望から抑制する制度の人為性、強制性の側面から強調されるのである。

この、作為的な外面倫理としての「礼楽」の重視と、それに表裏する利己主義的な人情の前提とが、儒者太宰春台の終生変わらぬ主題であった。「情欲」あるいは「人情」の肯定といったことでいうならば、春台のこうした発言が後の国学、本居宣長の、「うれしかるべき事はうれしく、おかしかるべき事はおかしく、かなしかるべき事はかなしく、こひしかるべきことはこひしく、それぞれに情の感《うご》くが物のあはれをしるなり[5]」（『石上私淑言《いそのかみさきめごと》』巻一）といった「性情」の解放、その自立的価値の是認というところにまでつながるはずのものとなろうが（国学者の春台評価が否定的なものであったにせよ）、今はさしあたってそうした経緯の解明が主眼ではない。ここでの課題は、それ以前のところにある。

すなわち、春台の思想におけるこの、いわば分裂した主題（強迫観念的かつ形式倫理的な「内面」への関心と、「礼法」格守の主張）の並存が、徂徠学が内包した難題の露呈としてのひとつの必然性を持っていたのではないかということを明らかにし、春台の思想的特質を、大きく思想史の場面において見ることの必要性である。

春台の思想における上記の「分裂」に関しては、これまで主として、春台個人の特異な性格（圭角で偏狭で独善的……と評された性格）の学問への反映として説明がなされてきた。そのことは江戸時代当時からすでにそうであった。(6) しかしここではむしろ、そうした個人的事情そのものが思想の前面に押し出されてしまうような、あるいはそうしたことを可能にさせるような〈思想の質〉こそを問題としたい。

そしてそのことを検討するにあたって軸として据えるのが、元来は宋学の用語であった「気質の性」という概念であり、徂徠から春台へと屈折するその意味づけの変質から、いわば陰画としてあぶり出されてくる、近世後期儒学思想の一断面を明らかにしたいと思う。

二　徂徠・春台・南郭

太宰春台が、自・他共に認める徂徠の高弟であったにもかかわらず、師徂徠との間に強い距離感を持っていたこと、そしてそうした自らへの世間の評価、社会内での自らのありように満足せず、強い不遇感をしばしば述べたことはよく知られている。そうした彼自身の発言は枚挙にいとまがないが、ここにも、よく引用される一文のみを挙げておこう。

> 徂来先生、見識卓絶、道を知ること甚だ明らかなり。周南〔山県周南《やまがたしゆうなん》〕以て鄒魯《すうろ》以後是の人無しと為すは、過論に非ざる也。惟《た》だ其の行、其の知る所に及ばず、殆んど所謂「行掩はざる」者か。蓋《けだ》し先生の志、進取に在り。故に其の人を取るに才を以てし、徳行を以てせず。二三の門生、亦た其の説を習ひ聞き、徳行を屑《いさぎよ》しとせず。唯だ文学のみ是れ講ず。是を以て徂徠の門、跅弛《たくし》〔しまりなく勝手気まま〕の士多く、其の才を成すに及んでや、特《ただ》文人たるに過ぎざるのみ。其の教然るなり。外人既に是を以て先生を譏る。純〔春台の名〕も亦た嘗て窃《ひそか》に先生に満たず。此れ、先生の純を鶏肋視《けいろくし》する所以也。『書』に云ふ、「之を知るの艱きに非ず、之を行ふ、惟れ艱し」と。先生焉《これ》有り。[7]（『紫柴園漫筆』巻六）

師徂徠の姿勢を、「人を取るに才を以てし、徳行を以てせず」と難ずるのは、徂徠学が〔社会的勢力としては〕衰退していった際に、その「道徳学」の不在が批判されたのを先取りするかたちだが、この発言は、「心」の問題への執着で朱子学風であるとも評された、春台に特有の、倫理道徳への強い関心の所在を明らかにする。そして彼は、そうした「正論」をいう自分が、師から「鶏肋視」〔食べるほどの肉は残っていないが捨て去るには惜しい〕されていると我が身の不遇を述べるのである。

ところで同一文中に、「文人たるに過ぎず」と批判されているのは、端的には同門の服部南郭のことを指す。そして引用文にも明確に表れているように、春台が文人派の南郭に、おそらくは一方的に、反感を抱いていたこともよく知られた事実である。そうしたいきさつや表面的な学風の異なりもあって、両者は、しばしば徂徠門下の相容れない対立者のごとくみられがちだが、少し離れてみた場合、思想家としての世間におけるありようには、実は似通った点が多いのである。

服部南郭の事跡については日野龍夫の諸論考に詳しいが、[8] 彼もまた春台と同様、現今の社会との間に一定の隔絶感を持ち、強い不遇感を持っていたようである。そして彼が観念的イメージの世界へ逃避していった（「陸沈《りくちん》」＝市井に隠棲した）果てが、老荘的世界や六朝文人の世界であったことは、[9] 春台が「礼楽制度」の厳格詳細なる実現を力説した果てに、すべては「無為」に任せるしかない（『経済録』）と述べるのと、不思議に軌を一にしているのである。そして私はこうした思想家としての世へのあらわれよう、共有する軌跡の背後に、そうした人間を現出させるものとしての共通する〈思想の質〉のごときものを見出すのである。

その共通する〈思想の質〉、傾向とは、一言でいうならば、「気質の性」の内在化、個別化ということである。伊藤仁斎や荻生徂徠ら、いわゆる「古学派」の儒学者たちが朱子学批判の過程において提出した、人の「性」＝「気質の性」とする観点が、対象物として人一般を観る観点にとどまらず、個的な内省課題として儒者に受け止められるという事態が生じ、それが現象的に思想家個々人のありよう、眼前の社会編制との間のあつれきとして顕在化した、と考えてみてはどうかと思うのである。
それはまさに「古学派」、特に徂徠学派の内に胚胎していた問題であり、その問題の行き着く先は、近世後期にとどまらず、日本における個々の人と共同との間の架橋のありよう、可能性の問題に根のところでつながっているのではないか、と私には思われるのである。

三 「人性」論の構図

春台が、彼のことを「狭中小量」ととがめた徂徠に対して、その徂徠自身の「気質不変化」説をたてに反論し、さらには徂徠の側の度量をも問題にしたこと、およびそうした議論を呼び起こした徂徠の「気質不変化」説に潜在していた「曖昧性」については、すでに小島康敬が指摘したとおりであるが、[10] ここではとりあえず、そうした「気質不変化」説出現の背景を含めて、「人性」論をめぐる江戸中期の議論を、かりに図式的に指示しておくこととしよう。そのうえで、問題を春台固有のテーマに下ろして、逐一検証していくこととしたい。

いうまでもなく、江戸中期以降の儒学者たち（およびその他の学問の人たちのおおかた）にとって、思想的課題としてつねに目の前に在ったのは、朱子学であった。特に、朱子学を徹底的に批判した仁斎や徂徠ら「古学派」の人たちによって、逆にいえば体系的学問、全体の学問としての朱子学の巨大さが認識されたのだといってもよい。たとえば抽象的概念としての「人一般」について、日常的に議論することも、より広範な認識としては朱子学が介在してから後のことであったといい得るであろう。

朱子学の一番根本のところにあるのは、現象世界を超越した原理、「理（天理）」の実在を認めること、そして「理」に拠って世界を観る、ということである。ものごとをそのようなものごととしてあらしめている「何か」、それを朱子学では「理」と呼び、そこに個々の生身の人間のあり方や、どう行動すべきかという道徳的規範、さらには政治、国家組織、そして人為の外側にある天地自然のあり方までをも一貫する「客観的な正しさ（すじめ）」の実在を見出そうと欲したのである。そしてそうした世界観において把握された人間像（儒教の用語で言う「人性」）が、「本然の性」と「気質の性」の両側面から成り立つものとしての人間像であった。

万物が素材としての「気」とそのすじめとしての「理」から同時成立的に成っているのと同様、人もまた本来的なる部分としての「理」——客観的な正しさ——を体現する部分＝「本然の性」を有すると共に、個体としての人それぞれの異なりを現出する、「気」の運動に由来の「偏り」＝「気質の性」をも併せ有している。そこで人には、学問して外側の世界に（しかし実際には「経書」というテクストの世界に）「理」の実在を検証する努力（窮理）が求められると同時に、我が身においてもそれを求心的に探究し、さらには「気質の性」の部分を減らして、より「本然の性」のあり方に近づける努力（居敬）が求められる。

いま便宜上、上述の朱子学の道徳学に関わる部分を、島田虔次の図式をやや簡略化して示せば、以下のようになる。[11]

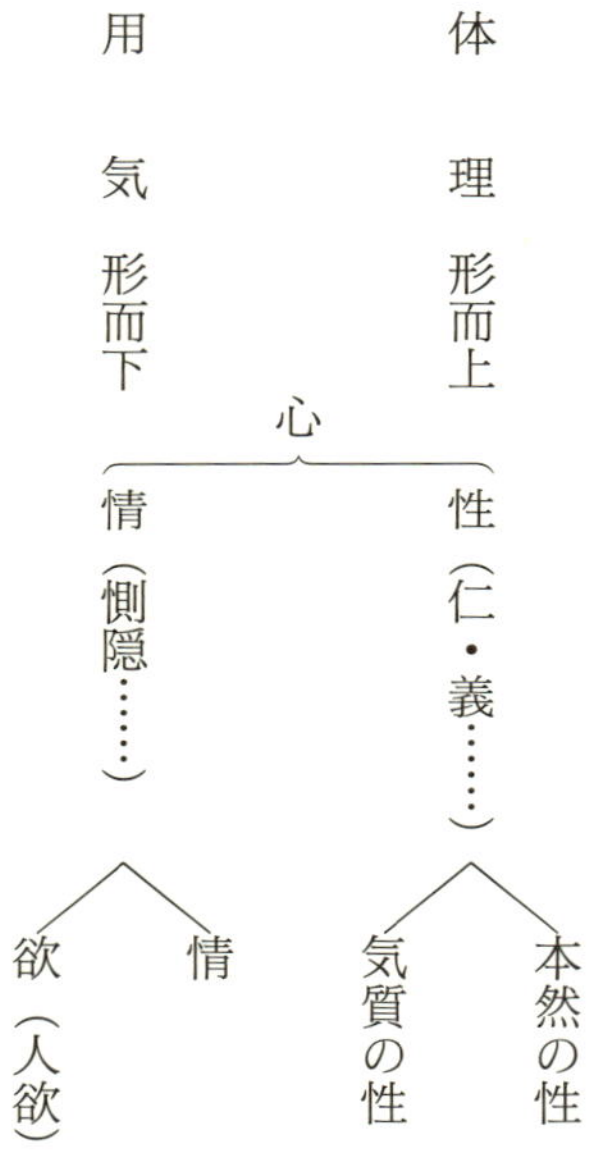

いうまでもなく、朱熹は「体」の側面と「用」の側面とがつねに密着したものとして人を把握するのであって、ここでの図示はわかりやすく平面的に示したに過ぎない。朱子学において「心」は「性・情」を「統《す》ぶる」ものであって、それぞれの諸側面が等閑視されるわけではないのだが、前にも述べたように、人格における偏りや過不及を生み出すのは「気質の性」や「欲」の結果であって、それを正すことが要求される。そのことを朱子学では、「復初（本然の性に復る）」とか「気質を変化する」と表現する。

ところで、江戸中期の「古学派」と称される伊藤仁斎や荻生徂徠、あるいは少しさかのぼって山《や》鹿《ま》素行らが批判したのは、こうした朱子学の構図の大本にある「理」という根拠そのものの妥当性についてであった。第一章冒頭にも記したように、仁斎は「理」を「死字（死んだ概念）」と呼び、徂徠は「定準無きもの」とする。彼らがそのようにいったのは、直接的には、「理」の体現をいうあまりに、自・他にきびしい実践、修養（居敬《きょけい》）を課し、形式的厳格主義に陥った、山崎闇斎の学派による弊害をまのあたりにしたからであったが、より根源的な理由としては、「理」一元的世界観においては多様な「生の」現実世界をそのままに把握できない、と彼らが考えたからであった。多様な現実世界を主宰するとする「一元之理」の「虚構」性をあばいたのである。

もちろん何であれ、あらゆる世界観は何らかの概念によらずしてそれを語ることはできない。重要なのは、そうした概念と現実世界との間の切り結び方、そこにおける論理構造や切実性がどう認識されるかということであって、仁斎や徂徠にとっては、「一元之理」を収束すべき一点とし、そこから全方面に展開される抽象的言辞の堆積が、言説としての説得性を持たなかったということである。そして彼らは、朱子学のいう「理」の実在を否定することを通じて、同時に、新たな人間像を模索していったのであった。彼らは朱子学由来の用語を逆手にとり、対抗的表現のうちに「気質の性」以外に人の「性」はあり得ないとしたのである。

四　「性なる者は、生の質なり」

そうした仁斎や徂徠が「人性」を語るにあたって、つねに議論の冒頭に引用する語句がある。前漢、董仲舒《とうちゅうじょ》の「性は生の質」とする言である。そしてこの引用句こそ、彼らの「人性」に対する視点を明らかにする。

人がこの世に在るということは、すでにはじめから何らかの個別性に彩られて在るのであって、そうした地点から（朱子学風にいえば「已発《いはつ》」の地点から）考える以外に考えようはないではないか、というのである。そしてそこから先にある「人性」の「有意味」性をこそ考えるべきだとするのである。彼らにおいて、孟子にはじまり、宋代の儒者にいたって複雑化した「人性」をめぐる議論は、まさに議論のための議論であって、無用無益のものとされたのであった。

ひとまず、仁斎、徂徠の言を引用しておこう。

性は、生也。人其の生ずる所のみにして、加損すること無し。董子（董仲舒）曰く、「性とは、生の質也」……、気質を離れて之を言ふに非ず(12)（『語孟字義』）

次に徂徠の言、これは行論の必要上少し長めに引用する。

性なる者は、生の質なり。宋儒の所謂気質なる者是れなり。其の、性に本然有り気質有りと謂ふ者は、蓋し学問の為の故に設く。亦た孟子を誤読して、人の性はみな聖人と異ならず、其の異なる所の者は気質のみと謂ひ、遂に気質を変化して以て聖人に至らんと欲す。若《も》し唯だ本然のみにして気質無からしめば、則ち人人《じんじん》聖人なり。何ぞ学問を用ひん。又若し唯だ気質のみにして本然の性無からしめば、則ち学ぶと雖も益なし。何ぞ学問を用ひん。是れ宋儒の本然・気質の性を立つる所以の意なり。然れども胚胎の初、気質已に具はれば、則ち其の所謂本然の性なる者は、唯だ之を天に属すべくして、人に属すべからざるなり。又以て理は局せらるる所有ること莫く、気質の局する所と雖も、実は局せられざる所の者の存すること有りと為さば、則ち禽獣と人と何ぞ択ばんや。故に又諸《これ》を正通・偏塞《へんそく》の説〈正しく行き渡る気と、偏り滞る気とがあるとする説〉に帰す。而して本然の説終《つい》に立たず。妄説と謂ふべきのみ。[13]（『弁名』「性・情・才」1）

上記引用から見てとれるように、彼らはともに「人性」論の構図そのものから脱け出そうとした。「性」を語る議論自体を無化しようとしたのである。そのことをまず確認しておく必要がある。朱子学における「性—道—教」の序列を逆転させ、「教」の優位性を説いた仁斎は、「論語には専《もっぱら》教を以て主と為《す》。故《ゆえに》性の美悪、論ぜざる所に在り[14]」（『童子問』巻之上）とし、「性」をめぐる議論を、限られた一定の文脈内での議論とした。

徂徠もまた「性を言ふは、老・荘より始る。聖人の道の無き所なり[15]」（『弁道』13）として、「人性」論が論争のための具でしかなかったことをいう。ただ彼ら自身の使った用語も、多くは宋学と共通する儒教一般の用語であり、そこに錯綜する部分がなかったとはいえない。しかし以上の点を明確に踏まえておかないと、彼らの「人性」に対する発言の意図を見誤ることになる。

彼らが人の「性」を、「本然の性」を外した「気質の性」のみととらえたことは、朱子学の概念構図にとらわれていえば、「性」の限定化に見えるかもしれない。がしかし、前に述べてきたことからも明らかなように、彼らの意識としてはそうではなかった。彼らはむしろ、積極的な意味を込めて「気質の性」のみだといったのである。仁斎や徂徠にとって、人は何よりも「活物」として生き生きと動いてやまないものであった。

多種多様な人間の様態、それを「気」に由来する本来性（理）からの逸脱、「偏り」として厳しく規制するのではなく、多種多様な動態こそが「生」の本来なのであり、だからこそ「有意味」なのだといおうとしたのである。そのようにして初めて、「情」とか「欲」とかに、積極的な意味が与えられることとなる。「理」をいちど外して考えることによって、「活物」としての人間の把握や、その意味づけが可能になり、そのようにして初めて「活物」的世界全体の把握が可能になったのである。

しかし、彼らは決して人間存在の様態を覆いつくすものとして、「気質の性」それのみを自立させたわけではなかったことも、押さえておかなければならない。また、「気質の性」としての人間の有意味化（社会化）の過程に関しては、個々の儒者によって少なからぬ色あいの違いが存した。仁斎が「教」（学習）による「性」の均質化をいい、徂徠が「習熟」やそれによる人の「性」の「善く移る（変化ではなく）」可能性をいったのがそうである。

多種多様である人人《じんじん》が、それだからこそ「有意味」だといえるためには、仁斎においては、あいだから（人倫）にあらかじめとらえられて在る存在としての人の自覚が必要であり、「夫れ人倫有るときは則天地立つ。人倫無きときは則《すなわち》天地立たず[16]」（『童子問』巻之下）とされた。すなわち、「君臣、父子、夫婦、昆弟、朋友」といった人倫的関係にはじめから「囿《ゆう》された（囲い込まれた）」ものとして人は人として存するのであって、そうしたあいだがらに関わる主体としての人の多様性の承認であった[17]（「人其〔道〕の中に囿して、須臾《しゅゆ》も離るることを得ず。離るるときは則人に非《あらず》」。『童子問』巻之上）。

一方、徂徠において人はそもそも「群」する存在であり、集合としての人人を統ぶるものとしての政治世界、すなわち「礼楽制度」の確立の必要性が大前提となっていた。「米はいつ迄も米、豆はいつまでも豆」にしかならぬように「気質」は変化し得ない。しかし米も豆もそのそれぞれの成就において、「世界の為にも」用に立つべきものだと彼が語るとき（『答問書』）、「礼楽制度」の下での社会的役割を与えられてこそ十全に有意味になるものとしての、人の「性」＝「気質の性」の性格が明らかになってくる。

以上、大まかに述べてきた近世前〜中期における「人性」をめぐる観点の移動の先に、太宰春台らの議論は位置する。しかしそこには同時に、仁斎や徂徠における場合とは異なる新たな問題が露呈していた。それが、前にも触れた「気質の性」の個々人における内在化という問題である。「気質の性」としての「人性」が、観察的あるいは抽象的な議論の対象としてのみではなく、儒者個々人の内面の問題として、議論の前面に浮上してきたのである。その象徴的な例が太宰春台の場合であった。

そもそものような問題の露呈は、仁斎や徂徠には絶えて無かったことであった。それは第一には、彼らが「人性」論そのものを「主題として」語らなかった（朱子学批判のなかで「人性」をめぐる議論そのものを無化しようとした）からであり、第二には、「気質」による差異は多種多様であるけれども、全体として〈人は似通っている〉と考えていたからであった。そうした意味で仁斎や徂徠は、人間性そのものについて、概して楽天的であったといえよう。それは時代の空気のせいだとすることもできるが、より根本的には、彼らが「人性」を語る際、つねに全体から、あるいは関わりにおいて人を見る視点、対象物として人や世界を見る視野を維持していたためであろう。そしてそうした視野の安定が失われたのが、太宰春台の場合だったといえるのではないだろうか。

五　「人心の同じからざること、其の面の如し」

師徂徠の経学、政治哲学の真の継承者と自認する春台は、大著『経済録』等において、「礼楽制度」の意義とその確立の必要性を力説する一方、『聖学問答』等、多くの著述において、実は朱子学風ともいえるような「心性」の議論を展開している。そしてそれは、徂徠学の構えから論じはじめられるため、ますます出口の見えない議論になっているのである。「邈《はるか》なるかな聖人の道や。此に由って之を観れば、宋儒の道を禍する、書を焚《や》くに過ぎたるなり」[18]（『聖学問答』「序」）と、宋学批判によってはじまる『聖学問答』は、まぎれもない「人性」論の著であった。

では、「気質の性」の重要性についての観点を保持しつつ、宋儒的議論の「わな」を迂回して逃れた仁斎や徂徠らと、あえてそのなかに入り込んでいった春台との間に、どのような観点の移動やその質的変化があったのか。

春台は「然レバ孔子ノ意ハ、性ニハサノミ拘《かか》ハラズ、只習ヲ大事トスルナリ」(19)と、まずは師徂徠同様の切り口から議論を始める。「性の質」としての「性」の定義等もほぼ徂徠と同じである。

凡《およ》ソ性ハ、人ノ生レツキナリ。人ノ生レツキ、十人ハ十様、百人ハ百様、千人ハ千様、万人ハ万様ナリ。子産《しさん》ガ言ニ、「人心之不《ルコト》レ同《カラ》、如《シ》二其面《ノ》一焉」トイヘルハ、千古ノ名言ナリ。人面ノ同カラヌ如ク、心モ亦異《こと》ナリ。心同カラネバ、性モ亦異ナリ。性ノ異ナルコトハ、万事ノ好悪〈スキキラヒ〉、口腹ノ食性〈スキキラヒ〉ノ、人人《じんじん》同カラヌニテ見ユルナリ。サレバ善ヲナスモ悪ヲナスモ、人人ノ性ノ不同ニ随テ、其事同カラズ。(20)（『聖学問答』）

「性ハ、人ノ生レツキ」と始められる議論は仁斎、徂徠と相似しつつも、そこからの焦点の位置が大きく移動していることが、ここに確かめられるであろう。

鄭《てい》の子産《しさん》の言、「人心の同じからざること、其の面の如し」というのは、春台が好んで使用する形容辞であるが、(21)この「人の心は、その顔がそれぞれ異なるように、決して同じではない」とすることばへの愛着からもうかがわれるように、彼にとっては、そもそもの初めから、かくも〈異なって〉しまっている「人心」の、その決定的なありようこそが問題なのであった。全体としては似通った人からなる集団のなかでの、多様な可能性の根拠としての相異なる「気質の性」という視点ではなくして、初めから〈限定〉されてしまっているもの、そのようにしか現れ得ないものとしての、個別の「気質の性」への視点であった。

天地ノ万物ヲ生ズルモ亦然ナリ。造物ニ悪意ナケレドモ、生ズル所ノ物ニハ善悪アリテ、其性サマ〴〵ナリ。……天地ノ正気ヨリ生ズル万物ノ中ニ、此等ノ悪物アルハ何故ゾヤ。程朱〔程子・朱子〕ノ説ノ如クナラバ、此等ノ悪物モ、本然ノ性ハ善ナレドモ、気質ノ性ニ悪アリトイフベシ。腹ヲ捧《かかへ》タル事ナリ。サレバ万物ノ性ニ善悪アル如ク、人ノ性ニモ善悪アリ。善ニ又種種アリ、悪ニ又種種アリ。同ク天地ノ正気ヨリ生ズレドモ、生レ出タル処ヲ看レバ、万人万様ナリ。一父一母ニテ生ム子モ、十人ハ十様ニテ、賢愚善悪サマ〴〵ナルハ、父母モ知ラズ。如何ニトモスベキ様ナシ。天地造物モ、定テ人ノ父母ノ如クナルベシ。(22)（『聖学問答』）

ここに見て取れるのは、あまりにも悲観的な人への視線である。ここにみられる「善」や「悪」は、どのようなかたちであれ、予定調和的な世界内における相対的「善」や、「善」の反としての相対的「悪」ではなく、絶対的な「善」や「悪」であった。(23)「活物」的世界における「気質の性」としての人への視線は、こうした視点へもたどりついたのである。

そして、「天地ノ中ニ生レ出タルマ、ニテハ、禽獣ト異ナルコト無」き、本来欠如体としての人間に、外側から枠をはめるものとして「礼楽制度」の確立が、春台において、切に求められるのである（『聖学問答』）。

先王ノ道ニテハ、内ニ有ル仁ヨリモ、外ヨリ附ル義ヲ重ンズルナリ。(24)

聖人ノ教ハ、外ヨリ入ル術ナリ。身ヲ行フニ先王ノ礼ヲ守リ、事ニ処スルニ先王ノ義ヲ用ヒ、外面ニ君子ノ容儀ヲ具タル者ヲ、君子トス。其人ノ内心ハ如何ニト問ハズ。(25)

徳トイフハ別者ニ非ズ衣服容儀言語ノ凝《こり》カタマリタル者ナリ。(26)

こうした視野の下に、「凡《およそ》天下国家ヲ治ムルニハ、万事ニ於テ制度ヲ立ルヲ先務トス、制度トハ万事ノ法式ヲ定ルヲイフ」(27)として、『経済録』が著されるのである。では、それが最終章に「無為」を持ってこざるを得なかったのはなぜなのか。そして、『経済録』中に詳細に記される「制度、法式」が、いかにも絵空事めいて見える（実際に効力もなかったらしい）のは、どういう理由からであろうか。

六　「人の心は活物」

前に「気質の性」の個別化、内在化ということ、そしてそれが春台において、儒者一個人の内省的課題として議論の前面に出てきたということを述べた。春台はまさしく、客観的、観察的立場からではなく、自らの内的衝動につき動かされるかのように、「気質の性」を論じたのである。「外面ニ君子ノ容儀ヲ具タル者ヲ、君子トス。其人ノ内心ハ如何ニト問ハズ」というがごとき極端な形式倫理主義の背景に在る、「是非ニ定マレル是非ナシ」「是非ニ定体ナケレバ……」[28]（『聖学問答』）という心の拠り所のなさ、倫理的根拠の喪失感の表明は、たしかに春台の肉声であったといえよう。

儒者はそもそも「安心立命」などといういい方はしないものだが……と語りつつ、自らが孔子を信奉するさまを、

> 純〔春台〕ハ知命ノ君子ニ非ズ。至愚陋劣《しぐろうれつ》ナルコト、只一向門徒《いっこうもんと》ノ如シ。是純ガ安心立命ノ一ツナリ。

と記し、また、

吾《ガ》道ノ教ハ、「以《テ》レ義《ヲ》制《ス》レ事《ヲ》」トイヒテ、只先王ノ義ヲ以テ、事ノ上ヲ制シテ、放逸ニセザルノミニテ、心ノ内ヲ責メザル故ニ、実ハ行ヒヤスキナリ。然レバ「以レ義《ヲ》制《シ》レ事、以《テ》レ礼制《ス》レ心《ヲ》」トイフ、仲虺《ちゅうき》ノ言ヲ受用《じゅよう》スレバ、色欲モ財利モ、此身ヲ沈溺《ちんでき》スルコト能ハズ。是純ガ安心立命ノ二ツナリ。(29)（『聖学問答』）

と語るとき、それはほとんど春台（純）の胸中からあふれ出る悲鳴のように聞こえる。

徂徠もまた「（且つ）心なる者は動くものなり」(30)（『弁名』「心・志・意」1）と述べていた。しかしその主意は「だからこそ、心でもって心を制することなどできはしない」と宋儒を批判することにあった。「心」のとらえ所のなさそのものが主題ではなく、そのような「心」を基礎にしてものをいうことを批判する点に、その主眼があったのである。(31)

それに対し、春台の主題は、まさに揺れ動き続ける「心」そのものへと向かう。そして、「吾ガ道ノ教」は「心ノ内ヲ責メザル故ニ、実ハ行ヒヤスキ」と記しながら、彼の関心はいつも、そもそもの初めから「善」があり「悪」があり、おりにふれて「色欲・財利」へと引かれてしまう人の「内心」の姿へと向かっていったのである。春台は「心」や「欲」について、実に多くを語っている。曰く、

人ハ動物ナリ。心モ亦動物ナリ。孟子ノ言ニ、「心之《ノ》官《ハ》則思《フ》」トイヘリ。人心ハ思フヲ以テ職

トスル故ニ、心中片時モ思フコト無クテハアラズ。人心ハ小児ノ如クナル者ナリ。小児寐《いね》ザル内ハ、暫《しばらく》モ手足ヲ動サズハアラズ。人ノ心中ニ思フコト有ルハ、スナハチ心ノ動クナリ。……生ル、ヨリ死スルマデ、一息イマダ絶セザル内ハ、心ノ動カザルコト無シ。動キ止《や》メバ、スナハチ死スルナリ。寐テモ夢ミルハ、心ノ動ク故ナリ。……人ニ七情ナキコト有ラズ。情ナキハ人ニ非ズ。情ハ皆心ノ動クナリ。……然レバ孟子ノ不動心トイヘルハ、詐《いつわり》ナリ。人ヲ欺ケルナリ。(32)（『聖学問答』）

他にも例証はいくらでも挙げ得るが、もう十分であろう。春台が「内心はとがめず」としたその裏面には、片時も揺れ動くことを止めず、絶えず「情」を発動して、人が自己把捉することを危うくさせるような、「動物」のごとき「心」への惧れが存していたのである。こうした認識をもたらしたのも、やはり徂徠に始まる「気質の性」の積極的是認に、その淵源をたどることができるであろう。ただ、それが圧倒的な現実として、思考の前面に出てしまったところに、春台の悲劇があるのだ。

春台は、かくして人の「内心」に拘泥し続け、「人ノ本心」は、そのまた「本心」の在処《ありか》は……、と問いかけずにはいられない。そして彼が「人ノ本心」の基底に認めたのが、意識下の「欲動」ともいうべき(33)、「取捨ノ心」や「都《すべ》テ何事モ人ニカマハズ、一己ノ便利ヲ求ル心」、あるいは動物としての生存欲であった(34)。彼は、こうした意識下の「欲動」に突き動かされる人の「心」を「活物」とも形容したのである。

「活物」とは、いうまでもなく、仁斎や徂徠ら「古学派」の儒者たちが、朱子学の「理」一元的世界像に対し、「生々流行」するものとしての世界を描き出すときに使用するキーワードであった。

心を治る道は釈氏の法にて、聖人の道に無き事にて候。人の心は活物にて、静にしがたき物にて候。静めんとすれば弥《いよいよ》動き、治んとすれば弥乱れ候。如何にとなれば、動くも心静めんとするも心にて候。心は一つならでは無き物にて候へば、心にて心を治むる事、決して叶はぬ事にて候。治んとするがすなはち乱るゝにて候。静めんとするがすなはち動くにて候。[35]（『弁道書』）

語られる文脈は、「釈氏（仏教）」および宋学に対しての「心学」批判であるが、仁斎、徂徠らの「心学」批判と印象が大きく異なるのは、それが〈「心」のとらえ所のなさ〉という一点に集中してなされていることである。徂徠が、朱子学を禅宗と同じ地盤に立った「心学」であると非難する際、その主眼は、「心」中に「理」を設けることの妥当性、すなわち内在的原理の妥当性への批判があった。それに対し、春台の論調は、「心」の動揺性、とらえ所のなさそのものに、その関心が集中するかのごとくである。

春台は、「心」を、もはやすでに学問や知的分析、人為の外側にあるものとでもいおうとしているかのようだ。そしてそうした「心」の無規則的な動き（「欲動」の噴出）を形容することばとして彼に選び取られたのが、かつては朱子学の世界観を固定的と批判し、より自然なる天地のありかたをイメージさせることばとして古学派の儒者に使用されたはずの、「活物」という用語であった。春台において「人の心は活物にて……」と語られる「活物」は、いわば魔物《デーモン》のような響きさえ感じさせるものである。[36]

七 「無為」

かくて、春台の言述はますます袋小路へと追い込まれていくようである。分裂した二つの主題（「心」と「礼楽制度」）の間に融合点を見出せないまま、議論はそれぞれの方向に向けてさらに先鋭化する。「内心」への執着が強ければ強いほど、外的規範「礼楽制度」の記述は詳細をきわめるようになる。『経済録』巻一から巻九までは、まさに偏執的とも称しうるような、微に入り細をうがつ制度の議論となっている。そして最終巻、巻之十に収められるのが「無為」と「易道」の二条なのである。

「易道」とは、世の盛衰治乱はつまるところ人の思案の外の出来事であり、国を治めるには「易道」の「陰陽消長ノ理」を知らなければならないということ。そして「無為」とは、初ヨリ正シキ制度モナク、堅キ法令モナク、古ヲ稽タル政モナク、只姑息苟且《こそくこうしょ》ノ政ヲ行テ、数百年ヲ経テ、士大夫ハ世禄ニテ驕奢淫泆《きょうしゃいんしつ》ノ行ヲナシ、民ハ本業ヲ棄テ末利ヲ事トシ、風俗頽廃《たいはい》シ、上下困窮シタル時節ニ、真ノ経済ニ非ズシテ、彼此ト旧政ヲ変ズルハ大ニ不可ナルコト也。此時ニ当テハ、大概国ヲ治ムル政事ヲ止テ、只無為ノ道ヲ行フニシクハナシ。無為トイフハ、何事モナサヾル也。無為ニ二ツアリ。聖人ノ無為アリ。老子ノ無為アリ。……老子ノ無為ハ、上モ下モ、一向ニ作為スルコトナク、天地自然ノ勢ニ任テ、天下ノ事ニ少モ手ヲツケズ、其成行儘《まま》ニシテ捨置ク義也。儒者ヨリ観レバ、不仁ナル様ニ思ヘドモ、不仁ニハ非ズ。此道ハ衰世ニ宜キ道也。(37)（『経済録』巻之十）

何もしなくてよい、それが一番だというのである。その「無為」も、儒学にいう「何も無理にせずとも、君主の徳の感化によって自然に治まる」という、肯定的意味でのそれではなく、老荘の「あらゆる人為を棄てよ」という「無為」なのである。

ここまでくると、太宰春台というのは、実に興味深い一思想現象であるとつくづく思わざるを得ない。ここには彼の同時代観（衰世史観）も反映しているのであろうが、ここまでその思想の経緯をたどってきた私たちには、こうした帰結、いわば「判断停止」が、彼にとって当然の帰結であることも理解し得るのである。春台自身においても、詳細に「礼楽制度」の具体化を語れば語るほど、その実現不可能性が意識されていったのではないだろうか。

なぜならそれは、春台において、不断に増大し続ける自らの「内心」への不安に比例して増殖するものだったからである。そしてそうした彼の思案とは関わりなく、徳川の「泰平の世」は続いていく。「判断停止」を口に出さざるを得ないわけである。世の移り変わりをうまく説明するのでもなく、時代を先取りする視野を提示したのでもない。そういう意味で、太宰春台は、やはり非主流の思想家であり、ひとりの不遇な儒者であった。しかし、その思索がたどった路を徂徠学の流れのなかで起きた、ひとつの思想現象としてみた場合、そこには注目すべき課題も見えてくるのである。

八　徂徠学以後の、人と「共同」

以上で本章で論じることはほぼ尽きたのだが、最後に徂徠学以後における、人の共同性の問題と「気質の性」論との関連について、覚え書き風に記しておこう。本章前半で、太宰春台の思想的挫折は江戸後期の思想の質の一面を示すとともに、その思索の軌跡は、近世日本儒学における、個々の人と共同との間の架橋のありようの問題にもつながるのではないか、と述べたのは以下のようなことである。

朱子学が「内心」と外界、あるいは他者との間を、現象世界を超越した「理」という架空の一点を介在させることによってつなぎ、それを〈自然化〉して見せることで、個としての人と、その共同との連続を保証しようとしたとするなら、春台はそれの陰画のようなところに位置する思想家である。春台は、自然な、しかし不安定きわまりない「内心」を別領域化させ、それを社会性から隔離したうえで、人為としての「制度」を考える。しかしその「制度」が具体化にいたる経路を欠いていたため、絵空事化して見えるのもすでに述べたとおりである。

それは結局、春台のなかに、朱子学とは異なるかたちでの、個としての人と共同性との間の接続が出来ていなかったためであるともいえよう。そしてこの春台と朱子学の間に存していたのが、仁斎や徂徠である。彼らは朱子学の構図は破棄したが、朱子学の構図とは異なるやり方で、ある種の〈自然な〉個としての人と共同との連続を説明し得ていたように思われる。それはいったい何なのか。仁斎や徂徠の学問、そしてそれらを経由して確立された国学は、近代日本にいたる思想基盤を形成し、私たちの精神的背景を作ってきたわけだが、そうした展開のなかで、人の共同性の問題は、どう展開、融合、あるいは議論の表面から埋没したのか。私たちにとって、個としての人とその共同性の可能性を考えていくうえで、江戸後期の儒学思想は貴重な材料を提供している。

註

(1)　尾藤正英「太宰春台の人と思想」(頼惟勤校注『徂徠学派』日本思想大系37、岩波書店、一九七二年、解説)。ほかに、太宰春台の思想、経歴に関するまとまった議論としては、小島康敬『徂徠学と反徂徠 増補版』(ぺりかん社、一九九四年)、田尻祐一郎・疋田啓佑『太宰春台・服部南郭』叢書・日本の思想家17(明徳出版社、一九九五年)、白石真子『太宰春台の詩文論――徂徠学の継承と展開』(笠間書院、二〇一一年)、豊澤一「太宰春台の思想の一側面――『聖学問答』を中心に」(『近世日本思想の基本型』ぺりかん社、二〇一一年)、竹村英二「太宰春台における古文の「体」「法」重視」（『江戸後期儒者のフィロロギー』思文閣出版、二〇一六年）、前田勉「太宰春台の学問と会読」（『江戸教育思想史研究』思文閣出版、二〇一六年）、藍弘岳「太宰春台と徂徠学の再構成――「聖人の道」と日本批判をめぐって」（『思想』一一一二、二〇一六年一二月）等がある。

（2）井上哲次郎・蟹江義丸編『日本倫理彙編』巻之六（育成会、一九〇二年）二二〇頁。

（3）同前、三一五頁。

（4）『徂徠学派』日本思想大系37、八〇頁。

（5）『本居宣長全集』第二巻（筑摩書房、一九六八年）一〇六頁。

（6）野口武彦「太宰春台の孤独」（『江戸文学の詩と真実』中央公論社、一九七一年）は、そうした春台の個性とその思想との連動を鋭く剔出する。

（7）「徂来先生、見識卓絶、知道甚明。周南以為鄒魯以後無是人者、非過論也。惟其行不及其所知。殆所謂行不掩者歟。蓋先生之志、在進取。故取人以才不以徳行。二三門生亦習聞其説、不屑徳行、唯文学是講。是以徂来之門多跅弛之士、及其成才也、特不過為文人而已。其教然也。外人既以是譏先生。純亦嘗窃不満先生。此先生之所以鶏肋視純也。書云非知之艱、行之惟艱。先生有焉。」

（8）『徂徠学派――儒学から文学へ』（筑摩書房、一九七五年）、『江戸人とユートピア』（岩波現代文庫、二〇〇四年）等。

（9）『江戸人とユートピア』、および中村春作「「壺中の天」説話と他界思想」（『現代思想』一一―一一、一九八三年）二三五〜二四七頁参照。

揖斐高は、服部南郭の『唐詩選』に範をとった作品「塞下曲」（西域の辺境を守る兵士の詩）を論じて、「この詩はテーマといい、詠まれた情景といい、まったく『唐詩選』の世界であって、作者南郭の生きる十八世紀日本の現実とは何ら重なりあう所がない、このような現実遊離の詩が流行することの文学的な意味、あるいはその精神史的な背景とは何であろうか」と問いかけ、「つまり、十八世紀日本の現実から遊離したこの詩の世界を支えているのは、古典的な枠組の中で虚構された英雄的な感情へのロマンティックな自己陶酔ではなかったか」「士大夫であろうとしても士大夫ではありえない十八世紀日本における知識人の、卑俗な現実への反発と脱出の夢想が存在している。そうありたいと思う自己、南郭にとってはおそらく儒教的な価値に裏付けされた士大夫的な自我とでもいうべきもの、を実現しうる世界が現実には存在しないことを知った時、南郭はむしろ自らその実現を断念し、「予ハ決シテ経済ノコトヲ云ハズ」という言葉を吐いたのである。そして、そうした断念とは表裏の関係で、『唐詩選』を模倣して構築する擬古的な詩の世界に、士大夫的な自己を充足させる虚構の空間を作ろうとしたのではなかっただろうか」（『江戸詩歌論』汲古書院、一九九八年、二一〜二二頁）と述べる。

「経済（経世済民）」、儒学による政治をあえて語らないことを選択する南郭と、「経済」を真っ正面から語ろうとする春台、一見方向を異にする二人に共通する、徂徠学派の儒者としての「質」を想定することも可能であろう。

(10)『徂徠学と反徂徠　増補版』参照。

(11)『朱子学と陽明学』（岩波新書、一九六七年）九三頁。

(12)「性生也。人其所生而無加損也。董子曰、性者生之質也。……、非離於気質而言之也」（『伊藤仁斎・伊藤東涯』一三四頁）。

(13)「性者生之質也。宋儒所謂気質者是也。其謂性有本然有気質者、蓋為学問故設焉。亦誤読孟子、而謂人性皆不与聖人異、其所異者気質耳。遂欲変化気質以至聖人。若使唯本然而無気質、則人人聖人矣。何用学問。又若使唯気質而無本然之性、則雖学無益。何用学問。是宋儒所以立本然気質之性之意也。然胚胎之初、気質已具、則其所謂本然之性者、唯可属之天、而不可属於人。又以為理莫有所局、雖気質所局、実有所不局者存、則禽獣与人何択也。故又帰諸正通偏塞之説。而本然之説終不立焉。可謂妄説已。」

(14)「論語専以教為主。故性之美悪、在所不論」(『近世思想家文集』二〇六頁)。
(15)「言性自老荘始。聖人之道所無也。」
(16)「夫有人倫則天地立。無人倫則天地不立」(『近世思想家文集』二五八頁)
(17)「人囿于其中、而不得須臾離焉。離焉則非人也」(同前、二〇六頁)。
(18)「邈矣乎聖人之道也。由此観之、宋儒之禍道、過焚書也」(『徂徠学派』日本思想大系37、六〇頁)。
(19)『徂徠学派』日本思想大系37、六七頁。
(20)同前、六九頁。
(21)近世文芸における使用例とその意義に関しては、大谷雅夫「人心不同如面」(『和漢比較文学叢書』第七巻、汲古書院、一九八八年)二一七~二四三頁を参照されたい。また、春台と同門の山県周南も、人の性質の同じからざることを、しばしば「人心不同如面」と同様の古語を用いて語ったことが、前田勉「太宰春台の学問と会読」に指摘されている。
(22)『徂徠学派』日本思想大系37、九八頁。
(23)野口武彦「江戸形而上学と「悪」」(『江戸百鬼夜行』ぺりかん社、一九八五年)二三~五四頁参照。
(24)『徂徠学派』日本思想大系37、八九頁。
(25)同前、九五頁。
(26)同前。
(27)滝本誠一編『日本経済大典』第九巻(史誌出版社、一九二八年)六二四頁。
(28)『徂徠学派』日本思想大系37、八一頁。
(29)同前、一二一~一二七頁。
(30)「且心者動物也。」
(31)徂徠の「心」への関心のあり方について、田尻祐一郎は、徂徠の「心」への視線は、「文化的な教養・能力」の「徳」としてのものであったとし、徂徠の考えにおいては「礼楽という文化の枠組みの中で、初めて「心」（徳）の涵養はなされる」のであって、「「心」をそれだけ取り出して、あるべき「心」に高めていこうというような営みは意味をなさない」のだと明快に断じる（『こころはどう捉えられてきたか――江戸思想史散策』（平凡社新書、二〇一六年、一六九頁）。

(32)『徂徠学派』日本思想大系37、七三～七四頁。

(33) 丸山圭三郎『欲動』（弘文堂、一九八九年）参照。

(34) 豊澤「太宰春台の思想の一側面――『聖学問答』を中心に」参照。

(35)『日本倫理彙編』巻之六、二二九頁。

(36) ちなみに、仁斎、徂徠らは「人は活物」とはよくいうが、「人の心」を即「活物」としてあえて主題化することはない（徂徠は「心は動く」とはいう）。ここにも、春台における重心の移動が見て取れるだろう。厳錫仁は、山崎闇斎門下の儒者、佐藤直方に「心ハ活物ナレバ、動クモノナリ」とする発言があることに注意をうながし、一見相反する儒学説を提示したかに思える伊藤仁斎と佐藤直方が、「活物的な人間理解」を共有していたとし、それを「日本近世思想史が獲得した貴重な特質の一つ」と論じる（『東アジアにおける日本朱子学の位相――崎門派の理気心性論』勉誠出版、二〇一五年、二一〇～二一四頁）。

(37)『日本経済大典』第九巻、六五八～六五九頁。

第八章　反徂徠学、懐徳堂の儒学

一　懐徳堂儒学と『中庸』

一般に、伊藤仁斎、荻生徂徠らいわゆる「古学派」の経典解釈を経て、近世日本の経典注釈は、言語論的経典解釈へ、考証学的注釈へ転回していったとされる。その過程に、経典を徹底してテキスト生成史の問題として語った富永仲基「加上説」や、伝統的経書の「聖典」性に疑いを示す、中《なか》井履軒《いりけん》「中庸錯簡説《ちゆうようそつかんせつ》」等が登場する。

徂徠没後、「反徂徠」の儒者たちが徂徠学を批判した点は、大きく二点に分けられる。すなわち、徂徠学における「道徳」不在への非難と、徂徠の「古文辞」癖批判の二点である。徂徠学は道徳説不在の学問として批判され（「徂徠春台ハ刑名ノ学ナリ」、中井履軒『辨妄《べんもう》』）、「古文辞」風の詩文や『論語徴』の注釈方法もまた、「怪しい古言癖」であるとして非難されたのである。

そのなかで徂徠の「古文辞」による注釈、『論語徴』も往々批判を被ることになったのだが、ここで注意すべきなのは、それら非難がもっぱら、〈実は、徂徠は自らいうほど「古文」を正確には読んでいない、徂徠のいう「古言」は典拠が定かでない〉というレベルの上で行われたことである。そして、反徂徠を標榜した江戸後期の儒者たちは、徂徠独特の注釈の姿に強い拒絶感を表しつつ、しかしそれを〈字義や解釈の精度の地平上で〉争うことによって、結果として、より用語論的経典注釈、考証学的経典注釈の世界を切り開いていくこととなったのであった。

本章では、徂徠学以後の経書注釈の一端を、反徂徠学を標榜した大坂、懐徳堂の儒者たちの『中庸』注釈の場面から垣間見ていきたい。

懐徳堂の儒者たちの用語論的、考証学的な経典注釈に伴われていたのは、当時の新興市民階層、より大衆化し拡大した知識人層にふさわしい、平易で身近な道徳のテキストとして、経典を読み解いていこうとする姿勢だった。その代表が、大坂で民間に興った懐徳堂の儒学だった。その『論語』解釈に示される方向性については、『論語逢原《ほうげん》』に即してすでに述べたことがあるので[1]、ここでは、その『中庸』解釈をめぐって、懐徳堂儒学の反徂徠学としての特質を明らかにしよう。

最初に学派の由来とその概要を記しておく。懐徳堂とは、享保九年（一七二四）、町人たち自身の手により大坂に創立された学問所の名である。「懐徳」という名称は、『論語』「里仁」編の「君子懐徳」に由来する。創設の中心にあったのは、五同志、五人衆と呼ばれた、三星屋《みつぼしや》武右衛門（中村睦峰《むつみね》）、道明寺屋《どうみょうじや》吉左右衛門（富永芳春《ほうしゅん》）、舟橋屋《ふなはしや》四郎右衛門（長崎克之）、備前屋《びぜんや》吉兵衛（吉田盈枝《みつえ》）、鴻《こう》池屋《のいけや》又四郎（山中宗古《そうこ》）ら、裕福で好学の町人たちである。三星屋は貸家業、道明寺屋は醸造業、舟橋屋と備前屋は問屋、鴻池屋（又四郎）は豪商鴻池屋の分家で蔵元、といったように、民間の有力商家が主体となり設立された、日本史上稀有なこの学問所は、享保十一年（一七二六）には官許を得て、初代学主に三宅石庵《せきあん》、預人（校務責任者）に中井甃庵《しゅうあん》が就任し、江戸の昌平黌に対して大坂学問所とも呼ばれるようになった。学校は代々、基本的にこれら同志による出資金およびその利子で運営された。そして、明治二年にその門を閉じるまで、学舎の焼失等幾多の試練を経つつ、江戸期儒学史に大きな足跡を残したのである。(2)

この間、五井蘭洲《ごいらんしゅう》（一六九七―一七六二）、富永仲基《とみながなかもと》（一七一五―四六）、中井竹山《ちくざん》（一七三〇―一八〇四）・中井履軒（一七三二―一八一八）兄弟、山片蟠桃《やまがたばんとう》（一七四八―一八二一）ら、江戸後期を代表する多くの儒者を輩出し、懐徳堂は日本における朱子学展開の大きな原動力となった。明治になっていったん閉ざされた学問所であるが、ほどなくして顕彰運動が起こり、大正期には学舎が再建され（重《ちょう》建《けん》懐徳堂）、学問・教育活動が再開されるにいたった。当時復興運動の中心にいた西村天囚《てんしゅう》（時彦）による『懐徳堂考』は、今も懐徳堂の歴史を知るうえでの基本文献である。以後、戦災による学舎の焼失も乗り越えて、学問・教育活動は今日まで精力的に続いている。その意味で、懐徳堂は、近世後期から近代にかけて、一つの学派として、たしかに実態を有した思想運動であったといえよう。

懐徳堂の学風を端的に示すものとして世に知られるのは、享保十一年、学舎の玄関に掲げられた「定書」、いわゆる「壁書《へきしょ》」である。(3)

一　学問は忠孝を尽し職業を勧むる等之上に有之事《これあること》にて候、講釈も唯右之趣を説すゝむる義に候へば、書物不持《もたざる》人も聴聞《ちょうもん》くるしかるまじく候事。
但不レ叶用事出来候はゞ、講釈半にも退出可レ有レ之候。

一　武家方は可レ為二上座一事。
但講釈始り候後出席候はゞ、其の差別有レ之まじく候。

一　始て出席の方は、中井忠蔵迄《まで》其断《ことわり》可レ有レ之候事。
但し忠蔵他行之節者《は》、支配人道明寺新助迄《まで》案内可レ有レ之候。

この「壁書」は、懐徳堂の学問所としての性格を余すところなく示している。懐徳堂はそもそもの出発から、身分にかかわりなく自らのために学問すること、それ自体が目的だったのである。そして、そこで学ばれたのはもっぱら四書であり、朱子学であった。享保十一年、官許を得るに際して、第一代学主三宅石庵は『論語』と『孟子』の各冒頭章を講義したが（『万年先生論孟首章講義』）、五井蘭洲の父、五井持軒《じけん》（加助）が別名「四書屋加助」と称されたごとく、元来、懐徳堂の学問は朱子学であり、四書の学習を中心とするものであった。

初代学主、三宅石庵は元々、山崎闇斎門下の浅見絅斎《あさみけいさい》に学んだ人物であるが、破門され陽明学に接近した履歴を有しており、「世、石菴〔庵〕を呼んで鵺《ぬえ》学問と為す。此れ其の首は朱子、尾は陽明、而して声は仁斎に似たるを謂ふなり」（『先哲叢談』）とも称された。石庵の学問は朱子学、陽明学、伊藤仁斎の古義学を折衷した、どこへ向いているのか分からない学問（鵺学問）と当時批判されたが、彼自身、「天下の学」は「天下の公」であるべきであり、朱熹に荷担するのも王陽明に荷担するのも「私」に過ぎないと述べたとされるように（『藤樹先生書簡雑著』）、「学派」的解釈の外側に自らの儒学を置こうとする人物であった。まさしく、現実社会に有用の「実学」として儒学を学ぼうとした町人の学問であり、経典（テキスト）への対処においては、人脈的・学問的につながりのあった、伊藤仁斎、東涯の考証学的経学の姿勢を受け継ぐ学問であった。

その後、懐徳堂の学問は、崎門派を「刻薄寡恩《こくはくかおん》」、徂徠派を「放蕩浮躁《ほうとうふそう》」、伊藤仁斎を「義気を蔑《なみ》して心性を疎《うと》んず」と批判し篤実な朱子学を説いた五井蘭洲によって、その基盤が構築されるにいたる。西村天囚『懐徳堂考』は五井蘭洲について「是れ実に懐徳堂学風の一変と謂ふべく、異日竹山履軒等の経術文章並に其の盛を致して、海内の欽仰《きんぎょう》する所と為りしは、由来する所あるを知るべし、且《かつ》石菴の学は鵺を以て称せられしも、蘭洲は程朱を宗として、操守甚だ堅し」と記し、その学風を「其の説中正を尚びて、務めて偏固支離の弊を去れり」と評している。[4]

こうして、五井蘭洲『非物篇』、中井竹山『非徴』に代表される厳しい徂徠学批判をてこにして、また、老中松平定信来坂時に中井竹山への直々の諮問、それに対する政論『草茅危言《そうぼうきげん》』の献呈等を経て、さらには、「寛政異学の禁」の立役者であった尾藤二洲《びとうじしゅう》や広島藩の朱子学者、頼春水《らいしゅんすい》ら、著名な儒者たちとの交流を介して、懐徳堂は、近世後期における朱子学の一大拠点として認知されるにいたったのである。

ところで、こうした懐徳堂の儒学が明治以降再評価される契機となったのは、富永仲基「加上説」(『出定《しゅつじょう》後語』)、山片蟠桃「無鬼」論(『夢ノ代《しろ》』)の思考の独自性、近代性への着目であった。富永仲基「加上説」とは、仏典を素材に、思想言説はつねにその言説の出自を(他の言説より)過去にさかのぼらせることで、正統性を競うものであるとしたもので、内藤湖南によってその視点の近代性が高く評価された(『先哲の学問』一九四六年)。

富永仲基「加上説」の登場は、いわば神学としてではなく、思想の歴史として、テキストの歴史として儒教の経典を批評する、新たな視点の誕生を意味する。この点、反徂徠を標榜しつつも、その方法として、先述した徂徠学の「思想史」の視点を継承発展させたものであったといえよう。また山片蟠桃「無鬼論」とは「スベテ正道ノ外ハ、鬼神・怪異ノ変ニヲヒテハ、ナキモノトシルベキコトヲ弁」じようとしたものであり、祭祀における祖考の来格もふくめて、それらが実体の無いものであることを明らかにしようとしたものであり、これまたその視線の近代性が、後に高く評価されたのであった。

その後、懐徳堂儒学研究は、テツオ・ナジタによる研究が出現し、新たな展開を見せた。テツオ・ナジタは、十八世紀に大坂という商人の町に成立した、学問所を中継点とする「知」の交流の様式そのものが、新たな「知」の特質を構成したと指摘し、近世日本における公共的な「知」の出現を、そこに読み取ろうとしたのである。[5] そしてそうした議論の蓄積のなかで、従来、江戸期思想史上、孤立した思想と見なされてきた、富永仲基や山片蟠桃の議論も、懐徳堂儒学の共通する〈思想の場〉に生じた出来事として、読みなおされ始めたのである。富永仲基や山片蟠桃の著作を、孤立した「独創」として「時代から切り離して論じるのではなく、むしろそれを生み出した共通の知的基盤を問うことが重要」[6]（宮川康子）と研究者に認識されるようになったのである。

以上述べたように、懐徳堂儒学を、新たな「知」の視線を生み出した一つの思想運動としてとらえるとき、彼らにおける〈共通の知的基盤〉の一つに、経典＝テキストへの独自の姿勢があったことが重要となる。懐徳堂の儒者たちは、朱子学者として経書に対しつつ、同時に、経書を歴史世界のなかに置いて見ることで、彼らが現実に生きる世界の課題として儒学をとらえなおし、それをもって江戸思想界に新たな視界を開いたのである。そして、その頂点に存するのが、『中庸』のテキスト論（「中庸錯簡説」）であること、また、文献批判のもとになされた『中庸』解釈が、懐徳堂儒学の本質と深く関わっていたことは疑いない。懐徳堂を代表する儒者の一人、山片蟠桃の「無鬼」論も、そうした懐徳堂における『中庸』テキスト論の蓄積の上に生じた出来事だったのである。

では、懐徳堂儒者による『中庸』のテキスト批判とはいかなるものだったのか、そして、そのうえでなされた注釈がどのようなものだったのか。まずは、蟠桃「無鬼」論を手がかりにして、この問題に分け入っていこう。

二　山片蟠桃の「無鬼」論

山片蟠桃は、播磨国印南郡神爪《かづめ》村に生まれ、米仲買、両替商を営む升屋に奉公し、升屋本家の支配番頭にまでいたり、その経営手腕を買われて仙台伊達家ほか諸藩の財政再建にも与ったことで知られる、まさしく、懐徳堂的世界を代表する儒者である。その彼が晩年に完成させた『夢ノ代』は、元々の題名を『宰我《さいが》の償《つぐない》』といい、「徒に稲をくらひ布帛を衣て、枕にのみなづむは、口おしきことに非ずや」と、『論語』中の昼寝をとがめられた弟子になぞらえたものであったが、中井履軒の意見により題を改めたとされる著書である（「自叙」）。

彼は「竹山先生ハ、我ガ常ノ師ナリ。ユヘニ、我論ズル処、ミナ先生ニ聞トコロノモノナレバ、別ニ師名ヲ顕スコトナシ。ソノ後、履軒先生（ノ）校正ヲ請テ、ソノ論ヲキヽ、書中ニ加ヘタルモノユヘニ、別ニ「履軒先生曰」ヲ加ヘテ、コレヲ分ツモノナリ」(7)（「凡例」）と、中井竹山、履軒両先生の忠実な祖述者であると自ら述べており、『夢ノ代』は、懐徳堂儒学の「実学」的側面、合理主義的側面の集大成ともいい得る大著となっている。

その内容は、「天文」「地理」から「経論」「異端」「無鬼」にいたる、いわば百科全書的性格のものであるが、同書をもっとも有名にするのが、霊魂や不可思議な現象一切を存在しないものと断じた、「無鬼」（上・下）の章であることは疑いない。蟠桃自身「（同書の記述は）スベテ中井両夫子《ふうし》ニ聞クコトアルニ与《あずか》ルモノノミ。余《わ》ガ発明ニモアラザルナリ。シカレドモ、太陽明界ノ説、及ビ無鬼ノ論ニ至リテハ、余ガ発明ナキニシモアラズ」[8]（「凡例」）と、地動説に基づく「太陽明界説」と「無鬼」論とを、自らの「発明」と特記している。

その蟠桃「無鬼」論は、冒頭、「鬼神」を議論でやり込めたところ、逆に形相を変じた「鬼神」にとりつかれて頓死したとする『晋書』阮瞻《げんせん》伝の記述を、「コノ鬼形トハ何ナル形ゾヤ。角ハヘテ、三指ニテ、虎ノ皮（ノ）フンドシ（ヲシタルヤ。但シハ幽厲カ、シルベカラズ）」と揶揄する文章から始まる。この「上・下」に分けられた章において、蟠桃は、中国古典籍にとどまらず我が国の『古事記』や神道に説く幽冥、仏教の教説（「コノ書、仏法ヲ排スルコト讐敵ノゴトシ」と彼自身述べる）を、文献を博捜して、すべて根拠・実体のないことであると難じていく。

蟠桃は「天ト云、鬼神ト云ヘドモ、ミナコレヲ人ニ試ムル也。シカレバ天モ鬼神モ、ミナ人上ニアルヲ見ルベシ」という。「天」も「鬼神」もすべて、「人上」の事柄、あるいはその反映でしかないとするのである。彼においては、天の応報もまた「善悪ノ報ミナ天ニアラズシテ人ニアルナリ。……コレヲ以テ、天モナク、鬼神モナキヲ知ベシ」とされる。「元ヨリ天即チ人ニシテ、聖人ノ徳モ人事ヲ以テスルコトナレドモ、……但今日ノ人事ニテミル」べきことなのである。そして、そうした「妖説」に溺れない理由を、彼は「実学ノ効験」とするのである。こうした彼の「無鬼」論は、まさしく、現実の「人事」上において経典を読み解く、懐徳堂実学の極北に位置するといっていいだろう。

では、そのようなことさらいうまでもないような「事実」を、彼はなぜ大量の言葉を費やして語る必要があったのか。それは儒教がもともと祖先祭祀をその基盤においていたこと、そして特に、朱子学以降、経書としての位置を高められた四書の一つ『中庸』が、「鬼神」の章をその重要部分として有していたからにほかならない。

彼は、同書中、一世代前の朱子学者、新井白石の著『鬼神論』を、以下のように酷評する。

吾新井氏ノ鬼神論ヲミテ巻ヲ掩フテ嘆息ス。唯コノ人ノ学術博キヲ勉ムルノミ。ユヘニ鬼神ノ朦朧タル、其約スル処ヲシラズ。唯渉猟スルノ書ニヲヒテハ一モ取捨スル見ナクシテ、唯信ジニ信ズルノミ。シカルニ新井氏ニヲヒテカクノゴトシ。況ヤ亦新井氏ナラザルモノヲヤ。ア、世人ノ鬼神ニ溺ル、、イカントモスベカラズ。(9)

新井白石『鬼神論』の混迷する議論の中身についてはここで触れないが(10)、白石の議論もまた、朱子学者としての「合理主義」的思考、主知主義の結果であったことは明らかである。白石は「能《よく》信じて後によく聞《きく》とし、よく知りて後によく信《しんず》とす」(『鬼神論』)と述べたうえで、霊魂や怪異現象も「合理」的に解明し得るものだと考えたのである。そしてそのような試行に白石を駆りたてたのは、儒教の出発点に祖先祭祀があったからであり、経典に「鬼神」への言及があったからであり、さらには朱子学において「鬼神」が新たな自然概念(陰陽二気の働き)に読み替えられ、議論の主題となったからであった。

そもそも「鬼神」を論じることは決して特殊なことではなく、儒者にとって共通のテーマの一つであった。儒教でいう「鬼神」とは、日本語でいう「オニ」のことではなく、それをも含んで、（「天」以外の）超越的存在一般を指し、狭義には「祖霊」を意味した。『周礼』にいう「天神（天帝、星神など）」「地祇《ちぎ》（土地、山川、穀物などの神）」「人鬼（祖霊など）」のうち、「天」を除いたものがそうである。伊藤仁斎の定義にしたがえば「凡そ天地・山川・宗廟・五祀の神、及び一切神霊有って能く人の禍福をなす者、みな之を鬼神と謂ふ」[11]（『語孟字義』）のである。このように経験的知識の外部に大きく広がる内容を有するものであるだけに、孔子もそれに直接言及することを避けたのである。

しかしながらこの「鬼神」は、儒教において大きな柱であり現実のことがらである祭祀（山川天地から宗廟における祖霊まで）に密着するものであったため、たえず課題としなければならない問題でもあった。さらに宋学が起こって、四書の一つとして『中庸』を特別視して以来、「鬼神」は議論の対象としてより重要となった。「天」―「性」―「道」の連関を説く『中庸』一書の内に、「鬼神」が「誠」という「徳」を賦与されて組み込まれていたからである。「鬼神」を論じることは、祭祀における「感格」を、「天」―「人」の相関を論じることであり、そのうえ四書の一たる『中庸』中の「誠」の意味を語ることとなったのである。

「鬼神」を陰陽二気の働きによって置き換えて説明した朱熹は、『中庸章句』第十六章「子曰鬼神之為徳、其盛矣乎」において、以下のように注する。

程子〔程伊川〕曰く、鬼神は天地の効用、造化の迹と。張子〔張横渠〕曰く、鬼神は二気の良能と。愚謂へらく、二気を以て言へば、則ち鬼は陰の霊なり、神は陽の霊なり。一気を以て言へば、則ち至りて伸ぶる者を神と為し、反りて帰する者を鬼と為す。其の実は一物のみ。(12)

こうして、朱熹は鬼神＝陰陽二気の働きとする説によって、自然界の事象から人の霊魂や不可思議な事柄までを一挙に「合理」的に説明しようとしたのである。新井白石がこの朱熹の視線の延長線上に『鬼神論』を著したことはいうまでもない。

朱熹はさらに『中庸』に記される「鬼神」と「誠」との関わりについても、「鬼神」の「徳」が「誠」であるとは、「実理」＝天道における「真実無妄《しんじつむぼう》」な在り方、そのものを指すとし、「誠者天之道也、誠之者人之道也」(『章句』第二十章)の箇所と連関させて、「誠」という「実理」を介して「天」と「人」とが相関するという構図を描こうとした。こうした、「陰陽二気」の働きで一貫させ、論理化しようとする朱熹の議論は、一方、その論理性ゆえのジレンマにも陥ることとなった。

それは、祭祀における祖霊の「来格《らいかく》」(祀りに応じて祖霊がこちらがわにやってくる)という事態の説明においてであり、本来「天地公共之気」であるはずのものが、なぜ、特定の祭祀において個別の祖霊が「来格」するのかという説明においてであった。この問題は、江戸期日本の朱子学者においても難題となり、崎門派の佐藤直方もその説明に苦しんだところであった(「理デ云テユカヌトキニハ気デサバクコレデツカヘナシ」、「中庸鬼神大意」)。であるにもかかわらず、朱熹がこのように「鬼神」＝「陰陽」の「合理」的解釈にこだわったのは、現実に在る重大事としての祭祀の習俗をいかに説明するかが、彼において一大事だったからであり、「ある現実をあるべき理念へいかに昇華させるか」という朱熹の「生涯にわたる思想的腐心」(13)（三浦國雄）が、その根本にあったからである。

　では、このように朱熹がその論理的説明の貫徹に難渋し、江戸期の儒者がその解釈に苦しんだ『中庸』「鬼神」の章の難題を、山片蟠桃はなぜやすやすと超え出ることができたのだろう。なぜ議論の外側に出ることができたのだろう。そこに存したのが、三宅石庵以来、懐徳堂儒学に蓄積された経書のテキスト論の視点であり、「中庸錯簡説」であった。山片蟠桃は『夢ノ代』で以下のように述べる。

鬼神ノ章、十六章ニアルハ錯簡《さくかん》〈マチガイ〉ナリ。コノ書首尾連続スルコト至リテ正シ。然ルニコノ章上下ニツラナラズ。ユヘニ朱子、費隠ヨリシテサマ〳〵ニ説ナストイヘドモ穏ナラズ。仁斎先生コノ章ヲ以テ、「上受ル所ナク、下起ス処ナシ」ト、始テ疑ヲ入《いる》トイヘドモ、其説ヲ得ズ。万年三宅先生ノ卓見ニテ、コノ章ヲ二十四章トスレバ、前後ヨク連続ストアリシヨリ、五井・中井ノ二先生コレヲトナヘテ、今ノ竹山・履軒両先生ニ至リテソノ説備ハル。右鬼神ノ章ヲノゾケバ、十五章ノ「父母ハ其順也乎」ヨリ十七章ノ「舜其大孝也与」ヘウケテ、ダンダン武王・周公ノ孝ニウツル。コレヨリヲイグリテ二十四章ハ（二十三章ト）ナル。「至誠如レ神」

ヨリ十六章ヲコノ処ニ入テ「鬼神之為徳、其盛乎」ヘウツリ、末ノ「誠之不レ可レ揜、如レ此夫」ヨリ二十五章ノ「誠自成也、道自道也」トウクレバ、始終本末カネソナハリテ又遺憾ナシ。ソノウヘコノ書、前ニ論ズルゴトク、天命ヨリ中庸ヨリツイニ誠ニ成就ス。誠ハ此ノ書ノ総紐ナリ。シカルニ十六章ニ誠ノ字出テ、二十五章マデ出ザルユヘニコノ一篇穏ナラズ。今カクノゴトク入《いれ》カヘルトキハ、誠ノ字初テ二十四章ニ出テ、ソレヨリ誠ヲクリカヘシ〱テツイニ「無声無臭」（二）至ルモノ、中庸ノ本意、脈絡貫通ス。千載ノ一快ト云ベシ。ソノ余ハ竹山先生ノ定本ニ詳シケレバ、コ、ニ略ス。[14]（「経論第七」）

山片蟠桃「無鬼」論は、たしかに彼の独創であり思想的突破であったが、それを準備したのは、それまでの懐徳堂儒者のテキスト論であり、「誠ハ此ノ書ノ総紐」とする『中庸』理解であり、また彼らの内に蓄積された「鬼神」への視線であった。

三　「中庸錯簡説」とは何か

懐徳堂文庫に収められる『中庸錯簡説』と題された一巻の文書がある。[15]三宅石庵において唱えられ、中井竹山が補完・作成したこの文書の説くところは、前引の山片蟠桃の簡明な説明に尽きるが、「鬼神」の章（『章句』第十六章）が本来あるべき箇所を、『章句』第二十四章「至誠之道、可前知……」の後とするものである。

『中庸』「鬼神」章への懐疑は、つとに伊藤仁斎が説き出したところであった。仁斎は、『中庸』本文を二つに区分して、「上篇」（第一章〜第十五章）のみを孔子本来の教えとし、「下篇」（第十六章〜第三十三章）を『中庸』本来の文章ではないとした。そしてそう断ずる根拠を、仁斎は、「鬼神」の章が『論語』中の孔子の言と相応しないことに求めた（「鬼神・妖孽を論ずるを除く外、之を語孟に列すれば、大いに世教に補ひ有らん」、『中庸発揮』）。こうして仁斎は、『中庸』「鬼神」の章が『論・孟』の旨に合致しないとして、『中庸』本文の外側に、つまり議論の視野外に置いたのである。それに対して、朱熹『章句』の体裁をそのまま準用しつつ、その断句に修正を施し、その上で「鬼神」章の大きな読み替えを図ったのが荻生徂徠『中庸解』であった（本書「第四章」）。

そしてそうした議論の後に、「鬼神」章を文脈上、本来置かれるべき位置を再提示し、朱熹『章句』とはまた別に、再度『中庸』を首尾一貫した書物としてとらえなおそうとしたのが、この「中庸錯簡説」である。

「錯簡」とは木簡、竹簡の巻物の紐が切れて簡の順序が乱れてしまうことをいう。『中庸』本文が、まさにそのようになっているとするのである。この文書では、朱熹と張南軒《ちょうなんけん》の往復書簡から説き起こしてその応答内容を紹介したあと、「積善（竹山の名）謹んで按ずるに」と説き始める。そして「蓋《けだ》し、朱子此の数章に次序無きことを病《うれ》ひ」と、もともと「鬼神」の章が不安定な位置にあったとしたうえで、「吾が万年《まんねん》先生（三宅石庵）」が「錯簡の説を創り、第十六章を移して二十四章の後に置」いたが、その説が口授であって文章化されなかった弊が出てきたので、ここに「定本」を作成し石庵の意を書き記すとする。

其〔石庵〕の意、蓋し誠は中庸の枢紐《すうちゅう》なるを謂ふ。故に第二十章に両たび「行う所以の者は一なり」と言ひ、又、「上に獲らるるの道」自《よ》り、漸次推究して后《のち》、一「誠」字に帰宿すること見つべし。子思、是〔第二十章〕において始めて誠を言ふ。開鑿《かいさく》すること尤も重し。先に此の章〔十六章〕に在るは宜しからず。鶻突《こっとつ》として誠を説く、甚だしくは関係無きなり。(16)

三宅石庵は、「誠」こそが『中庸』の「枢紐」であり、そのうえで議論のつながりを考える際、「誠」が最初に登場するのは第二十章である以上、ここ〔第十六章〕に「誠」が置かれるのは、文意があいまいで連繋がおかしくなるとしたのである。そしてこの「鬼神」章を『章句』第二十四章の後に置けば、「文意甚だ順」となり「毫も齟齬無し」と断じたのである。この石庵「中庸錯簡説」を校訂して書き残した中井竹山には、他に『中庸断』という著作も残されている。これは竹山が『四書集注』に書き込みをしたものを、曾孫中井木菟麻呂《つぐまろ》が編したものであり、そこでも竹山は「錯簡説」の正しさを強調している。

こうした経緯を経て、懐徳堂において『中庸』本文の再編が継続的に試みられ、何種かの「定本」が策定された。その代表が学校内でテキストとして使用された『中庸懐徳堂定本』であり、またそれをさらに改定した中井履軒『中庸天楽楼定本』である。その他、履軒『中庸雕題』、同『中庸雕題略』、同『中庸逢原』、五井蘭州『蘭州先生中庸講義』、同『蘭州先生中庸輯略講義』等々、『中庸』注釈本は多く残されており、懐徳堂において『中庸』が重要な書で有り続けたことが了解される。(17) そうした多くの議論のなかでも注目すべきなのは、先述の「鬼神」や、『中庸』の「枢紐」とされた「誠」についての議論であった。

では、それがどのような注釈の営み（注釈の方法）においてなされたか、中井履軒『中庸逢原《ほうげん》』を題材に具体例を見てみよう。

四　中井履軒『中庸逢原』

中井履軒『中庸逢原』は全二十八章で構成されている。朱熹『章句』が全三十三章なので、数的にはほぼ大差ない章立てであるが、その編成は大きく異なっている。まず第一に、前述の「中庸錯簡説」に基づく、「鬼神」章の移動があることはいうまでもない（「此れ以下の数節、旧、錯簡して前に在り。今試みに徙《うつ》す」）。それ以外にも、『章句』第二十章「凡為天下国家有九経」の「九経」の説明部分、「斉明盛服、非礼不動、所以修身也」以下の部分を「之を削りても、上下の文、損する所無し」として、大胆に本文から削除する。あるいは多くの章を内容上つながっているとして一つにまとめる。こうして章編成の再構築にとどまらず、履軒は多くの箇所で文字を入れ替え、また改作する。

一例を挙げれば、「子曰、道之不行也、我知之矣。……道之不明也、我知之矣」（『章句』第四章）を、履軒は「道之不明也、我知之矣。……道之不行也、我知之矣」（第二章）と改作し、「旧、錯文。明を行に作り、行を明に作る。今、試みに改正す」と記す。

こうした改作は、『中庸逢原』中、随所に見出すことができるが、履軒はその際つねに「今試みに改正す」あるいは「今試みに之を補ふ」「今試みに削る」等と記し、その根拠は「蓋し錯文」とされるのみにとどまって、文献学的、考証学的にその根拠が示されることはほとんどない。履軒のこうした改訂作業に共通するのは、「文義」「経文の口気」を重視する姿勢であり、〈文意の流れ〉を第一条件とする姿勢である。経書を理解する際も、その意味を個々の文脈の流れのなかで把握しよう、解釈しようとする姿勢である。その意味で、たしかに懐徳堂の儒者において、経書（四書）の「聖典」性は明らかに低減しているといえる。一字一句に「真理」が一貫して提示されている「四書」という視線とは異なる、新たな経典への視線が生じているのである。(18)

こうした観点から再整序される『中庸逢原』は、その解釈においても、全編にわたって、朱熹注を前提にそれに訂正・反駁するかたちで自らの解釈を施していく。そしてその際の議論もまた、履軒が自らする「文意、甚だ順」、あるいは「文意、斯の如きのみ」とする判断が最大の基準となる。朱注は、多く「皆、文外に義を生ず」「文外に義を生じて、妄りに強義を付益す」「迫りて義を失う」「一偏に倚る」といった言葉とともに批判の対象となり、そこでは、宋学に特有の抽象概念の操作が批判される。

ちなみに朱熹『章句』においてきわめて重要な位置を占める「章句序」は、履軒の場合、そもそも「道統の説」は「究竟後世人の言語。徒に自ら窄小《さくしょう》せるのみ」であり、「嘗《かつ》て心法無し」「人心道心は孔孟の言と合わず、……以て其の理気の説を定む、惜しむべし」と、その議論の作為性の指摘がなされ批判の対象となる。[19] 彼にとって『中庸』は、まず理屈＝原理があってそれを演繹する書ではなかったのである。そして批判はつねに、『集注』における操作的な注釈手法へと焦点化される。

履軒は、経書本文中の字句を細かに微分し、一字一句を、「体」「用」「道体」「本然」「気質」「未然」「已然」等々、朱子学の基本原則に当てはめ、全体を論理的に整合させていく朱熹の注釈技法を、「註、分合して、皆当を失う」「註、分属す、非なり」「有対の言」「耦対《ぐうたい》の祟」「剰語」「文字の遊戯」「浮虚妄謬」と批判し、『中庸』本文の意味もまた本来平易なものであるはずだとする（「意、元と平易」）。高妙の理解は「窾《かん》に失する」（うつろな穴に落ちた）ものでしかない、と履軒はいうのである。

一例を提示しよう（「首章」「喜怒哀楽之未発、謂之中、発而皆中節、謂之和」箇所）。

> 此の「未発」は、以て性を語るに非ざるなり。「節に中る」も亦た、以て情の正を語るに非ざるなり。唯だ是れ文義のみ。「之謂」と「謂之」も亦た弁有り。凡《およ》そ此の名目有りて、今之を実にするものを「之謂」と曰ふなり。「天命之を性と謂ふ」の如き是れなり。此の事有りて、今是れに名目を擬するものを「謂之」と曰ふなり。「未だ発せざる、之を中と謂ふ」の如き、

是れなり。先儒、赤子の心を以て未発に喩《たと》う。窾《かん》に失す。赤子も亦た已発の時有り、亦た未発の時有り。凡そ未発已発を掲げて話柄を為すもの、皆、中庸の旨を失ふ。君子の中は能くし難きなり。「喜怒哀楽未だ発せざるの中」の若きは、通人、皆、時時之有り。能くし難きに非ず。此れ通人、みな有するの中を挙げて、以て文義を暁すなり。「節に中るの和」も亦た、通人時時之有るもの。亦た以て文義を暁すのみ。唯だ是れ人をして先ず中和の面目を識らしむと爾《しか》云。[20]

あくまでも文脈上の意味、語法上の意味、〈文意の流れ〉のなかで解釈を通そうとする姿勢が、ここから鮮明にうかがわれる。履軒の注釈において、朱熹がしたような「未発已発」の本体論的議論はすっかり姿を消し、そのかわりに提示されるのは、引用文中にある「通人《つうじん》」という言葉をもってなされる、眼前の「平易」な人間世界の姿なのである。

ちなみに、ここに繰り返される「通人」という語は、履軒の経書注釈に特有の用語であり、「大多数の人一般」という感覚に近いものである。問題は、「大多数の人一般」とはどのようなものか、どのような視線の内に見出されるものかということである。履軒は『論語逢原』において（「子曰、唯上知与下愚不移」、陽貨篇）「今、通人に向ひて之に問ひて曰く、汝は上知かと。必ず曰く、否と。汝は下愚かと、必ず曰く、否と。然らば則ち、移るべきの人に非ずして何ぞや」と注している。[21] ここからは、履軒がどのような人間観を抱いていたかが知られる。

履軒の視界に在るのは、ごく少数の例外者を除く、自ら「上知」とも「下愚」とも自覚しない「通人」＝良識ある普通の人なのである。そして、事細かに理論をもって世界全体を、実見し得ない領域まで説明し尽くすことよりも、そうした人間世界における「道」の実現にこそ、学者は関心を注ぐべきなのである。懐徳堂儒者の経学は、つねに「行事上」「接物上」において経書の意味を読み出していくものであったが、その解釈の基盤に存したのは、眼前のこうした「通人」への視線、それへの信頼であったといえよう。そして、懐徳堂における「誠」の議論も、そうした議論の延長線上にあるものとしてとらえることができるのではないだろうか。

ところで、『中庸』に「誠」を説く章における履軒の注は、以下のようである（「誠者天之道也、誠之者人之道也。誠者不勉而中、不思而得。従容中道、聖人也。誠之者、択善而固執之者也」、『中庸逢原』第十七章）。

此れ特に「誠なるもの」を借りて、以て「之を誠にするもの」を引起し、重きを善を択んで固く執る」に帰するなり。下二段、平らかならず。「聖人」を説く処、正に「之を誠にするもの」の為に準則を立つるなり。重くする所、人道に在り。(22)

ここに示される履軒の議論は、「誠」を「真実無妄のありさまであり、天理の本然」とする、同箇所の朱熹注（『章句』第二十章）に対比すると、その特色がより明らかになる。

履軒の解釈の重心は、「誠之者人之道」「択善而固執之者」に在る。まさしく、「人道」を説くがための「誠」の言挙げであることが、ここから見えてくる。履軒はこのあと、「古昔、誠の字を用ふる、至って軽く、以て道理を論ずるもの無し」だったのが「子思、中庸を著すに至りて、乃ち甚だ重く、精微上無」きものとなり、子思以前、ほぼ「中庸誠字の義」を備えるものとして重んじられていた「忠信」に替わって「誠」のみがもっぱらいわれるようになった、と歴史的に総括するのである。履軒の関心が、「誠」の概念的詮索にではなく、「誠」が何を代弁する言葉となってこのように強調されるにいたったのかということ、そして、重要なのは「之を誠にする」という「人道」の在り方にあったことがここから分かるだろう。徂徠は「鬼神の徳は誠」を、抽象的原理としてではなく、人人と「先王の道」との関わり方から説明したが、それがここでは、「人道」の在り方の問題へと収斂して解釈されるのである。

彼はまた、以下のようにも述べる（『中庸逢原』第十八章）。

則ち、夫《か》の「誠なるもの」と「之を誠にするもの」と、其の帰は一なり。勉力の功、廃すべからざること此の如し。子思の意、毎に人を策して其の勉力せしむるに在り。徒に道理を論ずるのみに非ず。(23)

履軒において、『中庸』における「誠」の重要性が、「之を誠にす」る「人道」の問題として在ったことが、ここからもうかがえる。「誠は中庸の枢紐」（『中庸錯簡説』）とは、朱注におけるような思弁的対象としての「誠」概念の省察においていわれるのではなく（「道理を論ずるに非ず」）、前述した、「通人」＝「大多数の人一般」における当為の問題として、もっぱらいわれるのである。

そして、こうした視線の所在は、懐徳堂「定本」で「誠」章の後に再置された、「鬼神」章の注釈場面においても明らかになる。

「旧、錯簡して前に在り、今、試みに徙《うつ》す」と、『中庸』「誠」章の後に懐徳堂儒者によって再置された「鬼神」章であるが、その意味は、あくまでもその前に置かれた「誠」章の「至誠如神」を承けるものとしてあった。履軒は「鬼神」章の注釈において、「至誠は是れ主、鬼神は是れ客」という発言をくりかえしする。朱注の「鬼神」は「陰陽」という解釈にも言及しているが、「陰陽は即ち鬼神。古、陰陽の語無し。陰陽の運用も亦た之を鬼神と謂うのみ」とする注を見れば、それが、朱熹のするようなすべてを包括する自然概念としての「鬼神」の解釈でなかったことは明らかである。

「鬼神」章「斉明盛服、以承祭祀。洋洋乎如在其上、如在其左右」において、履軒は以下のように注している。

「在すが如し」とは、その実、在らざるなり。設令《もし》、其の実、在らば、何ぞ如の字を用ふることを為さん。「洋洋乎」とは、唯是れ想像の光景。其の実、之を視れども見へざるなり。何ぞ発見《はつげん》の昭著なるもの之有らん。註、大に謬れり。「物に体する」も亦た験《しる》し無し。当に援くべからず。「昭明君蒿悽愴」の若きは、是れ愚昧妄誕の甚だしきもの。当に采入すべからず。人、能く「如在」の両字を誦し得て、然る後、始めて与に鬼神を語るべし。多言を労せず。[24]

祖霊の祭祀における「如在」も「洋洋乎」も、ともに「実在」ではなく「想像の光景」に過ぎない、そこをしっかりと読み込んでこそ、はじめて「鬼神」は語り得るというのである。

彼は「此の数節、通じて鬼神を借りて、誠の妙を証するなり。鬼神の誠為るを賛するに非ず」ともいう。履軒『中庸逢原』における「鬼神」の意味はここに明らかであろう。それは祭祀における畏敬の対象としてではなく、また陰陽という自然概念としてでもなく、まさに「人事」上の営みを形容する言葉としてのみ意味のあるものなのである。

彼は別の著書でも次のように語っている（履軒『幣帚続編《へいそうぞくへん》』「原祭」）。

祭祀の理、古人も言ひ難きところ。故に其の之を言ふ、明晰ならず。唯『論語』の「祭るに在すが如くす」の一語、包括して余無し。設令鬼神実に来たりて在せば、復た何ぞ「如」を用ふることを為さん。彼、実は来たらず、在さず。而して我之に在り、故に「如し」と曰ふなり。不在にして之に在り。愛敬の道尽くせり。[25]

「愛敬の道」という言い方が正確には何を指すのか不明だが、「鬼神」が、また「如在」が履軒において意味を持つとしたら、それは、ひたすら「人事」上においてであり、「愛敬（いつくしみうやまう）」の人情の次元においてであることが、ここからは明らかになる。

履軒『中庸逢原』における注釈は、以上述べてきたように、経書を一つの歴史的なテキストとして、文脈整合的に読み解くものであり、その際の基準はテキストに内在する〈文意の流れ〉にこそ存するのであった。そして、テキストに内在する〈文意の流れ〉から導き出された「鬼神」章は、あくまでも「之を誠にす」る人一般（「通人」）の日々の営みに関わって、その意義が見出されるものとしてあったといえるだろう。

五　近代にとらえなおされた懐徳堂儒学

最後に、懐徳堂儒学をめぐるもう一つの評価について付言しておきたい。本章の最初に明治期以降の懐徳堂儒学再評価が、その近代性、独創性をめぐってなされたことを記した。そして近年、「知」の公共性という観点からなされる新たな研究の意味について触れた。

ここでさらに付言しておく必要があるのは、かつてなされた中国学者、武内義雄（一八八六―一九六六）による評価である。京都帝国大学卒業後、大阪府立図書館勤務時代に懐徳堂儒学に接し、懐徳堂講師をもつとめた経験を有する武内は、愛着を込めて懐徳堂儒学にたびたび言及している。その一つ、重建懐徳堂二十五周年記念式典（昭和十六年〈一九四一〉）で、彼は「懐徳堂の経学」という

講演を行っている。(26)

そこで彼は、日本における経学受容史を鳥瞰したうえで、「朱子学は一般に四書中心の経学であり、仁斎学は四書の中から学庸を除き去つて、孟子を通じて論語を見る経学であり、徂徠学は五経を通じて論語に入ろうとする経学でありますが、懐徳堂の経学は中庸を通じて論語を見ようとする経学であります。論語を重んずることは皆共通して居りますが、中庸を重んずるところに懐徳堂経学の特徴があるのであります」と述べ、その代表例として中井履軒『中庸逢原』を挙げている。そしてその『中庸』称揚の基盤に、彼独自の「誠」の理解があったとする（「従って中庸といふ書物の精神は誠の一つに外ならないのであります」）。

武内はこの議論をたびたび披瀝し、『中庸』中心の懐徳堂儒学が、「誠」に主軸を置く「日本的」儒学の基盤となったことを説く。彼において、「日本的」儒学とは「誠によって忠孝の二倫を行う」こととされ、その起点に、履軒『中庸逢原』における「誠」解釈が位置づけられたのである。

本章にも引用した、『中庸逢原』中の「忠信」と「誠」をめぐる歴史的経緯説明の箇所を、彼は「仁斎の忠信主義が懐徳堂の誠主義に換るに及んで実践原理から哲学原理に進んだもの」とし、「之を要するに日本儒教の精神は、中庸に本づくもので、誠の一字に帰するのである。しかしこの誠は中庸によつて輸入された外来思想ではなく、誠が日本固有の道徳思想であつたため、数ある儒教の経典の中から徳に誠を力説する中庸が尊重されるに至つたもの」であり、それが、「君臣道徳の忠と父子道徳の孝」が「吾が誠を尽す所以に至つては則ち一也」（藤田東湖『弘道館記述義』）とする水戸学の理念に連続すると結論づけている[27]。

しかしながら、ここまで具体的に見てきた『中庸逢原』の中身、また懐徳堂儒学における「誠は中庸の枢紐」の意味を検討する限り、この武内の理解は、あまりに昭和十年代日本の、特定の時代精神（「国民道徳」論）に規定された理解、飛躍した精神主義的理解というほかないだろう[28]。懐徳堂の儒者は、伊藤仁斎がいったん分断した『中庸』本文を、仁斎の視点を基盤に、ふたたび一貫したテキストとして再生させ「誠」の重要性を語ったが、それは決して、朱子『章句』に本来内在した（そして仁斎によって消しされられた）「哲学原理」や「日本に固有の誠」の伝統を再生させたわけではなかったからである。

懐徳堂における『中庸』理解の基底に流れるのは、経書を一つの「文献」として読み解く、いわばどこか醒めた視線であり、平易で身近な「通人」の生活に即した生き方そのものへの関心に即して、そこに新たな意味を読み取ろうとする姿勢であった。そしてむしろ、こうした儒教が、すなわち「鬼神」や「天人相関」を即物的に読み解き（解体し）、経書を町人の日々の営みに即して解釈しなおそうとする儒教が、『中庸』理解の一つの到達として生じたことの意味を考えることこそが重要なのではないだろうか。

吉田公平は『中庸章句』を「注釈という形を借りた哲学書」であるとし、それ故「後に（中国における）訓詁的考証学者から「本義から遊離している」と非難されたのは十分に理由があってのこと」だとする。そのうえで吉田はいう[29]。

しかし、問題はそのことにはない。そうではなくして、『礼記』所収の「中庸」が『中庸章句』に変身して『四書章句集注』に組み込まれた。朱子のこの営みがなかったならば、「中庸」は東アジア文化圏の中で広い地域の人々に長期に亘って読まれることはなかったであろう。この意味に於いても朱子の功績は偉大であったといわざるをえない。

たしかに吉田の指摘するように、『中庸章句』に持ち込まれた（過剰な？）哲学性が、五山禅僧の関心を引き寄せ、また江戸期日本の儒者たちに、「朱子学とは何か」を語り出す触媒としての機能を与えたといえるであろう。そしてもっぱら経典（テキスト）の世界内で儒学を受容した江戸期知識人において、いわばテキスト論の極致として出現したのが「中庸錯簡説」であった。そして、そこから再度、生きた現実社会に即して朱子学を再生しようとしたのである。

前引の武内義雄の言を借りるならば、「四書中心の朱子学」から「大学中庸を除き去って孟子を通じて論語を見る」仁斎古義学、「五経（六経）を通じて論語」の意味を読み出す徂徠学へと経書への視線が推移し、その徂徠学批判をてこに「中庸を通じて論語を見ようとする懐徳堂儒学（中井履軒）」が生まれ出たとき、その『中庸』理解は、すでに朱子学のそれとは大きく隔たるものであったのである。

多くテキスト解釈の地平、世界把握の地平からなされた朱子学批判の洗礼を受けたのちに、あらためて朱子学復帰をめざした懐徳堂儒学は、荻生徂徠らの学的資産を、批判を通じて実は「正当に」継承しつつ、そのうえでもういちど生きた現実社会に即して朱子学に生命を与えようとしたのだといえるだろう。そしてまた、反徂徠を標榜した懐徳堂儒者と徂徠学との、朱子学（朱熹の注釈）への向き合い方、経書への視線は意外に近いのである。

では、「無鬼」を説き、「天人相関」をすべて「人事」上の問題として説く儒教が、どのような儒教なのかといった問題は、近代漢学につながる、そこから先の課題である。

註

（1）中村春作『江戸儒教と近代の「知」』（ぺりかん社、二〇〇二年）第四章参照。

（2）懐徳堂の歴史に関しては、小堀和正・山中浩之他『中井竹山・中井履軒』叢書・日本の思想家24（明徳出版社、一九八〇年）、脇田修・岸田知子『懐徳堂とその人々』（大阪大学出版会、一九九七年）、湯浅邦弘編著『懐徳堂事典』（大阪大学出版会、二〇〇一年）等参照。

（3）西村天囚『懐徳堂考』上巻（懐徳堂友の会、一九八四年復刻）から引用。

（4）同前。

（5）テツオ・ナジタ（子安宣邦訳）『懐徳堂――一八世紀日本の「徳」の諸相』（岩波書店、一九九二年）。

（6）宮川康子『自由学問都市大坂――懐徳堂と日本的理性の誕生』（講談社選書メチエ、二〇〇二年）一七九頁。

（7）水田紀久・有坂隆道校注『富永仲基・山片蟠桃』日本思想大系43（岩波書店、一九七三年）一四八頁。

（8）同前、一四七頁。

(9) 同前、五一七頁。

(10) 中村春作「新井白石の『鬼神論』」(『ユリイカ』一九八四年八月号)参照。

(11) 「凡天地山川宗廟五祀之神、及一切有神霊能為人禍福者、皆謂之鬼神也」(『伊藤仁斎・伊藤東涯』一五二頁)。

(12) 「程子曰、鬼神、天地之効用、而造化之迹也。張子曰、鬼神者、二気之良能也。愚謂以二気言、則鬼者陰之霊也、神者陽之霊也。以一気言、則至而伸者為神、反而帰者為鬼。其実一物而已。」

(13) 三浦國雄「朱子鬼神論の輪郭」(東北大学文学部日本文化研究所編『神観念の比較文化論的研究』講談社、一九八一年)七六三頁。

(14) 『富永仲基・山片蟠桃』四一一頁。

(15) 大阪大学懐徳堂文庫復刻刊行会監修『中庸雕題幷中庸関係諸本』懐徳堂文庫復刻叢書七(懐徳堂・友の会、一九九四年)所収。

(16) 「其意、蓋謂誠者中庸枢紐。故第二十章両言、所以行者一也、又自獲乎上之道、漸次推究而后帰宿於一誠字可見。子思於是始言誠、開鑿尤重矣。不宜先在此章。鶻突説誠無甚関係也。」

(17) 懐徳堂における『中庸』再編作業の詳細については、「解説」(『中庸雕題幷中庸関係諸本』懐徳堂文庫復刻叢書七)、南昌宏「中井履軒『中庸』関連諸本の考察」(『懐徳』六二号、一九九四年)等参照。また、懐徳堂においては『中庸』が教学の書としても重視されたことを、湯城吉信「五井蘭洲『中庸』天命性図」について」(『日本漢文学研究』一一、二〇一六年)が論じている。

(18) 藤本雅彦「中井履軒の中庸解釈の特質」(『日本思想史学』一七、一九八五年)参照。

(19) 吉田公平は、「子思と『中庸』を結びつけるものは『中庸』そのものにはない」にもかかわらず「堯・舜・禹・孔子・曾子・子思という道統をうたい、『中庸』を子思の述作」とする朱熹「中庸章句序」を、「これは朱子の創作(フィクション)である。「中庸章句序」は朱子の哲学概論としては「大学章句序」と並んで出色の出来映えである。その迫力に押されてか、この朱子のフィクションが朱子以後の新儒教の世界ではまかり通った」と評する（「朱子の『中庸章句』について」、『中国近世の心学思想』研文出版、二〇一二年、一三〇頁）。

(20)「此未発、非以語性也。中節、亦非以語情之正也。唯是文義而已。之謂、与謂之、亦有弁。凡有此名目、而今実之者、曰之謂也。如天命之謂性是也。有此事、而今擬之名目者、曰謂之也。如未発謂之中、是也。先儒以赤子之心喩未発、失窾。赤子亦有已発之時、亦有未発之時。凡掲未発已発、為話柄者、皆失中庸之旨。君子之中、難能也。若喜怒哀楽未発之中、通人皆時時有之。非難能焉。此挙通人皆有之中、以暁文義也。中節之和、亦通人時時有之者、亦以暁文義耳。唯是使人先識中和面目云爾。」

(21) 中村『江戸儒教と近代の「知」』第四章参照。また、中井履軒における「通人」に着目した、野村真紀「「通人」からのユートピア――「華胥国王」・中井履軒の思想」（『国家学会雑誌』一〇七―七・八、一九九四年）の議論が示唆に富む。

(22)「此特借誠者、以引起誠之者、帰重于択善固執也。下二段不平。説聖人処、正為誠之者立準則也。所重在人道。」

(23)「則夫誠者与誠之者、其帰一也。勉力之功、不可廃也如此。子思之意、毎在策人使其勉力也。非徒論道理。」

(24)「如在者、其実不在也。設令其実在焉、何用如字為。洋洋乎、唯是想像之光景矣。其実、視之而弗見也。何発見昭著之有。註大謬。体物亦無験。不当援。若昭明焄蒿悽愴、是愚昧妄誕之甚者、不当采入。人能誦得如在両字、然後始可与語鬼神矣。不労多言。」

(25)「祭祀之理、古人所難言。故其言之不明晰。唯論語祭如在一語、包括無余矣。設令鬼神実来而在焉、復何用如為。彼実不来焉、不在焉。而我在之、故曰如也。不在而在之。愛敬之道尽矣」（『弊帚続編』、『日本儒林叢書』第九巻〈『続日本儒林叢書』第三冊〉、東洋図書刊行会、一九三三年）。

(26)　武内義雄「懐徳堂の経学」（『懐徳』二〇、一九四二年）。
(27)　武内義雄『易と中庸の研究』（岩波書店、一九四三年）三二二〜三二八頁。
(28)　子安宣邦「「誠」と近世的知の位相――武内義雄「日本の儒教」の批判」（『伊藤仁斎の世界』ぺりかん社、二〇〇四年）が、この問題を明快に剔抉している。
(29)　吉田「朱子の『中庸章句』について」（『中国近世の心学思想』）一三九〜一四〇頁。

第九章　「風俗」論への視角

一　儒学のなかの「風俗」

「我が国では思想も風俗と化す」などといった表現がされるとき、「風俗」とは流行現象、ファッション等々、文化のいわば表層部分を指していわれる。そしてその今日における使われ方からも明らかなように、それは無視し得ない社会現象であると同時に、内に核の無い、それだけですでに否定的色彩を帯びざるを得ないものとしてある。しかしそうではあれ、それもまた社会を映し出す鏡としてあることを考えるならば、そこから文化の質を説き出そうとする思想論があっても不思議ではない(1)。

そしてかつての戸坂潤のように「風俗が思想を云い表している、一種の思想を意味している」とする立場から、「道徳的本質のもの・思想物」として「風俗」を論じることもまた可能である(2)。特に「道徳がいつも政治と習俗という二つの力に引張られやすい傾向」[3]があった日本の思想的土壌をも考えに入れるならば、日本思想史における「道徳」と「政治」・「習俗」の問題の根は、予想以上に深いともいえるであろう。

そうした広い視野につながる「風俗」論であるが、本章で問題とするのは、江戸時代、特に江戸中期以降の儒者たちにとっての「俗」「風俗」への視点についてである。[4]そもそも儒学の伝統的用語としてあった「風俗」、あるいは「風」「俗」が、古学派の儒者たちにおいてどのように意味づけされ、さらにどう展開していったのかという問題である。

伊藤仁斎が「人倫風俗」(『童子問』)と熟語化して表現し、荻生徂徠が「聖人の天下を治むるや、必ず風俗上にありて存す」(『蘐園《けんえん》随筆』)と語ったとき、そこには儒学思想史上、「風俗」への新たな観点の芽生えがあったのではないだろうか。そうした彼らの新たな観点が、どのような思想構築の内にいかにして出現し得たのかという問題、そしてそれが後代の思想にどう引き継がれていったのかという問題である。

本章では、これまでにも何度か取り上げた、「風俗」ということばに焦点をあてて、より広い視野から、近世儒学思想史上の意味を考えてみることとしたい。そして、そこに胚胎した、近代に持ち越された思想課題についても考えたい。

二　古学派の新しさ

荒木見悟はかつて「朱子学の哲学的性格」と題した論文のなかで、仁斎、徂徠ら日本の「古学派」による朱子学批判を、中国明代における陽明学の場合とは異なり、「理成立の背景となったあらゆる装置の外へ出る」ことを通じてなされたものであるとして、その功罪を論じた(5)。陽明学がなした内在的朱子学批判の方をより高く評価する荒木の視点はともかく、この荒木のなす日本の「古学派」への批評は的確なものであろう。

彼らはたしかに「理」という装置の外に出ようとした。荒木の言葉を借りれば、「本来主義」的思考を脱したところから、それぞれの思想的立場を築き上げようとしたのである。しかし同時に、そうした仁斎や徂徠が、現実世界に没入すること、あるいは何らかの「自然なありかた」に没入すること、それ自体にある種の価値、純粋性を見出すといった、日本思想史に往々見受けられる方向に進まなかった点に、彼ら「古学派」の思想の強さや新しさがあったのではないだろうか。

彼らは「理」に拠って世界を全体的に説明する立場（朱子学）を拒みつつ、なおかつ儒学世界のなかで、別のかたちでもう一つの世界の見方を提示しようとしたのである。彼らにとって、朱子学にいう「天理」のごとき超越的視点を退けたうえで、あらためて世界の全体を、儒学のことばを通じていかにとらえなおすかということが、真の課題だったのだ。

そして「古学派」の儒者に共通する世界認識の基点としてあったのが、世界は必ずしも還元主義的にその起源から説き起こされるものではなく、絶えず「生々流行」し続けているもの」、眼前にいまあるこの多様な「活物」こそが真の姿であるとする認識だった。「活物」として「生々流行」する世界を、あくまでも経験世界、人の社会内の営みの場面から再構成しようと企てたのである。そこに「気質の性」の承認とともに、「風俗」という概念が思想の前面に浮上してくる契機もまたあったのである。それは、「古学派」のなかでも「世界の全体」(6)がつねに議論の前提としてあった徂徠学において、とりわけ顕著なことがらであった。

三　朱子学の「風俗」観

「風俗」という概念は儒学思想において、主として政治論の文脈上に出てくる言葉であり、徂徠においてもその政策論『政談』に多出するのであるが、議論を始めるにあたり、まずは中国儒教の古典的用例から見ていきたい。

後漢、応劭《おうしょう》の『風俗通義《つうぎ》』に王利器《おうりき》が注する文にも言うように、(7)中国歴代の王朝で「風を移し俗を易ふる」ことの統治上の意義を説かぬ例はなかった。「風俗」は決してとりたててめずらしいことばではないのである。「移風易俗」を「楽」の功とする『易経』のことばは前にも挙げたが（第六章）、ここでは、中国古代における「風俗」への言及を一例挙げておこう。

凡《およ》そ民、五常の性を函し、其の剛柔緩急、音声の不同は、水土の風気に繫《かか》る、故に之を風と謂ふ。好悪取舎、動静常亡《な》きは、君上の情欲に随ふ、故に之を俗と謂ふ。孔子曰く「風を移し俗を易ふるは、楽より善きは莫し」(『易経』)と。言ふこころは、聖王、上に在りて人倫を統理し、必ず其の本を移して、其の末を易へ……[8](『漢書』地理志八下)

ここで重要なのは、「聖王」が上に在って、「人倫を統理」(=根本)すれば、末節として「俗」がよりよい方向に変わるとする点である。そして「俗」は端的に、「情欲」に属することがらとしていわれている。こうしたかたちでの「風俗」への言及が一般的であった。事情は、宋代にいたり「聖人」への経路として、個々の人に「天理」―「本然の性」が一貫、内在することを説いて、儒学の形而上学化をなした朱子学においても変わらない。

朱熹は「所謂、綱紀を振ひ、風俗を厲《はげま》すとは」、として次のようにいう。

臣聞く。四海の広き、兆民の至って衆き、人各々其の私を行はんと欲するに意有り。而して善く治を為す者は、乃ち能く之を総摂して整斉し、之(民のこと)をして各々其の理に循ひて敢へて吾が志の欲する所の如からざる莫からしむるは、則ち先ず綱紀以て之を上に持すること有りて、而る後に風俗以て之を下に駆ること有るを以てなり。何をか綱紀と謂ふ。賢否を弁じて以て上下の分を定め、功罪を核《ただ》して以て賞罰の施しを公にするなり。何をか風俗と謂ふ。人をして皆善の慕ふべきを知りて必ず為さしめ、皆不善の羞ずべきを知りて必ず去らしむるなり。(9)

（「己酉擬上封事」）

宋学らしくより整然と秩序だった叙述となっているが、基本的な図式は変わらない。一方に人君と「綱紀」、もう一方に民と「風俗」が対置されている。民は個々が、「性」（本然の性）として自らの内に有する「理」にしたがって自然と善を慕うようになるのであるが、そう導くのは全面的に「綱紀」の側である。

「綱紀」とは朱熹の生きた宋代中国の、官僚による統治編制を指すのであろうが、最終的には、「理」の完全態としての、人主の「大公至正の心」に行きつくものであろう。そうしてみるとやはり、基本的に「理」↑「綱紀」・「風俗」↓「私（欲）」という構図の下に、「風俗の本は、実に綱紀に繫る」(10)（樓鑰《ろうやく》）といい得るのである。この図式は、前引の『漢書』の場合と何ら変わるところがない。

吉川幸次郎も中国文学史に即して次のように述べている（「「俗」の歴史」）。

要するに、支那人は、早くから、「俗」を厭悪《えんお》する方向に傾いてはいた。しかし一方では「俗」を否定し去ることによって生ずる弊害も考慮された為に、「俗」を絶対の悪とすることは、なお躊躇されていたと認められる。……また「俗」と「欲」との語源的にもつ関係が、どれほど宋儒において自覚されていたか、私には明らかでない。しかし宋儒の倫理学説が、「人欲」の否定に傾くのは、近世に於ける「俗」の否定と考え合せて、甚だ興味あることと、考えるのである。(11)

以上を要約すれば、中国古代の儒学および宋学においては、「俗」あるいは「風俗」は、治世上否定し得ない重要な要件ではありつつも、基本的には「私（欲）」の側、上位者の「徳」によって一方向的に「感化」されるべき対象としてあったといえるだろう。いうならば「俗」「風俗」という言葉は、下位の受動の概念であって、そこを一つの起点として人の倫理性や世界のあり方を解き明かす契機は、そもそも想定し得ないことであった。仮に何らかのかたちで「俗（風俗）」の重要性を説くことがあり得ても、そこにはより上位の概念（「天理」や「本然の性」）が、その担保としてつねに前提されるはずであった。

もちろん、こうした儒学に伝統的な「風俗」観が、江戸期日本において一変したというのではない。室鳩巣の「風俗は政の田地」（『駿台雑話』）といった発言、あるいは「寛政異学の禁」の立て役者となった老中松平定信の、「君の好み玉ふ所は命ぜずして是に従ふ。故に是を風といふ。風の及ぶ処自然に常の習ひとなる。是を俗と云。故に一国の風俗をみて君の好悪をしるべし」(12)（「風俗をたゞす事を論ず」）といった宋学的「風俗」観は儒者に根強く存し続けたし、仁斎や徂徠もまた、そうした儒学に伝統的な観点からすっかり逸脱していたわけではない。(13)儒学はまずもって君子＝治者のための学問であり、また「俗」や「風俗」は多くの場合、被治者の動態を否定的色彩とともに語る際のことばだったからである。

しかしながら、仁斎や徂徠は、たしかに「俗」「風俗」という儒学固有のことばに新しい生命を吹き込んでいたし、そのことは、後にもふれるように、後代の思想の展開にも影響したと思えるのである。そしてまたここには、単に用語の問題にとどまらず、「古学派」の儒者たちにとって、朱子学的思惟の外に出て、そこから改めて人の「共同性」を構想することはどういうことかという、思想史上の大きな問題が胚胎していたように思われるのである。

ひとまずは、伊藤仁斎の場合からみていくことにしよう。

四　「俗の外に道無く、道の外俗無し」（仁斎『童子問』）

伊藤仁斎の学説の全般的な説明はここでは省略し、ここでは、「風俗」概念の変容に関わる発言についてのみ重点的に取り上げてみる。他の「古学派」の儒者たちと同様、仁斎が朱子学を批判したのは、「天理」に代表される還元主義的、本質主義的な世界観においてであり、そうした世界観から導かれる道徳の主張においてであった。仁斎にとって世界（「天地」）とは、「一大活物にして、理の字を以て之を尽くすべからざる」ものであるはずだった。

凡そ天地の間は、皆一理のみ。動有て静無く、善有て悪無し。蓋《けだ》し静とは動の止、悪とは善の変、善とは生の類、悪とは死の類、両の者相対して並び生ずるに非ず。皆生に一なるが故なり。[14]
（『童子問』）

このように、世界をひたすら「生に一なる」「活物」としてとらえ、宋学にいう「理」を「本《もと》死字」と断じた仁斎の視界にあるのは、いま眼前に確かに存在し、そしていずれの時点においても必ずあるはずの、間柄《あいだがら》にとらわれた人と人との世界――「人倫」であった。

人とは何ぞ。君臣なり。父子なり。夫婦なり。昆弟《こんてい》なり。朋友なり。夫れ道は一つのみ。君臣に在ては之を義と謂《いい》、父子には之を親と謂、夫婦には之を別と謂、昆弟には之を叙と謂、朋友には之を信と謂ふ。皆人に由て顕《あらわ》る。人無きときは則《すなわち》以て道を見ること無し。[15]（同前）

人がこの世に在るということは、はじめからすでに何らかの間柄（父子、君臣、夫婦等々）にとらわれて在る、ということであり、間柄の倫理（仁、義、忠、信）にとらわれた（「囿《ゆう》」された）ものとしてしか人はあり得ない。逆に「道」もまたそうした人の在りかたを離れて別に存立するわけではない。こうした視野の下に、有名な「人外無道、道外無人」の定義が為される。

そしてそれがまた、仁斎によって「俗の外に道無く、道の外俗無し」とも表現されのである。

「俗」は「道」と不可分の内容のものとして見出されたのだ。この「俗」とは即ち、間柄にとらわれたものとしての人人《じんじん》が、本来的に営む倫理的な活動そのものにほかならない。こうして「俗」は、仁斎において、人が人に対して倫理的な働きかけを見出す「場」として認定しなおされたのである。

> 子女臧獲《ぞうかく》〔下男、下女〕の賤、米塩柴薪《さいしん》の細に至るまで、大凡《おおよそ》耳目に接《まじわ》り、日用に施す者、総《すべ》て是れ道に非ずといふこと莫《な》し。俗の外《ほか》に道無く、道の外俗無し。一点の俗気と雖ども、亦著《つ》け得ず。此れは是れ上達の光景。[16]（同前）

仁斎において、「俗」は人の人倫世界そのものとして見出され、それゆえに、彼が「聖人の道」は「人心に根ざし、風俗に徹して、天子も廃《やむ》ること能《あたわ》ず、聖人も改むること能ず[17]」という際の、「風俗」ということばは、宋学の場合に比して質的にはるかに高いのである。それゆえ、「人倫風《じんりんふう》俗《ぞく》」といった両者を並べていう表現もまた可能となる。

> 若し夫れ〔宋学のごとき〕隠微の説、高妙の理は、之を視れども見る所無く、之を聴けども聞く所無く、之を人倫風俗に求るに、皆悖れり。見つべし天地の間本来此の理無きことを。[18]（同前）

こうして「俗」「風俗」は、一方通行的に人君の「綱紀」に制御されるだけの、受け身的な領野としてではなく、「人倫」の「道」の見出される「場」として、その価値が認められたのであった。しかしながら、仁斎にとっての「卑近」でありつつ「高遠」なる「俗」とは、あくまでも「其の親を親とし、其の長を長とし、妻子好合《こうごう》、兄弟既翕《けいていききゅう》（親しく集う）の間」[19]（同前）における「人倫」的結合の世界、小さな共同体の世界に終始するのであり、彼の視点はその外側には出て行かない。そのことを社会階層的にとらえて、当時の京都の富裕な商人たちの連合＝「町衆《まちしゅう》」の一人としての仁斎が、「俗＝社会慣習＝町儀」を「不可変の規範」としたのだ（三宅正彦）と説明することも可能ではあろう。[20]

そうした意味では、彼の視座を現実に対する随順、適応という側面から解釈することも可能だが、そうした社会環境要因からの説明は、仁斎古義学の一面を明らかにするにとどまるだろう。仁斎はこうして、朱子学の構図からの脱却において、「俗」と「道」との相関的関係という新視点を導入し、「卑近」なる「俗」――まさに目に見えるような範囲での人倫的結合――に、いかに自ら関わっていくべきかを真剣に問い続けたのであった。

以上のように伊藤仁斎の思想構築における「俗」「風俗」の意義を整理するならば、仁斎と基本的に問題意識を共有しながら、仁斎とは異なる角度から「俗」「風俗」に高い意味づけを与えようとしたのが、荻生徂徠である。

徂徠は、『論語』「子罕」篇「吾れは衆に従はん云々」章の注において、仁斎『論語古義』の説を批判して次のようにいう（『論語徴』）。

〔仁斎〕而して曰く、「事、苟《いやし》くも義に害無きときは、則ち俗即ち是れ道、俗を外にして更に所謂道なる者無し」と。是れ其の人、又、道を知らざるなり。道とは古聖人の建つる所、豈《あ》に世俗の為す所、即ち道と謂ひて可ならん乎。(21)

もちろんこれは正当な仁斎批判ではない。「世俗の為すところ」といった調子でいわれるものを「道」と仁斎はしたのではなく、「事、苟くも義に害なきときは」と前置きがあるように、仁斎が「俗」＝「道」でとらえたのは「人倫」的結合にほかならなかったからである。しかし、そうした徂徠のいわば為にする議論を差し引いても、ここには明らかに、「道」に対する、また「道」と「風俗」との関わり方に対する両者の視線の異なりがうかがわれるのである。

五　「聖人ノ治メハ風俗ヲ第一トス」（徂徠『太平策』）

仁斎における「道」が「人倫日用」の「道」であるならば、本書においてもくり返すように、徂徠における「道」は政治の道、「民を安んずる」ための「統名」としての「道」であった。外側から「世界の全体」を包括的に把握せんとする視線の下に見出されたものが「先王の道」であった。天地自然のままに在るのではなく、古代「聖人」（＝「先王」）の手によって「作為」されたものとして在るのが「道」であった。

そしてその完全態としての「道」、「統名」たる「道」は、上古三代に一度だけ実現し、それは「六経」という経書のなかに「物」として存するとされた。「道」が「六経」の記述のなかに「先王の物」として存するとはどういうことか、それをいかにして自らのものとするかについての徂徠の方法、あるいは政治論における「風俗」への言及についてはすでに述べてきたので、ここではその要点のみを再言するにとどめたい。

朱子学にいう「理」を、人が勝手に手前の心中から出したもの、「定準」の無い規範に過ぎないとし、そうした心のままの「理」に拠って、自己の内・外を説明し尽くそうとする言説の「虚妄」性を徂徠は批判した。そして自らいう「古文辞の学」をもって、「六経」の記述を、それがことばとして「六経」に定着した際、その背景に実在したであろう文化的、政治的な文脈をも記述の内奥に読み込むことを説いた。「先王の物」のひとつ「鬼神」についていえば、「鬼神」の有無について論じること自体が無意味であって、それはひたすら神学論争の迷妄に陥ることとなる。重要なのは、テキストとしての「六経」に、「鬼神」に関わる様々な記述が定着した際に、その背景に在ったであろう「聖人」による「鬼神」という命名行為や、「鬼神」を祀ることによって保たれた共同体の安定等々の文化的、政治的文脈を、「記述」と共に私たちが了解することなのである。

徂徠は「古文辞の学」を通してもう一つの真理を提示したのではない。「安民」に有効であった、いわば関係性の完全態を、「記述」の背後に洞察することと、その〈方法〉を説いたのである。それが「六経」の記述を「物」として把握するということである。

そして、徂徠が「六経」の内に見ようとした政治世界とは、多様ではあれ個々としては素材に過ぎない人人《じんじん》が、先王によって方向づけられた統一的共同体において関係しあい、その関係に方向を与え意味づけする基準として「先王の物」が在る、そういう世界であった。人を「気質の性」として承認し、世界を「生々流行」する「活物」としてとらえる徂徠の視点はその基盤であった。

そうした徂徠が、疲弊した（と徂徠はとらえる）眼前の江戸前、中期の社会を構築しなおそうとするとき持ち出したのが、「制度」と「風俗」という二本の柱である。しかしながらここには問題が二つあった。立て替えられるべき「制度」の永遠性に関する懐疑と、「風俗」が元来有する抗しがたい推移の力の認識である。徂徠は『政談』で、徳川幕府開幕以来、「誠の制度」が無かったことをくり返しいう。では「風俗」はどうか。『政談』中、百箇所に余る「風俗」への言及は、「世話しなき風俗」に代表されるような実態としての「風俗」、否定的対象としての「風俗」がそのほとんどであることは事実である。ここにいう「風俗」とは、仁斎におけるような「人倫」的営みに限定されるものではなく、悪俗、悪風も含んだ全体的な社会の流動態のことである。

しかし一方、徂徠は、そうした「風俗」が社会の全的流動態を指示するものであるからこそ、何をもってしても抗しがたい、世を自然と推移させる力であることもまた、くり返し強調したのである。「法」を立て替えれば、一町一村の人々が自然と馴染み付くことによって「風俗自然と直り」[22]という期待と、虚礼が横行して礼が無意味に繁多になっていることを「既に代の風俗となりたれば、今は可為様なし」[23]とする慨嘆とは、ともに「風俗」に元来備わる、人々を大きく動かすダイナミズムへの徂徠の認識ととらえることが必要だろう。

徂徠はその学問の早期から「風俗は億兆を合はせて之を一にする者なり。人の全力なり。五尺の身、何を以て能く天地に参はらんや。聖人と雖もまた然り。必ずや億兆を合はせて後に人の力全し。故に聖人の天下を治むるや、必ず風俗上に在りて存す」（前出）等々と述べていたように、「風俗」の元来有する力、そのダイナミズムに着目していた。「風俗」を構成するのは「気質の性」としての人人であるが、百人いれば百通りの素材が、それぞれの個的な「性」の実現において十全たり得たとき、徂徠の用語を用いれば、それぞれの役儀に「全体はまらせ」られたとき、「風俗」は時としてダイナミックに世界を推移させるのである。そうした潜在力として、「風俗」は徂徠において重要だったのである。

それ自体として自発的にダイナミズムを「望ましいかたち」に発動し得ない「風俗」に、「制度」（これもまたその永遠性が保証されない）という契機を投入することが、為政者に求められることなのである。そしてそれが不断に繰り返されることによって、世界は「活物」としての全体を実現させるとするのが、徂徠政治学の構図であったといえよう。その場面で、「活物」的世界の全的関係の象徴として「先王の道」に規定された「物」は、その有効性の指標として、現実社会に具体的に還元し得る規範となるのである。もちろん、それを担うのは士君子（武士階級）であり、「制度」を立て替え立て替えする主体としての人君であると、徂徠に意識されていたことはいうまでもない。

制度ヲ立カヘルト云ハ、風俗ヲナヲサン為ナリ。風俗ハ世界一マイナル故、大海ヲ手ニテフセグガ如ク、力ワザニテ直シガタシ。コレヲ直スニ術アリ。是ヲ聖人ノ大道術ト云フ。……故ニ聖人ノ道ハ習ハシヲ第一トシ、聖人ノ治メハ風俗ヲ第一トス。サレバ只今マデノ風俗ヲ移スコトハ、世界ノ人ヲ新ニウミ直スガ如クナルユヘ、是ニ過タル大儀ハナキナリ。故ニ大道術ナラデハ、是ヲ直スコトハナラヌナリ。(24)(『太平策』)

「聖人」の統治の基本は「風俗」に在る、そして世の「風俗」を「移す」ことは、まさに「世界ノ人ヲ新ニウミ直スガ如ク」なるものなのである。「立て替え、立て替え」して投入される「制度」という契機に導かれつつ、「世界一マイナル」「風俗」を移し替える力、すなわち人人総体に潜在するダイナミズムを、徂徠は見通していたのである。『政談』末尾の「大体是等にて世界はゆたかにゆり直るべし(25)」という表現(「ゆり直る」)は、まさにそうした動的なダイナミズムのなかで世界が推移するさまを物語るにふさわしいことばだろう。

では、朱子学の「綱紀」—「風俗」と徂徠の「制度」—「風俗」とは、世界認識の構図として、何がどう異なるのか。

徂徠の場合も儒者として、その視点はあくまでも治者の視点、正確には統治を効率よくなさしめる技術者の視点であり、力の働く方向はいうまでもなく「制度」から「風俗」に向かってである。

しかし、その力の働きかた、両者の相関関係において、朱子学の場合と徂徠の場合では、無視し得ない重要な違いがある。朱子学において「綱紀」が「風俗」を導くとする際、君上の「大公至正の心」といった君主個人の内面のありようから、あたかも身体に四肢が備わるような「行政組織の健全さ」[26]にいたるまで、「天理」の純正な発現が一貫しており、その故に、君上の「理」が人民の側に本来具してある「理」に訴えかけるという筋道になる。原理的に、「綱紀」と「風俗」は、「理」の内在において無媒介に一貫するはずのものなのである。

しかし徂徠においては、決してそうはならない。「制度」と「風俗」とは別個の存在、二つの社会工学的要素であり、双方共通に一貫する「原理」が内在しているわけではないからだ。あくまでも「制度」の働きかけにおいて、「制度」と「風俗」とは緊張した関係を維持しつつ、全体としての「活物」世界を構成するのである。それをいかにして可能ならしめるかというのが、徂徠政治学の課題（「大道術」）なのである。「制度」と「風俗」もまた、ともに生きた「活物」として徂徠に把握されるのである。

もちろん、仁斎の「俗」の重視が外見的には、現実の社会編制への随順、既存の権威、秩序の遵守に向かう側面があったように、徂徠の場合にも、当然ながら歴史的な制約はある。学問の構造として、「開かれた」方法を説きつつ、実際には名人芸的要素を持っていたこと（「古文辞学」）、「習熟」や人が自然と社会化するありかたの説明が必ずしも明快でないこと、衆庶にとっての倫理的基盤が結局見えにくくなってしまったことなどがそれに当たる。徂徠のいう「風俗」も、世界認識上の、いわば方法的概念としての「風俗」と、眼前の社会的実態としての（多くの場合、望ましくない現状としての）「風俗」とが渾然としてある面は否定し得ない。

しかしながら、仁斎、徂徠ともに、朱子学の「理」的世界像と正面から対決することによって、それぞれの視点から「風俗」「俗」の意味を見出し、その認識を深めていったことが以上のように確かめられるのである。そしてこの、人を、「風俗」や「俗」という「活物」的全体において把握し、そこから「世界の全体」を語り出そうとする立場は、徂徠以後の儒学思想に影響を与えずにはいなかった。以下にそのことを述べる。

六　その後の「風俗」論

まずは、徂徠とほぼ同時代に生きた、浅見絅斎《けいさい》門下で松山藩儒であった大月履斎《おおつきりさい》（一六七四—一七三四）の場合。彼が将軍吉宗当時の世情を背景に著した政論『燕居偶筆《えんきょぐうひつ》』に次のような記述がある。

政ハ風俗ヲ本トスルコトヲ可レ知。風俗ソコヌルハ天下ノ乱兆也。トカクニ風儀ニ気ヲ付ヌ仕置ハ、ナニホドヨクテモ俗政ナリ。大学新民ノ政ハコ、ヲ肝要トスル。サレバ忠孝・学術モ風俗ニ立《たた》デハヤガテ剝ゲル物ナリ。風俗ニナレバ、コソゲテモオチズ。聖賢ノ政ハ、此二字ヲ大根本トシタル者也。孔子魯《ろ》へ用ヒラレシトキ、少正卯《しょうせいぼう》（魯の政治家の名）ヲ一番ニ成敗セラレシハ、此者盗人ニモアラネド、士タル者ノ風ヲソコナヘル者ユヘナリ。俗政ハ、是ヲ知ラデ当分ノ損得バカリニ目ヲ付ル、浅マシキ事ドモナリ(27)……

引用文末尾の孔子云々の記述からも明らかなように、履斎の発想はあくまでも、浅見絅斎門下として朱子学者のそれである。同じく『燕居偶筆』冒頭に、「或《あるひと》問、政ノ要領ハ何ヲ以、要領トスベキヤ。曰、人君ナリ」(28)と記すように、人君の「徳治」が基本にある。その意味ではきわめて一般的な議論である。しかしながら、本文中に、「忠孝・学術」が「コソゲテモオチ」ないように「風俗」上に存するとはいったい、履斎においてどのような文脈でいわれたのだろうか。

つとに衣笠安喜が指摘したように(29)、この履斎のする「大学新民ノ政」とは、必ずしも朱子学の『大学』解釈に合致しないものである。『大学』の「大学之道。在明明德。在親民。在止於至善」箇所における朱熹注には、「新（朱熹は親シムを新ニスと訓む）とは、其の旧を革むるの謂なり。謂ふこころは、既に自ら其の明徳を明かにす。又当に推して以て人に及ぼし、之をして亦た以て其の旧染の汚を去ること有らしむべし、となり」（『大学章句』）とある。

履斎が「新民」とする以上、明らかに朱熹注に拠っているわけだが、そこからもたらされる解釈にはズレがある。朱熹がいうのは、自己が「窮理」を通して内から革新し、また「理」の内外を一貫する所在を根拠に、他者をも革新するということなのである。それが政治の場面にいたれば「綱紀」→「風俗」として倫理学的に展開されることはすでに述べた通りである。

しかし履斎がここでいおうとしているのは、そこからどこかずれることがらのようだ。彼は他の箇所で「如レ此末代ノ風俗ニナル様ニ心ヲ付ネバ、大学新民ノ政ニ非ズ」[30]とも述べている。つまり彼が「新民」でいわんとしているのは、「忠孝」がそれこそ「コソゲテモオチ」ぬように身に堆積、蓄積した際のエネルギーのごときものなのである。質的な原理ではなく、量的拡大による社会内への浸透の蓄積である。それが彼の「風俗」観であり、政治を動かす「本」と考えられたものである。もちろん、こうした履斎の「風俗」観と徂徠のそれとの直接的影響関係については即断しがたい。しかし、江戸中期以降の世俗的世界の蔓延、性情の解放に伴われて「人間の意識をも含むもの」として把握された「風俗」の認識[31]が、彼らに共有されるものとしてあったことは十分想定され得るのではないだろうか。

こうして、為政上の大きな要素として認識されるにいたり、学説上も大きな意味を担って登場した「風俗」は、江戸後期、朱子学、徂徠学を問わず儒者の言説に見え隠れに登場することとなる。次に挙げるのは、広瀬淡窓《たんそう》と後期水戸学の場合である。

優れた教育者として知られる豊後の儒者、広瀬淡窓（一七八二―一八五六）に、『迂《う》言《げん》』と題される経世論がある。その内容は大胆であると同時に折衷的なものでもあるのだが、彼もまた「風俗」を政治の要諦として考えていたことが、その叙述から知られる。

扨《さて》本ヲ正スコト如何ト云ハヾ、風俗ヲ変ズルニシクハナキナリ。風俗ハ国ノ本ナリ、国ノ盛衰存亡は皆風俗ノ美悪ニヨルナリ。[32]

ここには一見、徂徠風の「風俗」観が提示されている。しかし彼は一方で「君ハ国ノ本ナリ」[33]として、「風俗」変革の主体は「明君英主」に限っている。その意味ではオーソドックスな「徳治」主義であったといえる。

但シ右ノ弊習ヲ改メテ風俗ヲ移シ易ルコト、凡庸ノ人ハ決シテ能ザルコトナレドモ、明君英主ニ於テハ易々《いい》タルコトナリ。[34]

ただ、ここで注目したいのは、鎖国や幕藩体制が崩れかけようとする危機への予感の内に、淡窓において「風俗」が、一国の威力、体裁を生々しく象徴するものとして用いられることがあった点である。

只国ノ強ト弱トハ、治世ヨリノ風儀ニヨルナリ。百姓・職人ナドモ合戦ニ出ル者多《おおけ》レバ、国ノ風俗自然ト武気ヲ含ミ、強毅雄壮ノ態アルベシ。是乱世ノ煎薬ニハ第一ノ良方ナリ。夫一国ヲ以テ人ノ一身ニ喩《たとう》レバ、君ハ首ノ如ク、臣ハ腹ノ如ク、民ハ足ノ如シ。人ノ心腹肥満スト雖ドモ、足弱キ者ハ倒レヤスシ。国モ亦然リ。民弱キトキハ覆リ易シ。民ヲ強《つよく》スルノ方、農兵ニ若クハナシ。漢土後世封建スタレテ農兵ヤミ、国体柔弱ニナリテ、遂ニ北狄《ほくてき》ニ併セラレタリ。我邦今幸ニ封建ノ制トナレリ、而ルニ軍兵ハ、郡県ノ制ニヨリテ養兵ノ法ヲ用ルコト、憾《うら》ムベキノ至ナリ。(35)

ここに「国ノ風俗」という言葉と「国体」という言葉とが連関して現われるのは、暗合的なことに思われる。「風俗」の「強・弱」、「国」を身体にたとえての表現、そして「国体」、これら三者の感覚的な比喩連関において、一国の威力、体裁が語り出されようとしているのだ。もちろん経世論が必ずしもその本領ではなかった広瀬淡窓の場合、ことがらは未だそれほど明白ではない。しかしここで淡窓の発言に、私が暗合的だとするのは、こうした比喩連関的な造語感覚と国家論との接合に、後期水戸学の儒者たちの所説を想い起こすからである。

幕府の中枢にも近く、また現実に「外夷」の接近をも経験した(一八二四年、英国船員の水戸領上陸)水戸の儒者たちの提唱した「国体」とは、もとより、すぐれて状況論理の産物だった。

夫れ西夷の中国(ここでは、日本を指す)を窺《うかが》ふ者は、前後、武《あと》を接し、各国逓《たがい》に至る。其の国は殊なりと雖も、其の敬事し尊奉する所以の者は、則ち同一の胡神なり。故に耶蘇《やそ》の中原を闚《うかが》ふこと、三百年にして変せず。而して中国(日本)の之を待つ所以の者は、則ち時論の趨舎《すうしゃ》に係り、或は雄断に出で、或は姑息《こそく》に出づ。是れ其の間を闚ふ者は始終一意にして、而して之に応ずる者は、前後、論を異にす。一意の者を以て、論を異にする者を闘ふ。安《いず》くんぞ其の能く久しくして、間《かん》の乗ずべき無きを保せんや。(36)（会沢正志斎『新論』「虜情」）

すなわち、日本沿海部に進出してきた西洋勢力に一貫する原理を「耶蘇」教に見出し、「前後、論を異にす」る日本に「不易の基」（「長計」篇）を求めんとして、「国体」という言葉が新たにいい出されたのである。

そして彼らによって、「国体」とは、

国の体たる、其れ何如ぞや。夫れ四体具らざれば、以て人と為すべからず。国にして体無くんば、何を以て国と為さんや。(37)（『新論』「国体」上）

と、抽象化・論理化の段階を経ることなく、感覚的な言葉の連鎖のなかに「原理」化されようとするのである。

こうした議論の流れのなか、「風俗」は次のような文脈上に登場する。

蓋し国体の尊厳は、必ず天地正大《せいだい》の気に資《と》るあり。天地正大の気は、亦た必ず仁厚義勇の風に参するあり。然らば則ち風俗の淳漓《じゅんり》〔厚薄〕は、国体の汚隆《おりゅう》、焉《ここ》に繫《かか》る。(38)（藤田東湖《とうこ》『弘道館記述

義』巻之上）

論旨自体、十分に接続しがたい部分が残るが、ここに、「国体」と「風俗」はいわば表裏一体となって、一国の権威を象徴するもののごとくに説かれている。そしてその「風俗」の内実は、文字どおり血脈的気論と祖先祭祀の伝統から説明されるのである。

夫《そ》れ万物は天に原《もと》づき、人は祖に本づきて、体を父祖に承《う》け、気を天地に稟《う》く。故に言苟《いやし》くも天地鬼神に及べば、愚夫愚婦と雖も、其の心を悚動《しょうどう》〔おそれうごく〕することなき能はずして、政教・禁令、一に天に奉じ祖に報ゆるの義に出づれば、則ち民心安《いずく》んぞ一ならざるを得んや。人は天地の心、心専《もっぱ》らなれば、則ち気壮《さか》んなり。故に億兆心を一にすれば、則ち天地の心専らにして、其の気壮んなり。其の気壮んなれば、則ち人の元気の稟くる所以のものは、その全《まった》きを得《う》。天下の人、生れて皆全気《ぜんき》を稟くれば、則ち国の風気頼《よ》りて厚し。是れを天人の合と謂ふなり。(39)（会沢正志斎『新論』「国体」上）

まさしく感覚的な言葉の連鎖、抽象言語の自己増殖によって、議論の内部が構築されていく。そしてその内部を実感的に肉付けするのが、祖先祭祀の伝統の強調と血脈的気論なのである。(40)
後期水戸学における「国体と風俗」の議論のうちに、「儒教の風俗観」の「転回」を見ようとする吉田俊純は、藤田東湖の議論と藤田幽谷《ゆうこく》、会沢正志斎の議論との異なりに注意をうながし、次のようにいう。[41]

東湖が「国体の尊厳」を風俗に帰したことは、儒教によった幽谷以来の風俗観とは、まったく異質なものであったことを意味する。儒教において支配とは、民衆を道徳的に教化して、上下的な人間関係を重んじる風俗を民衆の間に形成することであった。徂徠学にあっては、支配そのものが教化であるとされたが、支配に従順な風俗を形成するという意味では変わりない。正志斎の「新論」の序文にも、「治化洽浹《こうしょう》し、風俗淳美に、上下義を守り」（洽浹はゆきわたること）とあった。儒教の立場に立つかぎり、民衆は教化、教え導く対象であり、民衆の間に上下秩序を重んじる風俗を形成するということが、支配の目的だったのである。それゆえにこそ、幽谷・正志斎は教化を説いたのである。

そして、こうした「儒教的な風俗観を一八〇度回転させた」のが、日本には「教化」を待たずに、古来「理想的な風俗」が存してきたとして、そこに「国家の基盤」を見出した本居宣長であったと吉田はする。この「風俗は支配の目的ではなく、国家の基盤」とする本居の所説を採用した東湖は、幽谷・正志斎の場合（儒教的な「風俗」観）とは明らかに異なり、「民衆の間に現実に存在する風俗を肯定」し、「民衆を信頼」したのだという。東湖の『弘道館記述義』が「「国体の尊厳」を風俗に帰した」ことを、氏は、儒家の支配教化の視点を超えて「民衆のあり方を肯定したことであり、その上に国家社会が建設されることを説いた」ものととらえる。そしてそれがまた、横井小楠《しょうなん》が批判したごとく「志士たちが過激な行動に走る思想的背景となった」のだと論じている。(42)

はたして後期水戸学の、特に藤田東湖の議論が、「儒教の風俗観」を超え出た「民衆—国家観」にまで行き着くものかどうかは即断しがたいにせよ、たしかに吉田もいうように、後期水戸学にいたって「儒教の風俗観」が大きく変質したこと、そしてその過程に徂徠学以降の「風俗」論が存したことは、まちがいないだろう。幕末、尊王攘夷の思想家がなした、「国体」と「風俗」が表裏一体した、きわめてイデオロギー的な「風俗」論もまた、仁斎や、特に徂徠の「風俗」の発見の展開上にあり得た一つの思想的表現ととらえることが可能なのではないだろうか。

そもそも、彼らが朱子学の「理」的世界像と異なる世界像を模索する過程において、「風俗」概念は、新たな生命を得たのであった。もちろん仁斎の「人倫」的世界における「俗」や、徂徠の「活物」としての政治的世界における人人《じんじん》のダイナミズムとしての「風俗」と、後期水戸学の議論との間には、その世界観において、埋められないほどの大きな溝がある。ただ、「俗」「風俗」が、朱子学の本体論的世界把握へのアンチテーゼの一要素として意味づけされたとき、それは、人の「共同性」把握の根拠に転化され得るものとなったのだということは、いえるのではないだろうか。

七　「風俗」と「国体」

徂徠以後の儒教思想の思想展開における人の「共同性」の問題は、本稿で主題とした「俗」「風俗」概念の変容も含めて、まだまだ多方面に明らかにされるべきことが残っている。そして、個々の人と「共同性」との架橋を、朱子学のような本体論的思考を外して、そのうえでいかに新たに構築するかは、徂徠学以降の大きな思想課題であったと同時に、近代の私たちの「共同性」感覚に潜在してきた意識をもあぶり出すことにつながってくるだろう。

ともあれ、ここでは最後に、明治初期に「風俗」と「国体」、あるいは「風俗」と「国民」を語った二つの表出を記して章を終えたい。

一つは人の外面、衣服に関していわれた「風俗」である。明治政府が出現して種々の西洋風の制度が導入された内に、西洋式の「制服」の採用があった。そして官員の衣服を「衣冠」から「胡服」（洋服）に変更することに関して、一つの勅令が出されている（明治四年）。「朕《ちん》惟《おも》フニ風俗ナル者移《い》換《かん》以テ時ノ宜《よろ》シキニ随ヒ国体ナル者不《ふ》抜《ばつ》以テ其勢ヲ制ス」[43]というのがそれである。ここにいわれた「風俗」とは、服制、ファッションのことだが、それは本章冒頭に挙げた今日の用法にも通じる、それ自体には核の無い文化の表層部分として、「国体」と分離され、しかしながら、対外的に一国の独立した気風を示す「よそおい」とされたのであった。

もう一つは、新たな「国民」像を模索して「一身独立して一国独立す」（『学問のすゝめ』）と述べた福沢諭吉のことば。福沢は周知のように、「智」「徳」を備えた「国民」の創造を説き、「文明の精神」を「国の人心風俗」のなかに求めることを説き続けた。「けだしその精神とは何ぞや。人民の気風、即《すなわち》これなり」とする福沢は、「今試《こころみ》にそのある所を示さん」といい、「地理産物」「政令法律」「学術の巧拙」「宗門の異同」に関わらない根本のところ（「一種無形の物」）を、「一国人民の気風」と表現する。そしてそれこそが「文明の精神」であり、「文明の精神とは、あるいはこれを一国の人心風俗というも可なり」として、新たな「国民」の創造をうながしたのである。ここにおける「気風」という表現については、すでにH・T・バックル『イギリス文明史』の影響が指摘されているが、福沢が江戸儒学を総じて批判するなかで、徂徠を高く評価していたことも考えれば、こうした「国民」像の模索、創造の過程に、あらためて儒教由来の、そして古学派以降の由来を持つ「人心風俗」ということばが選び取られ、形象化されようとしたことは、思想史の課題として興味深いことに思われるのである。(44)

註

（1）たとえば、多田道太郎『風俗学』（筑摩書房、一九七八年）など。

（2）戸坂潤「思想と風俗」（『戸坂潤全集』第四巻、勁草書房、一九六六年）。

（3）湯浅泰雄「日本文化のかたち」（『日本人の宗教意識』名著刊行会、一九八一年）。「つまり、人びとのものの考え方が社会の上層から支配している政治の力によってつよく影響される反面、行動のしかたは日常生活の中で慣れ親しんだ習俗に支配されやすいため、この両者の中間にある道徳というものが十分に根を下す場所がなかったように思うのです」（四四頁）。

（4）本章で問題とするのは、儒教の古典的な術語としての「風俗」が、江戸後期の言説空間において発生させた内容についてであって、今日の社会学の観点からの「習俗」「風俗」の定義づけにはかかわらない。

（5）荒木見悟「朱子学の哲学的性格――日本儒学解明のための視点設定」（荒木見悟・井上忠校注『貝原益軒・室鳩巣』日本思想大系34、岩波書店、一九七〇年、解説）四六二～四六三頁。

（6）「只治めの術はひとつひとつはなれたる事にあらず、世の成行、世界の全体を知召事肝要也」（『政談』巻四、平石直昭校注『政談――服部本』平凡社東洋文庫、三二五頁。以下同）。

（7）「在中国封建社会時期、任何王朝、無不強調移風易俗之作用。漢代且設有風俗使、常以時分適四方、覧観風俗」（『風俗通義校注』中華書局）。

中国の「地方志」において伝統的に「移風易俗」が語られ続けたことを、桐本東太「「移風易俗」原始」（山本英史編『アジアの文人が見た民衆とその文化』慶應義塾大学言語文化研究所、二〇一〇年）が、明快に解説している。

（8）「凡民、函五常之性、而其剛柔緩急、音声不同、繫水土之風気、故謂之風。好悪取舎、動静亡常、随君上之情欲、故謂之俗。孔子曰「移風易俗、莫善於楽」。言、聖王在上、統理人倫、必移其本、而易其末……」（『漢書』巻二八、地理志八下）。

（9）「臣聞。四海之広、兆民至衆、人各有意欲行其私。而善為治者、乃能総而摂整斉之、使之各循其理而莫敢不如吾志之所欲者、則以先有綱紀以持之於上、而後有風俗以駆之於下也。何謂綱紀。弁賢否以定上下之分、核功罪以公賞罰之施也。何謂風俗。使人皆知善之可慕而必為、皆知不善之可羞而必去也」（『晦庵先生朱文公文集』巻第十二）。

(10) 宋、樓鑰「論風俗紀綱」に、「国家元気、全在風俗。風俗之本、実繫紀綱」とある（『攻愧集』巻二五、『四部叢刊』集部）。

(11) 吉川幸次郎「「俗」の歴史」（『吉川幸次郎全集』第二巻、筑摩書房）二四九頁。

(12) 『政語』（奈良本辰也校注『近世政道論』日本思想大系38、岩波書店、一九七六年）二七三頁。日本近世儒学において、「風俗」は「民衆教化」とともに語られる場合が多い。

(13) 徂徠にも「上より法度ヲ以て風俗を直さんとしては、中々直らぬ事なり。徳有人を上に居するゐて是に導かすれば、骨折らず直る事也」（『政談』巻之四、三〇六頁）のごとき「徳治」主義は当然存する。それでも「風に草の靡く」がごとくに「行届かぬ所」があるため、「其上に制度をたてて是を守らする事を、斉之以礼といへり」（同前）とする。なお、本書では触れる余裕がないが、徂徠の早期の著書、『孫子国字解』に、「「職分」論的な機能への注目と「風俗」論とが、どちらも既に現れている」ことを、高山大毅『近世日本の「礼楽」と「修辞」』が指摘している（東京大学出版会、二〇一六年、五四〜五六頁）。高山は「「職分」論と「風俗」論の融合が経学の領域でも全面的に展開し、徂徠学の「礼楽」論は出来上がったのであろう」（五六頁）と述べる。

(14) 「凡天地間、皆一理耳。有動而無静、有善無悪。蓋静者、動之止、悪者、善之変、善者、生之類、悪者、死之類、非両者相対而並生。皆一乎生故也」（巻之中、第六十九章。『近世思想家文集』）。

(15) 「人者何。君臣也。父子也。夫婦也。昆弟也。朋友也。夫道者一而已。在君臣謂之義、父子謂之親、夫婦謂之別、昆弟謂之叙、朋友謂之信。皆由人而顕。無人則無以見道」（巻之上、第九章）。

(16) 「至於子女臧獲之賤、米塩柴薪之細、大凡接乎耳目、施乎日用者、総是莫非道。俗外無道、道外無俗。而雖一点俗気、亦著不得。此是上達光景」（巻之中、第六十一章）。

(17) 「聖人之道、……根於人心、徹于風俗、天子不能廃焉、聖人不能改焉」（巻之上、第二十七章）。

(18) 「若夫隠微之説、高妙之理、視之而無所見、聴之而無所聞、求之於人倫風俗、皆悖焉。可見天地之間本来無此理」（巻之上、第二十八章）。

(19)「親其親、長其長、妻子好合、兄弟既翕之間……」（巻之上、第二十五章）。
(20) 三宅正彦『京都町衆伊藤仁斎の思想形成』（思文閣出版、一九八七年）二一九～二二七頁。
(21)「而曰、事、苟無害於義、則俗即是道、外俗更無所謂道。是其人、又、不知道也。道者古聖人之所建、豈謂世俗所為即道可乎。」
(22)『政談』巻一、四二頁。
(23)『政談』巻二、一〇五頁。
(24)『荻生徂徠』四七三頁。
(25)『政談』巻四、三二六頁。
(26) 宋晞「朱子の政治論」（『朱子学大系』一、明徳出版社、一九七四年）五六八頁。
(27)『近世政道論』一一四～一一五頁。
(28) 同前、七二頁。
(29) 衣笠安喜「儒教の風俗革新論」（『近世日本の儒教と文化』思文閣出版、一九九〇年）。
(30)『近世政道論』九六頁。
(31) 頼祺一「草双紙に現われた庶民の世界像」（『岩波講座日本の社会史7　社会観と世界像』一九八七年）二四一頁。
(32)『近世政道論』二八二頁。
(33) 同前、二九二頁。
(34) 同前、二九〇頁。
(35) 同前、三一一頁。
(36)「夫西夷之窺中国者、前後接武、各国遆至。其国雖殊、而其所以敬事尊奉者、則同一胡神也。故耶蘇之闕中原三百年而不変。而　中国所以待之者、則係時論之趨舍、或出雄断、或出姑息。是其闚間者、始終一意而応之者、前後異論。以一意者、闕異論者。安保其能久而無間之可乗乎」（今井宇三郎・瀬谷義彦他校注『水戸学』日本思想大系53、岩波書店、一九七三年）。

（37）「国之為体其何如也。夫四体不具、不可以為人。国而無体何以為国也」（同前）。

（38）「蓋国体之尊厳、必有資於天地正大之気。天地正大之気、亦必有参於仁厚義勇之風。然則風俗之淳漓、国体汚隆繫焉」（同前）。

（39）「夫万物原於天、人本於祖、承体於父祖、稟気於天地。故言苟及天地鬼神、雖愚夫愚婦、不能無悚動於其心、而政教禁令、一出於奉天報祖之義、則民心安得不一乎。人者天地之心、心専則気壮。故億兆一心、則天地之心専、而其気壮。其気壮、則人所以稟元気者得其全。天下之人、生而皆稟全気、則国之風気頼以厚。是謂天人之合也」（同前）。

（40）近代日本の天皇制国家イデオロギーにも連続する、こうした後期水戸学の儒者たちの祭政一致思想に、徂徠政治論における祭祀重視の考えが影響を与えたと先駆的に論じたのが、尾藤正英「国家主義の祖型としての徂徠」（『荻生徂徠』日本の名著16、一九七四年、中央公論社。後に『日本の国家主義』岩波書店、二〇一四年）である。また、子安宣邦は、徂徠の「天祖」の概念規定のうちに水戸学の「天祖」概念、宣長の「皇祖神」概念の「成立の由来」を見出し、「近代天皇制祭祀国家の至上神・天祖天照大御神という「天祖」概念の由来を徂徠学に辿ることは重要である」とする（『徂徠学講義――『弁名』を読む』一六〇頁）。

（41）吉田俊純『水戸学と明治維新』（吉川弘文館、二〇〇三年）一三二～一三四頁。

（42）同前、二一七頁。

（43）「朕惟フニ、風俗ナル者移換以テ時ノ宜シキニ随ヒ、国体ナル者不抜以テ其勢ヲ制ス、今衣冠ノ制、中古唐制ニ模倣セシヨリ流テ軟弱ノ風ヲナス、朕太慨之（之をなげく）、夫神州武ヲ以テ治ムルヤ固ヨリ久シ。天子親ラ之ガ元帥ト為リ、衆庶以テ其風ヲ仰グ、神武創業、神功征韓ノ如キ決テ今日ノ風姿ニアラズ、豈一日モ軟弱以テ天下ニ示ス可ケンヤ、朕今断然其服制ヲ更メ、其風俗ヲ一新シ、祖宗以来尚武ノ国体ヲ立ント欲ス、汝近臣其レ朕ガ意ヲ体セヨ」（『新聞集成　明治編年史』第一巻、林泉社、一九三六～四〇年、明治四年九月）。こうして、日本の「尚武の国体」を対外的に印象づけるべく採用されたのが「胡服（洋服）」であった。このことに関して多木浩二は、「「国体」も「風俗」も、定義は曖昧なままに、「国体」は「風俗」を超えて確固不抜であること、いま新しい服制を採用することは対外的に必要であり、国体維持からいっても正当であること、さらにいまや軍事国家という方向が国是として必然的であること等を、論理的な脈絡をつけることがないまま並べ、結局は支配の原理を物語っていたのである」と評している（多木浩二『天皇の肖像』岩波新書、一九八八年、五七～五八頁）。

（44）　福沢諭吉『文明論之概略』（岩波文庫、一九九五年）三〇～三二頁。

あとがき

徂徠学について考えをまとめることは、長年の課題だった。修士論文のテーマに徂徠を取り上げて以来、すでに四十年が過ぎた。その間、研究テーマは幾度か変わっていったが、荻生徂徠・徂徠学は、いつも私の問題関心の中心圏内にあった。徂徠学は私の思想史研究の起点にあった。正確にいえば、私にとっては、まず荻生徂徠・徂徠学への興味、関心があって、そこから他のいろんな課題への展開もあり得たということだろう。そしてなにより、徂徠の文章を読むことはいつも楽しかった。

しかしながら、就職して後、与えられた場所での仕事と自分の専門研究を統合することに忙しく、徂徠論をまとめる機会を失ったまま、いつしか年月がたってしまった。といえばもっともらしいが、子安宣邦『「事件」としての徂徠学』（青土社、一九九〇年）の衝撃を身近に体験したのち、自分にどのように徂徠論をまとめなおすことが可能かと思い悩んでいるうちに、月日が経過してしまったというのが真実である。同氏による、書評のかたちで書かれた「徂徠を語るとは何を語ることか」（『思想』八三九、一九九四年）という一文もまた、私にとっては難題であった。その表題に込められた

「問い」が常に、私の脳裏を去らなかった。そして結局、いまも課題である。

私自身が思想史学に入っていった一九七〇～八〇年代は、徂徠研究の一つの画期であったといい得るだろう。そのころの私にとって一番大きな出来事は、大学院後期課程を修了したその年に、八王子で開かれた「徂徠シンポジウム」(一九八四年三月)に参加したことであった。それは、全部で三十名に満たない若手研究者たちが、出身大学の枠を超えて合宿し、もっぱら徂徠について論じあうという、当時としてはたいへん画期的な試みだった(この試みはのちに、仁斎シンポ、懐徳堂シンポへと引き継がれていった)。そしてそこでの多くの人たちとの出会いが、研究の糧となって今日にいたっている。

小島康敬氏ら発起人による、八王子「徂徠シンポジウム」の「案内」には、「荻生徂徠はその思想の奥行の深さと、それがはらむ問題の広がりにおいて、私たちを引きつけてやまない。しかしそれ故にまた、徂徠が時代を超えて私たちに語りかけているものを私たちが十分に聞きとどけているかは依然として課題でありつづけている」として、旧来の文学・歴史・倫理・政治等々の「各分野の枠組をとり払った共通の土俵の上で討論する」ことの必要性が語られている。ちなみにこの時の報告題目(報告者)は、報告順に、「荻生徂徠の思考の基礎」(黒住真)、「通俗文学にあらわれた徂徠」(日野龍夫)、「徂徠年譜――正徳年間を中心にして」(平石直昭)、「荻生徂徠の兵学」(前田勉)の四つであった。倫理思想史・日本思想史・政治思想史・近世文学・日本史等々相異なる方法と視野を有する研究者が、徂徠という問題を共有して論じあった至福の時間であった。私の手元にある各報告者手書きのレジュメを見ると、当日の風景がいまも鮮明に思い出されてくる。

ところで、いまここに各報告題目を書き出したのは、それらが当時の私たちにとっての徂徠論の課題を如実に示すからである。もちろんこのときの参加者全員が、丸山眞男徂徠論の洗礼を受けていたことはまちがいないが、ここに示されたのは、イデオロギー的解釈とはいくぶん離れた地点から、あらためて徂徠学を、江戸思想史を論じようとする姿勢だった。それは丸山眞男を超えるというより、丸山自身の課題とはどこか異なる位相での、徂徠学への新たな関心であったように思われる。イデオロギー的、政治思想的解釈からは脱けおちてしまう徂徠学の内にある「リアリティ」への関心といってもいいだろうか。私にとってそれは、徂徠が世界を「活物」としてみるというのは、いったいどのような思想営為なのか、そこから何が、どのように展望されるのか、ということであった。

徂徠論はその後も時折ブームを迎え、近年もまた、気鋭の論者たちによって、一つの新たな潮流を形成しつつあるように思われる。それらは、原典の精緻な読みにおいて、また徂徠学の拡散の具体的検証において、さらには思想史の新たな叙述の試みにおいて、私たちを啓発する。徂徠を読むことは、つねに思想史の語りなおしへと私たちを誘うのだろう。

今回、いささか「出し遅れの証文ではないか」と躊躇する思いをふりきり、勇を鼓して、旧稿をあらたに書きなおしてまとめることにしたのは、かつての八王子でのシンポを思い起こし、私の思想史研究の原点を確認するとともに、たとえ不備の多いものではあれ、「徂徠学とは何だったか」

という問いに、私として一つの答えを出しておくべきだと考えたからである。

ちなみに、本書の元になった原稿の初出は以下の通りである。ただ、いずれも、今回一冊の本としてまとめるにあたり、大幅に修正、加筆をし、特に早期のものに関しては、論旨の修正もふくめて改稿したことを付記しておきたい。

- 「徂徠における「物」について」(『大阪大学待兼山論叢』一五、一九八一年)
- 「徂徠学の基層――「名」と「物」の世界における「俗」の形成」(大阪大学『日本学報』三、一九八四年)
- 「荻生徂徠の方法」(大阪大学『日本学報』五、一九八六年)
- 「荻生徂徠『中庸解』」(市來津由彦・中村春作・田尻祐一郎・前田勉編『東アジア海域叢書5 江戸儒学の中庸注釈』汲古書院、二〇一二年)
- 「荻生徂徠『政談』の世界」(『東洋古典学研究』三五、二〇一三年)
- 「江戸期儒者の琉球観――荻生徂徠の視野の中で」(東アジア地域間交流研究会編『から船往来――日本を育てたひと・ふね・まち・こころ』中国書店、二〇〇九年)
- 「「気質の性」の行方――太宰春台論」(『広島大学教育学部紀要』第二部四〇、一九九二年)
- 「懐徳堂学派の中庸論」(前掲『東アジア海域叢書5 江戸儒学の中庸注釈』)
- 「「風俗」論への視角」(『思想』七六六、岩波書店、一九八八年)

ところで、かつて八王子でのシンポの開催にあたり、その準備、根回しに奔走されたのは、当時、ぺりかん社の編集部に勤務されていた前社長の宮田研二氏であった。氏はわざわざ大阪まで、会開催の説明に出向いてこられた。今回、この拙い徂徠論をぺりかん社から出していただけることに、当時のお礼もこめて感謝申し上げたい。

本書の作成にあたっては、今回も藤田啓介氏に多くの貴重な助言を賜り、細かいところまで周到にご配慮いただいた。ありがとうございました。

二〇一九年六月

中村春作

索　引

＊索引項目の対象は本文のみであり，註からは採項していない。また，書名については1945年以後に刊行されたものは除外した。
＊→は関連項目を示す。また，「荻生徂徠」は採項していない。

人　名

書　名

著者略歴

中村 春作（なかむら しゅんさく）

1953年，徳島県生まれ。広島大学文学部卒業。大阪大学大学院文学研究科博士課程後期単位取得退学。博士（文学）（大阪大学）。広島大学名誉教授。

専攻―思想史（日本・東アジア）

著書―『江戸儒教と近代の「知」』（ぺりかん社），『思想史のなかの日本語――訓読・翻訳・国語』（勉誠出版），『東アジア海域に漕ぎだす５ 訓読から見なおす東アジア』（編著，東京大学出版会）ほか。

装訂―― 鈴木 衛

徂徠学《そらいがく》の思想圏《しそうけん》 2019年８月10日 初版第１刷発行

Nakamura Shunsaku ©2019

著　者 中村 春作

発行者 廣嶋 武人

発行所 株式会社 ぺりかん社

〒113-0033 東京都文京区本郷1-28-36

TEL 03(3814)8515

http://www.perikansha.co.jp/

印刷・製本 創栄図書印刷

Printed in Japan ISBN 978-4-8315-1544-5

伊藤仁斎の世界	子安宣邦著	三八〇〇円
仁斎学講義	子安宣邦著	二七〇〇円
山崎闇斎の世界	田尻祐一郎著	三八〇〇円
近世日本社会と儒教	黒住　真　著	五八〇〇円
近世日本思想の基本型	豊澤　一　著	三八〇〇円
思想と教育のメディア史	辻本雅史著	四二〇〇円

◆表示価格は税別です。

日本思想史講座1――古代
苅部直・黒住真・佐藤弘夫
末木文美士・田尻祐一郎 編
三八〇〇円

日本思想史講座2――中世
苅部直・黒住真・佐藤弘夫
末木文美士・田尻祐一郎 編
三八〇〇円

日本思想史講座3――近世
苅部直・黒住真・佐藤弘夫
末木文美士・田尻祐一郎 編
三八〇〇円

日本思想史講座4――近代
苅部直・黒住真・佐藤弘夫
末木文美士・田尻祐一郎 編
三八〇〇円

日本思想史講座5――方法
苅部直・黒住真・佐藤弘夫
末木文美士・田尻祐一郎 編
四八〇〇円

日本思想史辞典
子安宣邦監修
六八〇〇円

◆表示価格は税別です。